Proyectos avanzados con Arduino y ESP32

Eduardo Roldán Hervás

Gracias por animarme a escribir este libro, a sabiendas de que mientras tendrías que ocuparte un poco más de todo lo demás.

Acerca del autor

Eduardo Roldán Hervás, ingeniero en telecomunicaciones por la Universidad Politécnica de Valencia, comenzó en el mundo de la inteligencia artificial mientras trabajaba como programador en proyectos de telemedicina para dispositivos móviles. Su afición tomó nota de ambos mundos, y actualmente compagina su trabajo desarrollando redes de telecomunicaciones para entornos ferroviarios con su afición por la aplicación de sistemas de inteligencia artificial a dispositivos móviles.

Historial de revisiones

Enero de 2025. Primera edición.

Contenido

Introducción

Tras el éxito de "Proyectos avanzados con Raspberry Pi", recordé cuando hace años justo antes de mi cumpleaños pensaba si pedir que me regalasen un Arduino o una Raspberry. Como era de esperar, finalmente me regalaron ambos dispositivos, pues aunque una Raspberry claramente presenta un potencial mucho mayor y una diversidad mucho más generalizada de aplicaciones, los microcontroladores como el Arduino presentan otra serie de ventajas que los hacen esenciales en aplicaciones para las que una Raspberry no daría el resultado óptimo, generalmente por su mayor tamaño y su mayor consumo, pero también porque aplicaciones sencillas no requieren toda la complicación que puede llevar el correr un sistema operativo completo y los muchos problemas que ello puede ocasionar a largo plazo.

Del mismo modo, un libro hablando de los proyectos que se pueden realizar con una Raspberry necesariamente tendría que sucederse con otro que hable de los proyectos que pueden realizarse con un Arduino, y de eso precisamente es de lo que va a tratar este libro.

Siguiendo la filosofía de "Proyectos avanzados con Raspberry Pi", este libro no pretende ser el típico libro de Arduino con el que te presentan las distintas características del dispositivo con un ejemplo sencillo de utilización de las mismas. La idea es presentar el dispositivo, revisar sus características, y entrar de lleno en aplicaciones relativamente complejas que puedan sernos de utilidad a la vez que exploramos todas esas características.

No obstante he de reconocer que, salvo en su última versión (la R4 en el momento de escribir este libro) donde ya incorpora todas estas características, la versión R3 de Arduino quedaba falto de muchas funcionalidades que había que incorporar mediante dispositivos adicionales. Dado que este libro no pretende ser publicidad para comprar la última placa de Arduino sino aportar una visión práctica de las utilidad de este tipo de microcontroladores, utilizaremos diversas placas a lo largo de los sucesivos capítulos siendo ya el lector quien opte por adquirir una u otra, ya que los proyectos que aquí se muestran son realizables en general con muchos tipos de placas siempre que cumplan con unas características concretas.

En general, las aplicaciones que realicemos se llevarán a cabo mediante sencillas placas de Arduino (o sus equivalencias de bajo coste) y las populares placas con el chip ESP32, donde estas últimas supusieron en su día una verdadera revolución en lo que es la conexión Wifi y Bluetooth para este tipo de dispositivos. De hecho, lo habitual hasta el Arduino R4 era utilizar directamente placas ESP32 con su propio microcontrolador en lugar del microcontrolador ATMEGA utilizando tan extensamente con Arduino.

No me extiendo más. Entremos directamente en el mundo de los microcontroladores programables con las nuevas interfaces que hacen su uso, tal y como evidencian las prácticas de tecnología en muchos institutos, un juego de niños.

Nivel adecuado para utilizar este libro

Este libro está diseñado para personas que sepan programar. No es necesario un alto nivel como programador, pero sí conocer las sentencias habituales de bifurcaciones y bucles, así como conocer lo que es una librería (aparte de un estante con libros, en programación también se usa este concepto).

Si no sabes programar te recomiendo que busques algún libro o tutorial básico que pueda darte ciertas nociones al respecto. Conque sepas realizar programas básicos será suficiente, pero si desconoces completamente el arte de la programación seguramente no vayas a provechar adecuadamente este libro.

Por otra parte está el tema de la electrónica. Si buscas un libro para programar Arduino seguramente ya conoces determinados conceptos básicos como lo que es un LED o una resistencia. Si no es así realmente puedes seguir perfectamente este libro, pero si además posees esas nociones serás capaz de modificar los proyectos según tus necesidades.

En resumen, que si no tienes ni idea de nada puedes realizar igualmente los proyectos, pero si sabes un mínimo de electrónica y de programación te resultará mucho más útil y mucho más divertido.

Breve descripción de los capítulos

Una vez estamos convencidos de que podemos leer este libro, vamos a ver cómo está organizado para que sepas qué esperar de cada capítulo.

Este libro está constituido por proyectos, de modo que cada proyecto puede considerarse un capítulo en sí mismo.

Aparte, se añade un anejo sobre la instalación del IDE de Arduino, ya que será ampliamente utilizado a lo largo de este libro, así como previamente a los proyectos se incluye una descripción de las distintas placas que forman parte de las familias Arduino y ESP32.

A continuación se indica una breve descripción de cada uno de los proyectos:

- Proyecto 1 – El LED, cómo no: Proyecto que recorre algunas de las nuevas capacidades del Arduino R4 WiFi, como son la matriz LED y su conexión bluetooth. Aprenderás a manejar la matriz mostrando textos en scroll, a enviar los mensajes a mostrar desde un móvil utilizando una conexión bluetooth y a alertar mediante una pequeña alarma para que todo el mundo esté pendiente del mensaje que vayas a enviar.

- Proyecto 2 – Luces de Navidad programables: Montaje de un sistema de luces donde puedas crear tus propios diseños controlando cada luz de la tira individualmente y utilizarlos en tu decoración Navideña o en cualquier otro tipo de decoración.

- Proyecto 3 – Manejo del PC mediante Arduino. Utilizando el HID: El nombre lo dice todo, utilizar el Arduino para controlar el PC. En este proyecto se utilizará Arduino para simular el teclado y el ratón de un PC, observando cómo, al conectar el Arduino, el PC se vuelve aparentemente loco. Dicho de otro modo, tu programa de Arduino hará que el PC reciba las pulsaciones de tecla y movimientos de ratón que hayas programado.

- Proyecto 4 – Comunicación con dispositivos externos mediante UART: Proyecto que explora las capacidades de comunicación de este tipo de placas a través de dos proyectos. El primero llevará la conectividad al extremo de comunicar el Arduino con una calculadora que utiliza niveles distintos de tensión. El segundo, mucho más sencillo que el primero, permitirá explorar cómo comunicar nuestras dos placas estrella, el Arduino con el ESP32. En este segundo proyecto también será necesario utilizar conversores de voltaje dadas las características eléctricas de ambas placas.

- Proyecto 5 – Medidor de distancias: Combinación de las posibilidades de comunicación del Arduino con los elementos que porta de serie, en este caso combinando la matriz LED integrada con la comunicación hacia y desde un sensor de ultrasonidos, obteniendo con ello un medidor portátil de distancias por ultrasonidos.

- Proyecto 6 – Interfaces web: Convierte tu microcontrolador en un servidor web de modo que puedas acceder a él a través de cualquier navegador web, tanto para consultar la información que te proporcione como para enviarle órdenes. Además gracias a ello podrás prevenir horribles catástrofes en tu ciudad.

- Proyecto 7 – Integración completa en Alexa: El proyecto más largo de este libro, donde se muestra la forma de integrar tus desarrollos con el sistema Alexa. Se describe la integración desde cero, montando tu servidor propio simulando la nube del fabricante del dispositivo (aquí se echará mano de una Raspberry, pero puedes utilizar cualquier PC que tengas en casa), para que conozcas el proceso de principio a fin. Aunque se trate de un proyecto largo y relativamente complejo, se expone de forma muy guiada, paso a paso a lo largo de todo el proceso, con multitud de imágenes para evitar (dentro de lo humanamente posible) que te pierdas o quedes atascado.

- Proyecto 8 – Utilización de plataformas externas: Dada la complejidad del proyecto anterior, en este proyecto se muestran integraciones mucho más sencillas utilizando servicios de terceros, en este caso Arduino Cloud. También se indican formas alternativas sin necesidad de la utilización de ningún servicio en la nube para desarrollos simples.

- Proyecto 9 – Coche teledirigido controlado por WiFi y Alexa: Como colofón del libro destriparemos un coche de juguete para añadirle nuestra propia electrónica que permita manejar el juguete desde nuestro teléfono móvil. Aprovechando además que a estas alturas ya sabemos como integrarlo con Alexa, haremos uso de ese conocimiento para poder enviarle órdenes desde el asistente de voz.

Itinerario recomendado

Al estar compuesto por proyectos, puedes saltar directamente al capítulo que más te interese. No obstante, en algunos proyectos se utilizan conceptos aprendidos en proyectos anteriores, por lo que lo recomendable es una lectura secuencial del libro.

En el caso de que no dispongas del IDE de Arduino instalado, te recomiendo que previamente vayas al anejo del libro para conocer cómo instalarlo y dejarlo listo.

¿Qué placas puedo encontrarme y cuál me interesa más utilizar?

Es innegable que esta es la primera pregunta que nos hacemos cuando nos adentramos en el mundo de los microcontroladores. Si echamos un vistazo al estado del arte veremos que existen una variedad inmensa de ellos. Lejos queda ya el recuerdo de cuando programé mi mítico PIC16F84, y muchas han sido las mejoras tanto en características como en facilidad de programación de este tipo de dispositivos.

Antes de entrar de lleno en los tipos de microcontroladores, aclaremos de qué hablamos cuando mencionamos un microcontrolador.

Un microcontrolador puede entenderse como un elemento al que le llegan una serie de señales de entrada y genera una serie de señales en respuesta, llamadas señales de salida. Si lo piensas bien es como un pequeño cerebro, al que le envías una serie de información pero en lugar de llegar de ojos y oídos llega de sensores que tiene conectados, información que una vez procesada desencadena una serie de acciones (entre las cuales puede estar por supuesto "no hacer nada") que se envían a unos actuadores, que en nuestro caso serán brazos y piernas y en el de los microcontroladores serán dispositivos conectados como luces o motores.

Dicho de otro modo, se trata de una caja negra que, en función de una serie de señales de entrada y un modo de actuación programado, genera unas señales de salida.

Ahora bien, la diferencia con el microcontrolador y con una serie de puertas lógicas interconectadas es la posibilidad que nos ofrece de programarlo, es decir, de variar su comportamiento en función de la programación que le introduzcamos. Esto abre enormemente el abanico de aplicaciones para las que puede utilizarse, y de hecho encontramos este tipo de dispositivos en gran cantidad de elementos que nos rodean, llegando incluso a estar presentes en los coches que utilizamos hoy en día. Aún recuerdo lo perplejo que me quedé cuando oí por primera vez a un mecánico en el taller decir "tengo que resetearle el coche".

Teniendo esto claro, es fácil hacerse a la idea de qué diferenciará en general a un microcontrolador de otro:

* Señales de entrada: Como hemos indicado, un microcontrolador partirá de las señales que le lleguen, por lo que el número y tipo de señales que pueda recibir marcarán claramente su utilidad. Si necesito un microcontrolador que ha de recibir simultáneamente el valor de tensión presente en veinte puntos de un circuito, será

muy importante que disponga de un gran número de entradas, mientras que si lo voy a utilizar para accionar una alarma en el caso de que un detector de humo marque un valor analógico por encima de un determinado umbral, tan solo requerirá disponer de una entrada pero será muy importante que dicha entrada soporte valores analógicos y no solo señales digitales.

- Capacidad interna del microcontrolador: Aquí podemos abarcar muchas características, siendo las principales la velocidad de procesamiento y la memoria, tanto la de programa (que determinará lo extenso que puede ser el conjunto de instrucciones que le grabemos) como la de datos (que determinará cuánta información podrá almacenar simultáneamente).

- Señales de salida: De forma equivalente a cuando hablábamos de las señales de entrada, podemos hablar de las de salida. Dependiendo de lo que queramos hacer será importante tanto el número de pines de salida que disponga así como el tipo de los mismos. Podemos citar los casos en los que queramos controlar simultáneamente veinte máquinas, con lo que requeriremos muchos pines de salida o que lo que queramos sea enviar un tono a un altavoz, con lo que será importante que dichos pines soporten salidas analógicas.

Obviamente existen muchas otras diferencias entre un microcontrolador y otro, como la alimentación que soportan, el aguante a temperaturas extremas, etc. En nuestro caso todo esto no parece especialmente relevante ya que lo único que vamos a hacer va a ser jugar un poco en casa, en situaciones climatológicamente controladas y con el único objetivo de ser tachados de frikis por todos y cada uno de los miembros de nuestra casa.

Con esto tenemos una gran cantidad de microcontroladores. Sirvan de ejemplo los siguientes:

PIC16F84: Microcontrolador con memoria RAM (68 registros de 8 bits) y Flash (1K de palabras de 14 bits), 13 pines de entrada/salida y una frecuencia máxima de reloj de 10MHz. Este era el microcontrolador que usábamos en mis tiempos para hacer nuestros pinitos, programándolo a través de un programador conectado al puerto serie del PC (sí, al puerto serie, que hay mundo más allá del USB).

ATMEGA328P: Microcontrolador con 32K de memoria Flash y 2K de SRAM, 28 pines de entrada/salida y frecuencia máxima de reloj de 20MHz. Es altamente probable que ni te suene su nombre, pero si te digo que es el microcontrolador utilizado en la famosa placa de Arduino UNO R3 (ahora ya van por la R4 de Arduino UNO que usa otro microcontrolador, pero posiblemente el R3 haya sido el más utilizado hasta la fecha).

Renesas RA4M1: Microcontrolador con 256K de memoria Flash y 32K de SRAM, con capacidad de entre 40 y 100 pines y velocidad de 48MHz. De nuevo en este caso no te sonará su nombre, pero has de saber que es la nueva apuesta de Arduino que lo incorpora en su nuevo Arduino UNO R4.

Ahora bien, un microcontrolador por sí solo no es algo evidente de utilizar. Fíjate por ejemplo cuando he hablado del PIC que comentaba la frecuencia máxima de reloj, pero ese reloj no significa que esté incorporado en el propio microcontrolador, sino que has de proporcionar la señal mediante electrónica adicional. Del mismo modo, el voltaje de entrada no tiene por qué estar regulado (si funciona a 5V son 5V, y si metes más te lo cargas), por lo que no estaría de más poner una serie de circuitería que permita esa regulación del voltaje de entrada. Y ya puestos, ¿cómo lo programas? Pues con un programador (si es que no sé ni para qué pregunto). Pero claro, nuestro flamante PC lo que tiene son sus puertos USB, por lo que lo ideal sería contemplar la electrónica necesaria para, partiendo de un puerto USB, programar directamente el microcontrolador.

Esto y mucho más es lo que aporta Arduino con sus placas, donde se implementa toda la circuitería necesaria para que no tengas que preocuparte de estas y muchas otras cuestiones. Pero ya puestos, también incorporan una serie de elementos útiles, como llevar cableados los pines del microcontrolador a cabezales para que te sea fácil conectarlos a la protoboard o conectarles cables terminados en cabeceras. Y por supuesto, el famoso LED conectado al pin 13 que se utiliza en el 99,9999999% de los tutoriales de Arduino como primera práctica.

Llegados a este punto, permíteme que haga un breve recorrido por las placas más comunes de Arduino y ESP32 y sus características principales.

Arduino UNO R3

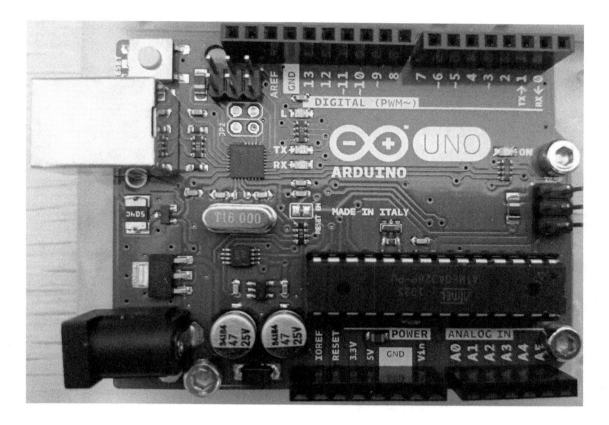

El clásico. Todo aquel que ha programado en Arduino ha tenido en algún momento esta placa. No estamos hablando de algo anticuado, sino que se sigue utilizando hoy en día en multitud de aplicaciones y desde luego en muchos niveles de educación como sistema base para aprender a programar o para proyectos tecnológicos.

Supuso un antes y un después en la utilización de este tipo de microcontroladores, ya que su facilidad de uso permitió acercar su uso a un público hasta el momento mantenido al margen debido a la gran cantidad de configuraciones iniciales y electrónica adicional que había que aplicar a un microcontrolador para poder digamos empezar a programarlo.

Sus características principales son las siguientes:

Microcontrolador: ATmega328P a 16MHz
Conector USB para programarlo
LED equipado en el Pin 13

14 pines digitales de entrada salida

6 pines analógicos de entrada

6 pines PWM

Interfaces de comunicación UART, I2C y SPI

Tensión de funcionamiento de 5V, con margen de entrada de 7 a 12V

Corriente en pines de 20 mA

Power Supply Connector   Barrel Plug

Memoria: 2KB SRAM, 32KB FLASH, 1KB EEPROM

Dimensiones 53.4x68.6mm

Peso: 25 g

Arduino UNO R4

Nueva versión del Arduino UNO R3. Mejorado teniendo en cuenta las necesidades que han ido mostrando los usuarios a lo largo de los años, esta nueva versión incorpora una serie de mejoras muy interesantes.

Está en dos versiones: mínima y WiFi. La primera de ellas es una primera evolución del Arduino UNO R3, pasando de un procesador de 8 a 32 bits, incrementando la velocidad de procesamiento y añadiendo principalmente un puerto DAC (Conversor Digital a Analógico), interfaz HID (ya sabes, para que se comporte como un teclado o un ratón conectado a tu PC), y una mejora para mí muy interesante que consiste en separar la UART que conecta con el USB con la UART que conecta con los pines 0 y 1. Veamos un poco en detalle qué aportan estas mejoras:

- DAC: Conversor Digital a Analógico. No lo confundamos con el inverso, el ADC, que ya teníamos en el R3 y que nos permitía leer una señal analógica convirtiéndola en digital para ser manejada por Arduino. En este caso hablamos de, partiendo de una serie de datos codificados en bits dentro de una variable en nuestro código, sacarlo al exterior como una señal analógica. Esto nos permite generar pulsos analógicos de cualquier tipo. ¿Y no teníamos lo mismo con los pines PWM? Pues no. Con PWM lo que tienes siempre es una señal cuadrada a la que le varías las anchuras de los pulsos, mientras que ahora puedes generar la señal que quieras: cuadrada, de sierra, sinusoidal, etc, es decir, mientras que en el R3 "simulabas" señales mediante pulsos cuadrados, ahora emites realmente la señal analógica deseada (siempre dentro de los límites de precisión y velocidad que te aporta el dispositivo, claro).

- Interfaz HID: Poco que decir. Lo mismo que hace el Arduino Leonardo. Permite a este dispositivo comportarse como si se tratase de un teclado y/o un ratón conectado a nuestro PC. Sobre esto realizaremos más adelante en este libro un proyecto concreto.

- UART separadas: Posiblemente lo que más desapercibido pasa hasta que te toca usarlo. En el R3 tenemos un puerto serie que se utiliza para comunicar con el PC a través del puerto USB y también para conectar con el exterior a través de los pines 0 y 1. El problema viene cuando queremos conectar un dispositivo externo con comunicación serie al Arduino a través de los pines 0 y 1 y también queremos utilizar el puerto USB para recibir en el PC mensajes de depuración. Pues no es viable, ya que comparten UART.

  En el caso del R4 se ha dado solución a este problema utilizando UARTs distintas para el puerto USB y para los pines 0 y 1, de modo que cuando utilices comunicación serie a través del puerto USB utilizarás el objeto *Serial*, mientras que cuando quieras comunicarte a través de los pines 0 y 1 utilizarás el objeto *Serial1*. De este modo puedes comunicar simultáneamente con ambos dispositivos, permitiendo comunicación con tu sistema de prueba a la par que recibes en el PC mensajes de depuración.

La versión más completa del R4 es la versión WiFi, que parte de las mismas características que el mínima pero agregando un procesador ESP32-S3 que nos aporta conectividad bluetooth y WiFi. Además trae una matriz de LEDs incorporada que resulta especialmente vistosa.

Sus características principales son las siguientes:

Versión mínima:

Microcontrolador: Renesas RA4M1 a 48MHz.
Conector USB-C para programarlo
LED equipado en el Pin 13
14 pines digitales de entrada salida
6 pines analógicos de entrada
6 pines PWM
1 pin DAC
Interfaces de comunicación UART, I2C, SPI y bus CAN
Tensión de funcionamiento de 5V, con margen de entrada de 6 a 24V
Corriente en pines de 8 mA
Power Supply Connector   Barrel Plug
Memoria: 32KB RAM, 256KB FLASH
Dimensiones 53.34x68.85mm

Versión WiFi:

Microcontrolador: Renesas RA4M1 a 48MHz más ESP32-S3 a 240MHz (pero sí, el procesador principal y el que te va a dar la velocidad de tu programa es el de 48MHz).
Conector USB-C para programarlo
LED equipado en el Pin 13
Matriz de LEDs 12x8.
14 pines digitales de entrada salida
6 pines analógicos de entrada
6 pines PWM
1 pin DAC
Interfaces de comunicación UART, I2C, SPI, bus CAN, Bluetooth, WiFi

Tensión de funcionamiento de 5V, con margen de entrada de 6 a 24V
Corriente en pines de 8 mA
Power Supply Connector   Barrel Plug
Memoria: 32KB RAM, 256KB FLASH y 384KB ROM y 512KB SRAM en el ESP32
Dimensiones 53.34x68.85mm

Arduino Leonardo

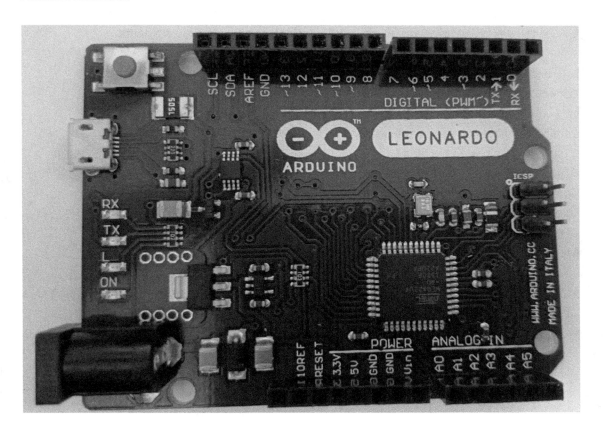

Similar al Arduino UNO, esta variante cambiaba el microcontrolador ATmega328P por el ATmega32u4. Las diferencias se basaban en algunas mejoras en cuanto a número de pines y demás, pero la diferencia fundamental y por lo que era conocido este Arduino era porque el ATmega32u4 lleva el controlador USB integrado directamente en el microcontrolador, permitiendo que la placa fuese detectada como ratón y teclado y por ello facilitando que el usuario programase el circuito para enviar órdenes de teclado y ratón al dispositivo (generalmente un PC) conectado a la placa.

Dicho de otro modo, podías programarlo para que actuase como un teclado y un ratón conectados al PC, haciendo de este modo que se moviese el puntero del ratón o se empezasen a teclear cosas.

Arduino Nano

Para mi gusto, el Arduino que más juego ha dado. Básicamente es una reducción del Arduino UNO a tan solo 18x45mm con un peso de 7g, mientras que ofrece lo siguiente:

Microcontrolador ATmega328P a 16MHz
Conector mini USB
LED equipado en el pin 13
14 pines digitales de entrada/salida
8 pines analógicos de entrada
6 pines PWM
Comunicación mediante UART, I2C y SPI
Operativo a 5V con un margen de tensión de entrada de 7-12V
Corriente por pin de 20 mA
Memoria: 2KB SRAM, 32KB Flash, 1KB EEPROM

Si nos fijamos es prácticamente la misma funcionalidad del UNO, pero con un tamaño que cabe hasta en la cajita ovalada donde viene la sorpresa de los huevos Kinder.

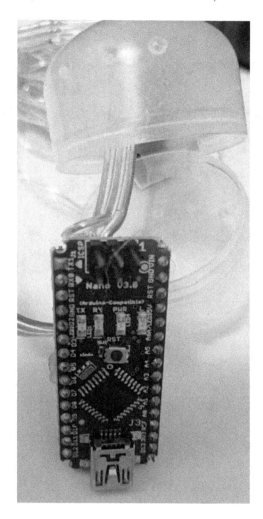

Esto ha permitido su utilización en multitud de aplicaciones, ya que es muy sencillo instalarlo en cualquier hueco de un juguete o disimularlo con muy poco esfuerzo. Otra cosa que ha favorecido enormemente su uso en que en páginas como Aliexpress puedes obtener imitaciones de esta placa a un precio realmente bajo (aunque últimamente los han subido un poco y en general han pasado de darte gastos de envío gratis directamente a darlo solo con compras mínimas de 10€).

Si hay algo que le falta a esta placa es que no dispone de conexión inalámbrica, lo que se ha solucionado con las variantes BLE (que incorpora Bluetooth) e IoT (que incorpora tanto Bluetooth como WiFi).

Arduino nano 33 BLE Sense

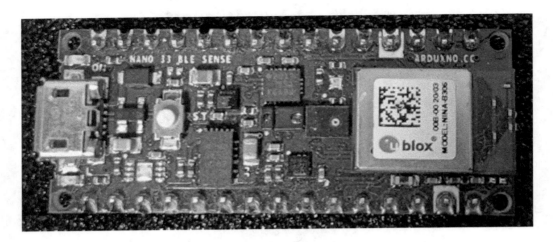

La caña de España. Para mi gusto el Arduino más interesante de cara a experimentar. Tanto este como el 33BLE a secas tienen una versión 2 que en esencia es una actualización de los módulos que trae. La idea es tener una placa que incorpore multitud de circuitos con los que experimentar, aunque le falta claramente conectividad WiFi, seguramente para mantener el bajo consumo. Un detalle importante es que funciona a 3.3V, no a 5V como habitualmente nos encontramos.

¿Y por qué es tan interesante esta placa? Empiezo:

LED incorporado en pin 13
14 pines digitales de entrada/Salida
8 pines analógicos de entrada
5 pines PWM
Conectividad mediante bluetooth, UART, I2C y SPI.
Sensores: acelerómetro, giroscopio, magnetómetro, micrófono, de gestos, de luz, de proximidad, de presión, de temperatura y de humedad.

Sin lugar a dudas, da para jugar un rato, porque además por si fuese poco trae consigo un LED RGB y puede interactuar con el PC como el Leonardo, es decir, simulando un teclado y un ratón conectados por su puerto USB.

Arduino Mega 2560 Rev3

Este Arduino es muy interesante de cara a disponer de una gran cantidad de señales de entrada/salida. También es útil a la hora de depurar comunicaciones por sus puertos UART, ya que a diferencia del Arduino UNO este dispone de varios puertos. ¿Y eso para qué sirve? Pues el tema es que si solo hay un UART, ese se usa para comunicar con el USB y por tanto con el Serial Monitor del IDE de Arduino o con otro dispositivo, mientras que si disponemos de varios podemos utilizar uno de ellos para comunicar con el IDE y por tanto tener visibilidad de mensajes de error y depuración mientras que a la vez usas los demás UART para comunicar con otros dispositivos.

Estamos hablando de las siguientes características:

LED incorporado en pin 13
54 pines digitales de entrada/salida
16 pines analógicos de entrada
15 pines PWM
Comunicación mediante 4xUART, I2C y SPI
Funcionamiento a 5V con una tolerancia de tensión de entrada de 7 a 12V
Corriente por Pin de 20mA
Procesador ATmega2560 a 16MHz

Memoria con   8KB SRAM, 256KB FLASH, 4KB EEPROM
Peso 37g
Dimensiones 53.3x101.5 mm

Otros Arduinos

Aparte de los que hemos visto, la gama Arduino dispone de muchos otros modelos:

- Giga R1 WIFI: Muchos más pines de entrada/salida (76), dos COREs que pueden programarse independientemente (incluso en lenguajes distintos), conectores para cámara, displays, ADC/DAC avanzado, etc.
- Portenta: Para aplicaciones en tiempo real e inteligencia artificial. Estos son especialmente caros, pero prácticamente son un ordenador metido en una placa. De hecho el X8 viene directamente con Linux.
- MKR: Para aplicaciones IoT. Llevan su propio módulo de encriptación. Según el modelo comunican por WiFi, LTE o LoRa.
- Nicla: Listos para aplicaciones de inteligencia artificial destinados a voz o vídeo.

Aunque varias placas de Arduino disponen de conectividad Wifi o bluetooth, esta conexión se popularizó hace tiempo con los módulos ESP32 de la casa Espressif. Hoy en día estas placas ofrecen una solución más barata a multitud de aplicaciones que requieren básicamente conectividad Wifi o Bluetooth, y muchas de ellas pueden encontrarse a bajo coste en diversas páginas de venta tipo Aliexpress.

Dada la ventaja evidente, echemos un vistazo a algunos tipos de estas placas, pero antes la gran pregunta que seguro te has hecho alguna vez en la vida y te ha tenido noches y noches sin poder conciliar el sueño: ¿por qué a veces veo ESP32 y otras ESP8266? Porque se trata de dispositivos distintos. Aunque 8266 se vea mayor que 32, el ESP32 es un dispositivo mucho más potente que el ESP8266. En general, podemos decir que el ESP32 duplica al ESP8266, en cores, velocidad y memoria. Además, si estás interesado en ello, el 8266 no dispone de bluetooth mientras que el ESP32 sí. Eso sí, el ESP8266 es más barato, por lo que dependiendo de la aplicación puede resultarte de interés. También has de tener en cuenta la placa sobre la que va montado, ya que la capacidad de cómputo o los sistemas internos siempre estarán disponibles a la hora de programarlo, pero los pines de entrada/salida del chip estarán o no cableado en la placa en cuestión, por lo que según la placa dispondrás o no de determinadas funcionalidades aunque el propio chip sí las integrase.

Un detalle muy importante es que la tensión de funcionamiento de los pines de estas familias es de 3.3V, no 5V como nos tenía acostumbrado del Arduino UNO.

ESP32-WROOM-32

Como todos los sistemas que incorporen el ESP32, cuenta con doble núcleo, una velocidad de hsata 240MHz y 512kB de SRAM, así como generación de números aleatorios, encriptación flash y arranque seguro. Por defecto lleva 4MB de memoria flash. Y por supuesto, dispone de WiFi y Bluetooth.

Ahora, dependiendo de la placa que elijas, puede que tenga más o menos pines accesibles. Una placa utilizada habitualmente es la de 38 pines, que te da acceso a las siguientes características:

Voltaje de Alimentación (USB): 5V DC
Voltaje de Entradas/Salidas: 3.3V DC
Consumo de energía: 5µA en modo de suspensión
Chip USB-Serial: CP2102
Antena: en PCB
Pines Digitales GPIO: 24 (Algunos pines solo como entrada)
Dos conversores Analógico/Digital de 12bits.
Dos conversores Digital/Analógico.

10 pines touch sensitive.
Comunicación mediante 2xUART, I2C y SPI.

Seamos sinceros, es una placa todoterreno y la puedes además encontrar muy barata para todo el juego que puede darte.

ESP32-C3

Montado en placas especialmente pequeñas, esta versión del ESP32 rebaja su velocidad a 160MHz, pero su pequeño tamaño (22.58x18mm en las versiones Super Mini) lo hacen realmente interesante para muchas aplicaciones. Dispone por supuesto de WiFi y Bluetooth e incorpora sus 4MB de memoria flash. Al tener un tamaño tan reducido el precio a pagar es el número de pines accesibles, que en las versiones Super Mini se quedan en 11 pines de entrada/salida digital con PWM, 4 de ellos que pueden usarse como entrada analógica y comunicaciones mediante UART, I2C y SPI.

ESP8266

Este chip tiene ya solera, y la placa que más se extendió fue la NodeMCU v3. Ahora la encuentras muy barata, pero antes de entrar en sus características dejemos algo claro: Lleva el ESP8266, es decir, **no tiene bluetooth, solo WiFi**. Bien, si basicamente tu proyecto es con WiFi, sigamos con el resto de características.

Velocidad de 80MHz.
10 pines digitales de entrada/salida.
4MB de memoria flash y 96kB de RAM.
1 pin de entrada analógica.
Comunicación mediante UART, SPI e I2C

Una vez revisadas las placas más comunes te preguntarás cuál adquirir. Todo depende de para qué la vayas a utilizar. Por norma general te recomendaría lo siguiente: si vas a realizar una serie de proyectos de carácter general, el Arduino UNO R4 WiFi (la versión mínima para mi gusto no merece la pena si ya tienes un R3, que la mayoría de la gente que haya utilizado Arduino lo tendrá) es muy versátil, con lo que la mayoría de las aplicaciones las vas a tener cubiertas. El R3 se queda corto ya en muchas situaciones, principalmente aquellas en las que requieres WiFi o Bluetooth, pero si tu única intención es probar entradas y salidas, sin duda el R3 es una versión más económica.

Por otra parte hay que tener en cuenta que páginas extranjeras tienen versiones del ESP32 muy baratas, por lo que si vas a realizar aplicaciones que usan unas pocas entrada/salidas y su función principal es transmitir por WiFi o Bluetooth, sin duda estas placas son las recomendables principalmente por el precio.

Caso aparte si lo que necesitas son muchas entradas/salidas. En ese caso hay que plantearse la utilización del Arduino MEGA. Por otro lado si lo que quieres es algo barato y pequeño para controlar sin más unas pocas entradas/salidas digitales, las versiones de imitación del Arduino Nano pueden ser tu opción ideal.

Y por último, si tu intención es experimentar con muchos tipos de sensores, el Arduino BLE Sense puede ser tu opción antes que andar comprando sensores por separado.

Quizá te he liado más que otra cosa, pero la gracia de este tipo de placas es que se adaptan muy bien a la aplicación en concreto para la que la quieres, por lo que antes de empezar un proyecto no está de más dedicar un rato a elegir el microcontrolador adecuado.

Pero venga, voy a mojarme: si eres nuevo y quieres empezar por algún sitio, mi recomendación es que adquieras un Arduino UNO R4 WiFi. Con él podrás hacer la mayoría de los proyectos que aquí se comentan, aunque en cada proyecto utilizaré la placa que a mi entender mejor se adapta, tanto por prestaciones como por importe.

Una vez revisadas las principales placas, ahora sí, llega el momento de comenzar con los distintos proyectos y ver algunos ejemplos de hasta dónde puede llegar su potencial. Sí, ya sé que me he extendido más en las primeras placas que en las últimas, pero eso es porque estoy deseando empezar a cacharrear, y supongo que tú también. Vamos allá, AUNQUE si no conoces el IDE ni has utilizado antes estas placas, te recomiendo que revises antes el anejo 1 "Preparación del entorno".

Y ahora sí, vamos allá.

Proyecto 1 – El led, cómo no

Si alguna vez has programado (y espero que lo hayas hecho porque de lo contrario no te vas a enterar de la misa la mitad) siempre habrás visto que se empieza por un programa que visualiza la frase "¡Hola mundo!" ("Hello world!" si el libro era en inglés).
Ese programa se supone que es la construcción más sencilla que puede realizarse para que alguien vea cómo ejecutar un código en dicho lenguaje.

Ahora bien, en microcontroladores la cosa cambia. Un microcontrolador no es como un programa de PC donde los dispositivos inmediatos de los que disponemos son un teclado y una pantalla y por tanto lo más rápido para mostrar una respuesta y ver "que estamos hablando con el PC" es mostrar una frase en pantalla. No, en un microcontrolador lo que tenemos son una serie de entradas/salidas y llegar a mostrar la frase "Hola mundo" puede ser bastante más complejo en el momento que nos alejemos de limitarnos a mostrarlo en la consola de depuración mientras mantenemos el microcontrolador conectado al PC (la otra opción es conectar una pantalla externa, pero ahí empieza a complicarse la cosa). Por ello, en un microcontrolador el ejemplo sencillo es utilizar esas entradas/salidas digitales y, para mostrar que estamos haciendo algo, lo más inmediato es conectar un diodo LED. Como esto es así y ha sido así toda la vida, Arduino nos lo ha puesto fácil y ha integrado directamente un LED en muchas de sus placas conectado a uno de los pines del microcontrolador para que podamos usarlo sin tan siquiera utilizar electrónica adicional.

Para este proyecto utilizaremos el Arduino UNO R4 WiFi. Puede haber placas mucho más baratas, pero este nos permitirá extender la práctica y hacer algunos juegos adicionales con LEDs que ya trae integrados de por sí.

Empezando por el principio, un microcontrolador dispone de una serie de pines de entrada/salida. Para ello lo primero es indicar de qué vamos a utilizar el pin en cuestión, si de entrada o de salida, lo que haremos mediante la instrucción *pinMode()*. Su sintaxis es *pinMode(número_de_pin, modo)*, donde el número de pin corresponde al pin que vayamos a utilizar (en la mayoría de las placas vienen serigrafiados directamente los números junto a los pines) y el modo a si va a ser de entrada (INPUT) o de salida (OUTPUT). Hay otros modos, pero no vamos a hablar aquí de ellos, y si quieres investigarlos tienes en la web de Arduino la descripción completa.

En nuestro caso, dado que vamos a utilizar el LED integrado, dicho LED está conectado al pin 13, y además se trata de enviar información *hacia fuera* del microcontrolador (es decir, información de salida), la instrucción correcta será *pinMode(13, OUTPUT)*.

Y tú te preguntarás: ¿por qué es importante especificar con una instrucción si el pin va a ser de entrada o salida? ¿no basta con decir el número de pin? La verdad es que no, pues al indicar si va a ser entrada o salida le estás indicando la impedancia que ha de tener el pin, ya que si es una entrada (voy a leer información) me interesa que su impedancia (resistencia que muestra) sea alta de modo que no afecte al circuito al que lo conecto, mientras que si voy a utilizarlo como salida, me interesa que la impedancia sea baja para no afectar a la señal que envíe.

Una vez hemos establecido el pin a utilizar y cómo lo vamos a utilizar, podemos enviar el dato. Para ello se utiliza la instrucción *digitalWrite(estado)*, donde *estado* será HIGH o LOW dependiendo de si queremos enviar un 1 (5V en Arduino UNO) o un 0 (0V en Arduino UNO). Para darle un poco de vidilla vamos a hacer que el LED parpadee, con lo que alternaremos los estados metiendo entre medias un retardo de medio segundo (500ms) mediante la instrucción delay(*milisegundos*).

Dicho todo esto podemos ver ya el código a utilizar:

```
void setup() {
  // put your setup code here, to run once:
  pinMode(13,OUTPUT);
}

void loop() {
  // put your main code here, to run repeatedly:
  digitalWrite(13,HIGH);
  delay(500);
  digitalWrite(13,LOW);
  delay(500);
}
```

Como en todo programa de Arduino hay dos funciones principales: *setup()* y *loop()*. La primera contendrá aquellas instrucciones que van a ejecutarse una sola vez, y generalmente son las que preparan el escenario, mientras que la segunda es un bucle que se va a repetir mientras el microcontrolador permanezca alimentado mediante cualquier fuente de energía. No hay nada sorprendente en ver que la instrucción *pinMode()* está en el bloque *setup()*, mientras que el resto está en el bloque *loop()*, ya que el establecer el modo del pin (entrada o salida) se dice una vez y después no necesitamos cambiarlo, mientras que el parpadeo queremos que se produzca de forma repetida e indefinida.

Llega el momento de probarlo. Lo sé, he dicho que voy a utilizar el Arduino UNO R4 Wifi, pero la verdad es que sería un sacrilegio no rendir homenaje al Arduino UNO R3 que tantos buenos momentos nos ha dado, así que como es inmediato porque el código es el mismo, comencemos cargándolo en el R3:

```
LED_simple | Arduino IDE 2.3.2
File  Edit  Sketch  Tools  Help

              Arduino Uno

LED_simple.ino
  1   void setup() {
  2     // put your setup code here, to run once:
  3     pinMode(13,OUTPUT);
  4   }
  5
  6   void loop() {
  7     // put your main code here, to run repeatedly:
  8     digitalWrite(13,HIGH);
  9     delay(500);
 10     digitalWrite(13,LOW);
 11     delay(500);
 12   }
```

Conecta el Arduino al PC y observa como en el panel de botones superior está seleccionado *Arduino Uno*, ya que es la placa de Arduino UNO clásica. Pulsamos sobre la flecha para subir el código a la placa y ya tenemos nuestro flamante Arduino UNO R3 con su LED conectado internamente el pin 13 parpadeando (marcado en la siguiente imagen con un óvalo para no confundirlo con el LED de ON que simplemente indica que le llega corriente).

Bien, ahora que ya hemos rendido pleitesía al Arduino UNO R3, vamos a subir el código al Arduino UNO R4 WiFi. En el momento en que desconectamos una placa y conectamos la otra, vemos que en el desplegable del IDE ya nos reconoce la nueva placa.

LED_simple | Arduino IDE 2.3.2

File   Edit   Sketch   Tools   Help

Arduino UNO R4 WiFi

LED_simple.ino

```
1    void setup() {
2      // put your setup code here, to run once:
3      pinMode(13,OUTPUT);
4    }
5
6    void loop() {
7      // put your main code here, to run repeatedly:
8      digitalWrite(13,HIGH);
9      delay(500);
10     digitalWrite(13,LOW);
11     delay(500);
12   }
```

De igual modo que antes, subimos el código, que como puedes ver es exactamente el mismo, y ahí tenemos nuestro flamante LED parpadeando.

Pues nada, muy bien, ya está el LED parpadeando. Ahora eres libre de modificar el código introduciendo significativas variaciones como que parpadee más rápido o más lento en función de los valores que pongas en la instrucción *delay()*.

Sé lo que piensas, "hombre... esto proyecto avanzado... lo que se dice proyecto avanzado... más bien como que poco". Y tienes toda la razón, así que vamos a darle un poco de gracia al asunto.

Para llevar un poco más allá el proyecto pensemos, no ya en el LED conectado al pin 13 sino en que el Arduino UNO R4 WiFi dispone de una matriz de LEDs que se pueden programar. Sí, en esencia no son más que un montón de LEDs que puedes encender y apagar individualmente, pero la gracia está en que están distribuidos en una matriz de modo que según los que enciendas puedes crear dibujos y animaciones y por supuesto "dibujar letras".

Pero espera, si podemos dibujar letras, ya que en la matriz podemos dibujar solo unas pocas letras simultáneas dado su pequeño tamaño, lo ideal sería poder hacer la animación de un letrero con scroll por el que vayan pasando las letras, como en los anuncios de los teleindicadores.

Que no cunda el pánico, no vamos a invertir medio libro en realizar un programa que vaya encendiendo y apagando LEDs en función de lo que se necesite para animar un letrero. Afortunadamente esta necesidad no ha pasado inadvertida y existen librerías que podemos utilizar para ello.

La primera de esas librerías es ArduinoGraphics, que establecerá todo el marco de funciones para realizar el texto con scroll. La cuestión está en que esta librería utiliza un dispositivo "pantalla" abstracto, de modo que sirva para muchos tipos de dispositivos. Por ello necesitamos otra librería que concrete todo ese marco en un dispositivo no abstracto sino concreto, y ello lo hará la librería Arduino_LED_Matrix, que identifica como dispositivo la matriz de LEDs del Arduino UNO R4 WiFi.

Veamos directamente el código:

```
//Según indicaciones de la web de Arduino, se ha de cargar la librería ArduinoGraphics antes de la librería
Arduino_LED_Matrix
//Esto es porque ArduinoGraphics crea una serie de métodos pero para un dispositivo abstracto, que la librería
//Arduino_LED_Matrix implantará como la matriz del LEDs del Arduino UNO R4 WiFi
#include "ArduinoGraphics.h"
#include "Arduino_LED_Matrix.h"

//Estructura que va a contener la matriz de LEDs.
```

```
//Mediante interfaces, ArduinoGraphics habla de una pantalla en abstracto, que Arduino_LED_Matrix concreta en
la matriz de LEDs.
ArduinoLEDMatrix matrix;

void setup() {
 //Inicializamos el dispositivo gráfico
 matrix.begin();

 //Indicamos que vamos a comenzar a dibujar
 matrix.beginDraw();
 //Especificamos el color del trazo (aquí no tiene relevancia alguna porque son LEDs, no hay colores
distintos ni nada de eso)
 matrix.stroke(0xFFFFFFFF);
 //Indicamos un texto inicial
 const char text[] = "...";
 //Especificamos la fuente a utilizar. Actualmente se soportan Font_4x6 y Font_5x7
 matrix.textFont(Font_4x6);
 //Indicamos que vamos a dibujar un texto, iniciándose en la posición x=1, y=1 y con el color (255,255,255)
de RGB
 //(color que realmente va a ser el rojo de los LEDs porque no hay más opción)
 matrix.beginText(1, 1, 0xFFFFFF);
 //Escribimos el texto
 matrix.println(text);
 //Indicamos que hemos terminado de definir el texto, y al no poner parámetros indicamos que no habrá
scroll, sino que quedará estático
 matrix.endText();
 //Finaliza el uso del dispositivo gráfico
 matrix.endDraw();

 //Esperamos 1s y borramos la pantalla
 delay(1000);
 matrix.beginDraw();
 matrix.clear();
 matrix.endDraw();
}

void loop() {

 //Una vez iniciado, dibujaremos un texto con scroll
 //Comenzamos como siempre inicializando el dispositivo gráfico
 matrix.beginDraw();
 //Definimos el trazo, que no tiene más opción que ser el poner en rojo los LEDs activos
 matrix.stroke(0xFFFFFFFF);
 //Especificamos la velocidad del scroll. El valor indica el retardo en milisegundos entre una posición y
otra.
 //Es decir, cuanto mayor sea el valor, más esperará para pasar a la siguiente posición, con lo que la
velocidad será menor
 matrix.textScrollSpeed(120);

 // Cargamos el texto a mostrar
 const char text[] = "Esto es una prueba";
 //Especificamos la fuente a utilizar
 matrix.textFont(Font_5x7);
 //Indicamos que comenzaremos en la posición x=11, y=1 y con el color... que da lo mismo que aquí no hay
colores.
 //Como queda más bonito que el texto no aparezca y empiece a desplazarse sino que aparezca desde la derecha
y se vaya
```

```
//desplazando hacia la izquierda, nos colocamos inicialmente en la posición x=11 (última columna de LEDs)
matrix.beginText(11, 1, 0xFFFFFF);
//Escribimos el texto
matrix.println(text);
//Finalizamos el trazo especificando que el scroll desplazará el texto hacia la izquierda
matrix.endText(SCROLL_LEFT);
//Finalizamos el uso del dispositivo gráfico
matrix.endDraw();
}
```

El código es autoexplicativo, y más con la cantidad de comentarios que le he incluido, pero en general es algo bastante sencillo:

- Inicializamos el dispositivo.
- Inicializamos el dibujo.
- Especificamos tipo de trazo y fuente a utilizar.
- Inicializamos el texto con posición y color.
- Escribimos el texto.
- Finalizamos la escritura de texto indicando si ha de tener scroll.
- Finalizamos el uso del dispositivo.

Y de este modo tan sencillo tenemos un mensaje desplazándose por la matriz de LEDs de nuestro Arduino.

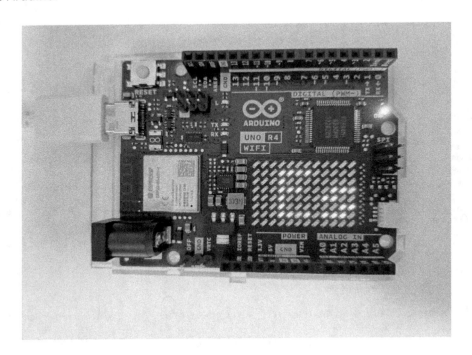

Ahora que ya sabemos mostrar mensajes, llega el momento de darle cierta utilidad a los mensajes que mostramos. Al conformar esta matriz de LEDs una especie de display tan de pequeño tamaño no nos vale precisamente para decorar, pero ¿y si pudiésemos variar el texto a mostrar de modo que fuese personalizable? Así podríamos dejarlo conectado por ejemplo en la habitación de los niños y enviar el mensaje de "¡¡A cenar!!" o cualquier otro mensaje que claramente muestre la superioridad y dominación de los padres sobre los hijos en el ámbito familiar (si nos ignoran cuando les llamamos de viva voz para que vengan a cenar, no lo dudes, así también van a ignorarte).

Para lograr nuestro objetivo lo que necesitamos es saber cómo hacer llegar el mensaje al Arduino. En general vamos a tener siempre dos opciones: por WiFi o por bluetooth. En este caso, como los mensajes los queremos transmitir desde puntos cercanos podemos utilizar bluetooth y así no debemos de preocuparnos de tener un router en casa para que la comunicación fluya.

En primer lugar deberemos de instalar la librería ArduinoBLE, que nos dará soporte para utilizar las capacidades bluetooth del dispositivo. Se ha de tener en cuenta que este dispositivo cuenta con Bluetooth Low Energy (BLE).

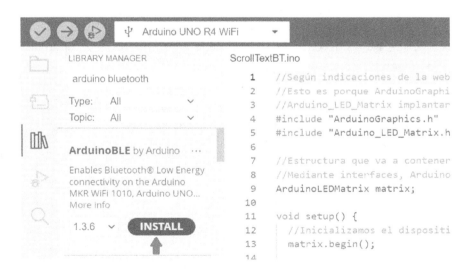

A diferencia con el bluetooth clásico, donde la comunicación es básicamente mediante la emulación de un puerto serie, en BLE hay dos tipos de actores: periféricos y centrales. La comunicación es algo así como un cliente-servidor, donde los periféricos serían los servidores y las centrales los clientes, que se conectan a los periféricos para obtener información.

La información proporcionada por un periférico está estructurada en servicios, que a su vez se dividen en características, donde cada una almacenará información, como mucho de 512 bytes.

¿Y la comunicación bidireccional? Para obtenerla, las características pueden leerse pero también editarse por la central, con lo que el periférico puede así recibir información de la central, de modo que las características pueden ser tanto leídas como escritas por central y periférico.

También existe un mecanismo conocido como notificación, de modo que si está habilitado cuando alguien escribe en una característica, automáticamente es enviado al receptor sin que ejecute ningún comando de lectura. Y a su vez hay una variante de la notificación que es la indicación, que funciona igual pero el receptor envía una confirmación de lectura.

La documentación indica que modificar una característica consume energía, por lo que si por ejemplo la utilizas para indicar el valor de un sensor y este no ha cambiado, ahorra energía no escribiendo el mismo valor que ya contiene.

Los servicios se identifican por su UUID, de 16 bits para los servicios estándar y de 128 bits para los servicios personalizados.

Para anunciarse los dispositivos bluetooth usan los perfiles GAP (para anunciar el dispositivo) y GATT (para anunciar servicios y características).

Una vez disponemos de las librerías necesarias llega el momento de programar la conexión bluetooth. No debemos de perder de vista que en toda conexión hay alguien que envía información y alguien que la recibe (puede ser bidireccional, pero eso no deja de ser una generalización de lo que acabo de decir). En nuestro caso, el Arduino será quien recibirá la información, ya que queremos recibir qué texto hemos de mostrar. Con esto en mente, el código necesario será el siguiente:

```
//Según indicaciones de la web de Arduino, se ha de cargar la librería ArduinoGraphics antes de la librería
Arduino_LED_Matrix
//Esto es porque ArduinoGraphics crea una serie de métodos pero para un dispositivo abstracto, que la
librería
//Arduino_LED_Matrix implantará como la matriz del LEDs del Arduino UNO R4 WiFi
#include "ArduinoGraphics.h"
#include "Arduino_LED_Matrix.h"
//Cargamos la librería que nos permite utilizar el dispositivo bluetooth
#include <ArduinoBLE.h>

//Estructura que va a contener la matriz de LEDs.
//Mediante interfaces, ArduinoGraphics habla de una pantalla en abstracto, que Arduino_LED_Matrix concreta
en la matriz de LEDs.
ArduinoLEDMatrix matrix;
```

```
String text;
bool establecido=false;


//Generamos el objeto que va a manejar nuestra conexión bluetooth (servicio y característica, esta última
con permiso de lectura y escritura)
BLEService msgService("19B10000-E8F2-537E-4F6C-D104768A1214"); // Servicio de mensajería
BLECharacteristic msgCharacteristic("19B10000-E8F2-537E-4F6C-D104768A1214", BLERead | BLEWrite, 30); //Dejo
un máximo de 30 caracteres


//************Funciones manejadoras de eventos bluetooth*****************
void blePeripheralConnectHandler(BLEDevice central) {

  // Central conectada

  Serial.print("Central conectada: ");

  Serial.println(central.address());
}


void blePeripheralDisconnectHandler(BLEDevice central) {

  // Central desconectada

  Serial.print("Central desconectada: ");

  Serial.println(central.address());

  establecido=false; //Evito que reproduzca texto en scroll que limita el descubrimiento de servicios por no
ser asíncrono
}


void switchCharacteristicWritten(BLEDevice central, BLECharacteristic characteristic) {

  // Central escribió un nuevo valor en la característica. Actualizo texto a mostrar en la matriz

  Serial.print("Evento de escritura en característica: ");

  text = (char*)msgCharacteristic.value();

  text.remove(msgCharacteristic.valueLength());

  Serial.println(text);

  Serial.print("Con longitud: "); Serial.println(msgCharacteristic.valueLength());

  establecido=true;
}
//*****************************************************************************


//Configura el periférico bluetooth
void setBluetooth(){

  // Establecemos el nombre del dispositivo en los anuncios del periférico

  BLE.setLocalName("LEDMatrix");

  // Establecemos el nombre del servicio en los anuncios del periférico

  BLE.setAdvertisedService(msgService);

  // Añadimos la característica al servicio

  msgService.addCharacteristic(msgCharacteristic);

  // Añadimos el ervicio
```

```
BLE.addService(msgService);

//Especificamos las funciones que van a manejar los eventos que nos interesan

BLE.setEventHandler(BLEConnected, blePeripheralConnectHandler);

BLE.setEventHandler(BLEDisconnected, blePeripheralDisconnectHandler);

msgCharacteristic.setEventHandler(BLEWritten, switchCharacteristicWritten);

// Establecemos un valor inicial para la característica

msgCharacteristic.setValue(0);

// Comenzamos a anunciarnos

BLE.advertise();
}


//Muestra el texto de la variable text en la matriz LED.
//Si scroll=true, lo muestra realizando scroll
void printText(bool scroll=false){

//Indicamos que vamos a comenzar a dibujar

matrix.beginDraw();

//Borramos lo que haya en pantalla

matrix.clear();

//Especificamos el color del trazo (aquí no tiene relevancia alguna porque son LEDs, no hay colores
distintos ni nada de eso)

matrix.stroke(0xFFFFFFFF);

if(scroll){

//Especificamos la velocidad del scroll. El valor indica el retardo en milisegundos entre una posición y
otra.

//Es decir, cuanto mayor sea el valor, más esperará para pasar a la siguiente posición, con lo que la
velocidad será menor

matrix.textScrollSpeed(120);

}

//Especificamos la fuente a utilizar. Actualmente se soportan Font_4x6 y Font_5x7

if(scroll)

matrix.textFont(Font_5x7);

else

matrix.textFont(Font_4x6); //Sin scroll cabe poco, así que letra pequeña

if(scroll){

//Indicamos que comenzaremos en la posición x=11, y=1 y con el color... que da lo mismo que aquí no hay
colores.

//Como queda más bonito que el texto no aparezca y empiece a desplazarse sino que aparezca desde la
derecha y se vaya

//desplazando hacia la izquierda, nos colocamos inicialmente en la posición x=11 (última columna de LEDs)

matrix.beginText(11, 1, 0xFFFFFF);

}else{
```

```
  //Al querer dibujar un texto sin scroll, iniciamos en la posición x=1, y=1 y con el color (255,255,255) de
RGB
  //(color que realmente va a ser el rojo de los LEDs porque no hay más opción)
  matrix.beginText(1, 1, 0xFFFFFF);
}
//Escribimos el texto
matrix.println(text);
if(scroll){
  //Finalizamos el trazo especificando que el scroll desplazará el texto hacia la izquierda
  matrix.endText(SCROLL_LEFT); //Esta es la que se lleva todo el tiempo
}else{
  //Indicamos que hemos terminado de definir el texto, y al no poner parámetros indicamos que no habrá
scroll, sino que quedará estático
  matrix.endText();
}
//Finaliza el uso del dispositivo gráfico
matrix.endDraw();
}

void setup() {
  Serial.begin(9600);
  //Inicializamos el interfaz bluetooth
  if (!BLE.begin()) {
    Serial.println("¡Inicio de Bluetooth® Low Energy module fallado!");
    while (1);
  }
  Serial.println("Dispositivo bluetooth iniciado.");
  //Configuramos el periférico bluetooth
  setBluetooth();
  //Inicializamos el dispositivo gráfico
  matrix.begin();
  //Mostramos un texto inicial en la matriz de LEDs
  text="...";
  printText();
  Serial.println(("Bluetooth® activo, esperando conexiones..."));
}

void loop() {
  // Consultamos si hay eventos de Bluetooth® Low Energy
```

```
BLE.poll(); //Consulto por si he de variar el texto
//En el caso de que se haya desconectado, reviso permanentemente para que me descubran y me digan qué
mostrar
  if(!establecido){
   text="...";
   printText();
  }
  while(!establecido)
   BLE.poll();
//Una vez iniciado, dibujaremos un texto con scroll
 printText(true);
}
```

Hay que tener ahora cuidado con el *loop()*, ya que si desatendemos el polling (proceso por el que periódicamente se consulta si hay nuevos cambios) de bluetooth tendremos problemas para que se nos reconozcan correctamente los servicios. ¿Qué quiero decir con esto? Pues que en la función *loop()*, cuando se conecte algún dispositivo al Arduino por bluetooth, lo primero que hará será preguntar a Arduino si está ofreciendo servicios, y si en la función *loop()* no se alcanza rápidamente la función *BLE.poll()*, el Arduino no responderá a tiempo y es posible que el dispositivo con el que queremos conectarnos al Arduino no reconozca correctamente el servicio de recibir texto que hemos programado, es decir, se quede pensando que nuestro Arduino no tiene ningún servicio que ofrecer.

¿Y por qué eso es un problema? Porque cuando mostramos un texto con scroll, mientras hace el scroll no está programado de forma asíncrona, es decir, hasta que no finaliza el scroll del texto por la matriz LED el Arduino no hace nada más, incluyendo no contestar peticiones bluetooth.

¿Y cómo lo solucionamos? Hay muchas formas, donde la más elegante es convertir ese scroll en asíncrono, pero para no complicarnos mucho utilizamos la variable *establecido*, donde la funcionalidad que le damos consiste en que cuando tengo a algún dispositivo conectado que ha mandado un mensaje a mostrar se pone a true y me dedico a mostrar una y otra vez el mensaje, mientras que cuando el dispositivo bluetooth se desconecta se pone a false, dejando de mostrar mensajes y centrándose solo en contestar a un nuevo dispositivo bluetooth que nada más conectarse precisamente lo que hará será preguntar a Arduino qué servicios tiene (y una vez se los diga y dicho dispositivo envíe el texto a mostrar volveremos a poner *establecido* a true y vuelta a empezar).

Estudiemos pues el código utilizado.

En primer lugar cargamos las librerías a utilizar, que serán ArduinoGraphics y Arduino_LED_Matrix para manejar la matriz de LEDs y ArduinoBLE para manejar la conexión bluetooth.

```
#include "ArduinoGraphics.h"
#include "Arduino_LED_Matrix.h"
#include <ArduinoBLE.h>
```

Seguidamente establecemos las variables globales que vamos a utilizar.
- *matrix*: Controlará la matriz de LEDs.
- *text*: Contendrá el texto a mostrar en la matrix.
- *establecido*: Manejará el dejar de mostrar texto en scroll para centrarse en devolver a un nuevo dispositivo bluetooth que se nos conecte los servicios que tenemos (donde el que más interesa que se conozca, por supuesto, es el que recibe el texto a mostrar).
- *msgService*: Indica el servicio que vamos a ofrecer. Como nombre del servicio hay que poner un UUID de 16 bits para servicios estándar y de 128 bits para servicios personalizados. En este caso al ser un servicio personalizado utilizaremos un valor de 128 bits (fíjate que hay 32 caracteres en hexadecimal, donde cada carácter hexadecimal ocupa 4 bits. Y en efecto, los guiones no cuentan).
- *msgCharacteristic*: Por último definimos una característica para nuestro servicio, la que contendrá realmente el mensaje a mostrar en la matriz de LEDs. Como parámetros indicamos el servicio al que pertenece la característica (ponemos el UUID del servicio definido justo antes), los permisos que tendrá la característica (queremos que el dispositivo que haga de central pueda tanto leer como escribir en esa característica, para que así pueda establecer el mensaje) y la longitud del dato, donde en este caso fijamos un máximo de 30 caracteres, que de hecho ya es mucho para lo pequeña que es la matriz de LEDs.

```
ArduinoLEDMatrix matrix;
String text;
bool establecido=false;
BLEService msgService("19B10000-E8F2-537E-4F6C-D104768A1214");
BLECharacteristic msgCharacteristic("19B10000-E8F2-537E-4F6C-D104768A1214", BLERead | BLEWrite, 30);
```

Una vez definidas las variables, definiremos las funciones de callback. ¿Qué significa esto del callback? Es más sencillo de lo que parece. Si realizamos operaciones utilizando la tecnología bluetooth, realmente nuestro Arduino debería de estar permanentemente pendiente de esa conexión, de si recibo mensajes, de si se conecta o desconecta alguien, etc. Para manejar esto de una forma sencilla, lo que se realiza es un polling, es decir, en un determinado momento pregunto si hay algún evento, y si lo hay, se llama automáticamente a las funciones de callback definidas en el protocolo. Es decir, las funciones de callback son aquellas a las que se llama cuando sucede un determinado evento.

En este caso vamos a usar tres funciones de callback:

- *blePeripheralConnectHandler*: Como bien se traduce de "handler", esta función "maneja" una nueva conexión de un dispositivo que actúe como central (recuerda que en una conexión Bluetooth Low Energy, un dispositivo hace de periférico (papel que en nuestro proyecto desempeña el Arduino) y otro de central (papel que en nuestro proyecto desempeña el dispositivo que tenga la app que envía el mensaje)). En este caso nos limitamos a informar que se ha conectado un dispositivo e indicamos su dirección.

- *BlePeripheralDisconnectHandler*: Manejador que gestiona que la central se desconecte. En este caso no basta con informar, sino que también ponemos la variable *establecido* a false. De este modo Arduino dejará de mostrar el mensaje por la matriz de LEDs y se centrará en anunciar el dispositivo y el servicio a una nueva central que se conecta.

- *switchCharacteristicWritten*: Función que maneja el que una central cambie el valor de una característica, es decir, escriba en ella. Una vez nos llega por la conexión bluetooth el nuevo valor de la característica, lo metemos en la variable *text*, que es de donde leerá la función que escribe el texto en la matriz de LEDs, con la precaución de borrar todo aquello que exceda la longitud del dato recibido, ya que de lo contrario, si el nuevo texto es más corto que el que había antes, veremos que la parte que no se sobreescribe sigue apareciendo. Una vez establecido el texto a mostrar ponemos de nuevo *establecido* a true para que se permita el mostrarlo en la matriz de LEDs.

```
void blePeripheralConnectHandler(BLEDevice central) {
  Serial.print("Central conectada: ");
  Serial.println(central.address());
}

void blePeripheralDisconnectHandler(BLEDevice central) {
  Serial.print("Central desconectada: ");
  Serial.println(central.address());
  establecido=false;
}

void switchCharacteristicWritten(BLEDevice central, BLECharacteristic characteristic) {
  Serial.print("Evento de escritura en característica: ");
```

```
text = (char*)msgCharacteristic.value();
text.remove(msgCharacteristic.valueLength());
Serial.println(text);
Serial.print("Con longitud: "); Serial.println(msgCharacteristic.valueLength());
establecido=true;
}
```

Seguidamente definimos las dos funciones centrales de nuestro programa, la que manejará la conexión bluetooth y la que escribirá el mensaje por la matriz de LEDs:

- *setBluetooth*: Función que vamos a definir para establecer la conexión bluetooth. En la conexión, nuestro Arduino adoptará el papel de peripherial, es decir, algo así como el servidor, el que ofrece el servicio al que otros se conectarán (las centrales, que vienen a hacer las veces de sistemas cliente). Dichas centrales tomarán la característica que hemos puesto en el servicio y escribirán en ella el valor que posteriormente utilizaremos como texto del mensaje a mostrar. Por orden, lo que vamos a hacer es lo siguiente:
  - Establecer el nombre con el que queremos que nuestro dispositivo aparezca a aquellos que busquen dispositivos bluetooth. En este caso aparecerá con el nombre LEDMatrix.
  - Anunciaremos el servicio que hemos definido anteriormente en *msgService*, al que agregaremos la característica *msgCharacteristic*.
  - Añadiremos el servicio.
  - Enlazaremos nuestro sistema bluetooth con las funciones manejadoras que hemos definido anteriormente, en este caso la que maneja una nueva central conectada (*blePeripheralConnectHandler*), una central desconectada (*blePeripheralDisconnectHandler*) y el cambio en el valor de la característica (*switchCharacteristicWritten*).
  - Establecemos un valor por defecto para la característica.
  - Iniciamos los anuncios bluetooth para que los clientes (centrales) puedan detectar el Arduino.

```
void setBluetooth(){
  BLE.setLocalName("LEDMatrix");
  BLE.setAdvertisedService(msgService);
  msgService.addCharacteristic(msgCharacteristic);
  BLE.addService(msgService);
  BLE.setEventHandler(BLEConnected, blePeripheralConnectHandler);
```

```
BLE.setEventHandler(BLEDisconnected, blePeripheralDisconnectHandler);
msgCharacteristic.setEventHandler(BLEWritten, switchCharacteristicWritten);
msgCharacteristic.setValue(0);
BLE.advertise();
}
```

- *printText*: Función que vamos a definir para sacar por la matriz de LEDs el texto que esté en la variable *text*. No vamos a entrar de nuevo a describir las instrucciones pues ya se han explicado en el ejemplo sin bluetooth. El único matiz aquí es que utilizamos el parámetro *scroll* de modo que si está a false significa que el texto va a ser fijo y, dado el poco espacio que hay para mostrar texto en la matriz LED, se usará la fuente pequeña, mientras que si sí hay scroll, utilizaremos la fuente grande.

```
void printText(bool scroll=false){
 matrix.beginDraw();
 matrix.clear();
 matrix.stroke(0xFFFFFFFF);
 if(scroll){
   matrix.textScrollSpeed(120);
 }
 if(scroll)
   matrix.textFont(Font_5x7);
 else
   matrix.textFont(Font_4x6);
 if(scroll){
   matrix.beginText(11, 1, 0xFFFFFF);
 }else{
   matrix.beginText(1, 1, 0xFFFFFF);
 }
 matrix.println(text);
 if(scroll){
   matrix.endText(SCROLL_LEFT);
 }else{
   matrix.endText();
 }
 matrix.endDraw();
}
```

Ya hemos hecho el trabajo complicado. Ahora tan solo hemos de poner las cosas en orden con las funciones *setup()* y *loop()*. Comencemos por la primera.

En la función *setup()* hemos de realizar todo aquello que solo hemos de hacer una vez para poner a funcionar el sistema. En orden, realizamos las siguientes actividades:

- Inicializamos el puerto serie para mostrar mensajes informativos y de depuración por el puerto serie (los mensajes que nos aparecerán en el Serial Monitor del IDE de Arduino.
- Inicializamos el módulo bluetooth.
- Realizamos las configuraciones antes comentadas en el módulo bluetooth mediante la función *setBluetooth*.
- Inicializamos la matriz de LEDs. Fíjate que esta función (*matrix.begin()*) se llama una sola vez. Si hubiese que utilizarla cada vez que vamos a mostrar algo en pantalla la habríamos incluido en la función *printText*.
- Mostramos un texto inicial de tres puntos en la matriz LED indicando que estamos esperando a recibir un texto que mostrar.

```
void setup() {
  Serial.begin(9600);
  if (!BLE.begin()) {
    Serial.println("¡Inicio de Bluetooth® Low Energy module fallado!");
    while (1);
  }
  Serial.println("Dispositivo bluetooth iniciado.");
  setBluetooth();
  matrix.begin();
  text="...";
  printText();
  Serial.println(("Bluetooth® activo, esperando conexiones..."));
}
```

Finalmente creamos la función *loop()* que se dedicará a realizar el trabajo repetitivo. En este caso tenemos varios casos:

- La central que nos enviaba el texto ya se ha desconectado. En ese caso hemos de enterarnos, para lo que es imprescindible comenzar realizando el polling de bluetooth. Aquí *establecido* estaría aún a true.

```
BLE.poll();
```

- Ya sabíamos que se había desconectado la central, por lo que estamos en espera de recibir una nueva conexión y un texto para mostrar. Aquí *establecido* ya estaría a false y hasta que alguien no se conecte y nos mande un texto no volverá a ser true. Es importante quedarnos aquí hasta pasar a este momento, pues de lo contrario, si siguiésemos mostrando texto en scroll, nuestro dispositivo no respondería a tiempo a la mayoría de las peticiones de consulta de servicios para una nueva central. En este caso lo suyo es, antes del bucle, mostrar simplemente los tres puntos de espera en la matriz LED para saber que estamos esperando a recibir una nueva conexión.

```
if(!establecido){
  text="...";
  printText();
}
while(!establecido)
  BLE.poll();
```

- Si tenemos un texto que mostrar, no entraremos en el bucle anterior pues *establecido* estará a true, y lo mostramos con scroll en la matriz LED.

```
printText(true);
```

Donde todo junto queda del siguiente modo:

```
void loop() {
 BLE.poll();
  if(!establecido){
    text="...";
    printText();
  }
  while(!establecido)
    BLE.poll();
 printText(true);
}
```

Una vez tenemos el sistema funcionando, es momento de conectar desde un dispositivo bluetooth externo y enviar el texto a mostrar. Para ello utilizaremos la aplicación de Android "nRF Connect".

Buscamos la app en la Store de nuestro teléfono móvil o tablet Android y la instalamos. Después el funcionamiento es sencillo. Comenzamos pulsando **SCAN** para que inicie la búsqueda de dispositivos. Al pulsarlo pasará a poner **STOP SCANNING** para detener el escaneo de dispositivos bluetooth. Todos los dispositivos encontrados nos aparecerán en el listado, entre los que podremos encontrar al nuestro, LEDMatrix.

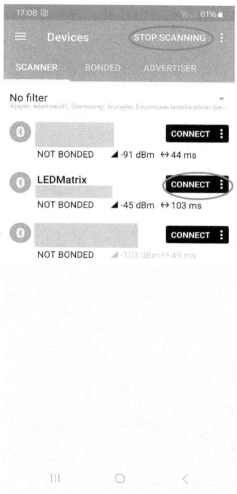

De la lista se han censurado por privacidad otros dispositivos encontrados así como las direcciones bluetooth de los dispositivos. Identificado en la lista, pulsamos el botón **CONNECT** para conectar con nuestro dispositivo bluetooth. Al conectarse, se desplegará una nueva pestaña con los servicios ofrecidos por el dispositivo.

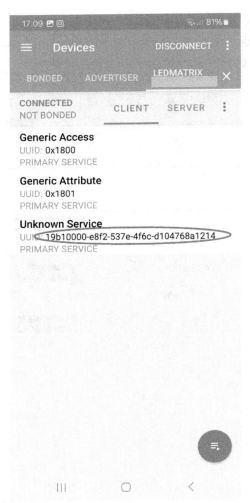

Seleccionamos el servicio, que habremos reconocido por tener el mismo UUID que hemos indicado en el programa y que no me cabe duda habrás ya memorizado casi como tu número de la suerte, y se desplegarán las características, que en este caso solo hay una con permisos de lectura y escritura, tal cual la hemos programado.

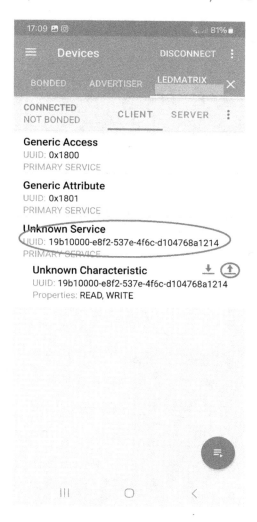

Al permitir leer y escribir vemos que a la derecha tenemos los iconos de leer y de escribir, por lo que pulsamos sobre el de enviar dato (escribir) y nos mostrará el interfaz para insertar el valor a enviar. Lo primero será desplegar la lista del tipo de dato y seleccionar **TEXT**, que nos permitirá insertar un texto como valor.

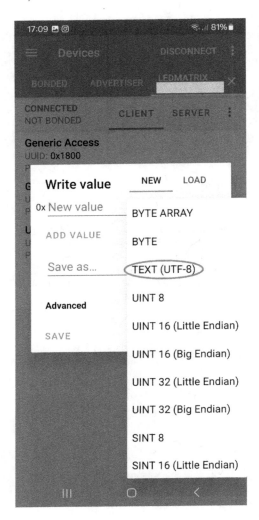

Escribimos el texto a enviar (en este caso he escrito "Hola desde Bluetooth", pero por supuesto puedes poner lo que quieras, siempre y cuando ocupe menso de los 30 caracteres que hemos definido como límite de tamaño en el valor de la característica) y pulsamos **SEND** para enviar el valor por bluetooth a nuestro Arduino.

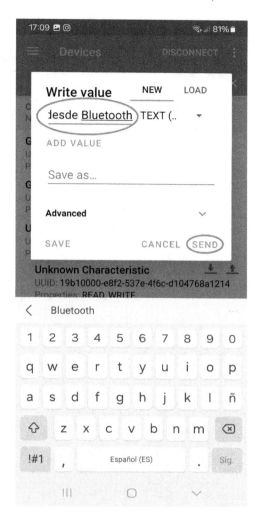

Una vez enviado veremos que empieza a mostrarse en la matriz LED de nuestro Arduino, y en la ventana de la app aparecerá la confirmación del dato enviado. Una vez ya hayamos mostrado el texto todo lo que queremos, desconectaremos nuestro dispositivo central (el dispositivo Android) pulsando sobre **DISCONNECT** y Arduino volverá a modo de espera.

Pues muy bien, ya tenemos algo bastante potable para enviar mensajes en remoto a nuestro Arduino, pero aún podemos mejorarlo otro poco. ¿Cómo? Pues añadiendo el noble arte de tocar las narices, para lo que nada como acoplarle un pequeño zumbador a modo de alarma y así que avise cuando vaya a lanzar un mensaje.

Para ello necesitaremos algún material adicional:

- Un zumbador pasivo (lógicamente, si no tenemos algo que haga ruido poco ruido podremos hacer). Se encuentran fácilmente por Internet buscando zumbador pasivo (passive buzzer en inglés).

- Una resistencia de 220Ω para conectar el Arduino al zumbador.

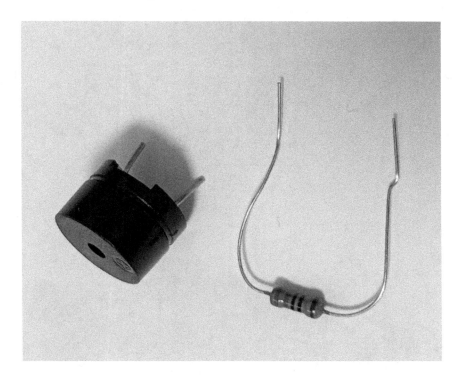

Una vez disponemos de ellos, los conectamos mediante una protoboard al Arduino, de modo que el circuito parte del pin 2, pase por la resistencia, de ahí al zumbador y vuelta a la masa (GND). El circuito quedaría como vemos a continuación:

Y esquemáticamente sería así:

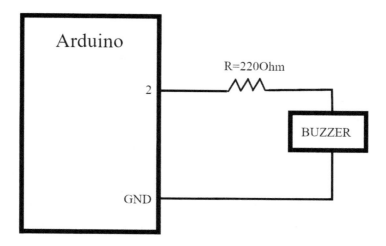

Seguro que no es el circuito más complicado que has construido en tu vida.

Bien, una vez realizada la parte física, vamos con la parte matemática. El zumbador lo que hará será emitir un sonido con la frecuencia de la señal que le llegue. Esto significa que si nos limitamos a poner 5v en el pin 2 no escucharemos absolutamente nada, pues una señal continua (continuamente son 5v) tiene una frecuencia igual a 0Hz.

Por tanto tenemos que construir nuestra señal de frecuencia "a mano". Lo primero es saber qué frecuencia queremos obtener. La frecuencia típica es una nota "La" de 440Hz. Como sabemos mucha física tenemos claro que el período será entonces la inversa de la frecuencia, esto es, 1/440 = 0,0022727272s, o pasado a microsegundos, 2272,75us.
¿Y qué es ese valor? El periodo de una señal es el tiempo que tarda una señal periódica en volver a estar como al principio. Es decir, nuestra señal lo que hará será ponerse a nivel alto, luego a nivel bajo, otra vez a nivel alto, otra vez a nivel bajo, etc etc y así hasta el infinito. Podríamos decir que el trozo que se repite de la señal es un conjunto nivel alto + nivel bajo, pues si cojo ese trozo de señal y lo repito infinitamente obtengo mi señal. Pues bien, ese trozo es el que ha de durar 2272,75us, y dado que el tiempo que la señal está a nivel alto es el mismo que está a nivel bajo, significa que cada uno de esos valores he de mantenerlo 2272,75/2 = 1136us (sí, me como los decimales, pues no van a alterar significativamente este proyecto).

De este modo, si quisiéramos realizar un programa que simplemente hiciese sonar un "La" infinitamente bastaría con el siguiente código:

```
void setup() {
  pinMode(2, OUTPUT);
}

void loop() {
  digitalWrite(2,HIGH);
  delayMicroseconds(1136);
  digitalWrite(2,LOW);
  delayMicroseconds(1136);
}
```

Ahora llega el momento de incluir esto en nuestro programa. ¿Cómo nos interesa hacerlo? Una opción bastante sencilla es reproducir el sonido durante 3s y a continuación el texto. Para no ser especialmente odiosos y evitar que hagan coincidir un martillo en tiempo y espacio con nuestra plaquita de Arduino tendremos la precaución de que el sonido se reproduzca unicamente antes del primer scroll, es decir, si el letrero pasa quince veces por la matriz LED, nosotros tan solo reproduciremos el sonido en la primera pasada y no en cada una de las quince.

Para ello realizaremos las siguientes modificaciones:

- En la función *setup* incluiremos en su primera línea el siguiente código:

  ```
  pinMode(2, OUTPUT);
  ```

- Crearemos una función que haga sonar una nota "La" durante los segundos que le indiquemos

  ```
  //Reproduce un La durante t segundos
  void playSound(int t){
    //Si cada periodo dura 2272us, deberemos reproducirlo (t*1000000)/2272 veces
    unsigned long n=(t*1000000)/2272;
    for(unsigned long i=0;i<n;i++){
      digitalWrite(2,HIGH);
      delayMicroseconds(1136);
      digitalWrite(2,LOW);
      delayMicroseconds(1136);
    }
  }
  ```

- Para que tan solo suene la primera vez, tenemos que realizar lo siguiente:

- ○ Crear una variable global que indicará que es la primera reproducción del texto.

```
bool primera=false;
```

- ○ Poner esa variable a true en la función *switchCharacteristicWritten*.
- ○ Comprobar si es la primera reproducción justo antes de mostrar el texto (antes de llamar a *printText*), reproducir el sonido y ponerla a false.

```
if(primera){
    playSound(3);
    primera=false;
}
```

Con esto nos queda el siguiente código una vez lo hemos juntado todo:

```
//Según indicaciones de la web de Arduino, se ha de cargar la librería ArduinoGraphics antes de la librería
Arduino_LED_Matrix
//Esto es porque ArduinoGraphics crea una serie de métodos pero para un dispositivo abstracto, que la librería
//Arduino_LED_Matrix implantará como la matriz del LEDs del Arduino UNO R4 WiFi
#include "ArduinoGraphics.h"
#include "Arduino_LED_Matrix.h"
//Cargamos la librería que nos permite utilizar el dispositivo bluetooth
#include <ArduinoBLE.h>

//Estructura que va a contener la matriz de LEDs.
//Mediante interfaces, ArduinoGraphics habla de una pantalla en abstracto, que Arduino_LED_Matrix concreta en
la matriz de LEDs.
ArduinoLEDMatrix matrix;
String text;
bool establecido=false;
bool primera=false;

//Generamos el objeto que va a manejar nuestra conexión bluetooth (servicio y característica, esta última con
permiso de lectura y escritura)
BLEService msgService("19B10000-E8F2-537E-4F6C-D104768A1214"); // Servicio de mensajería
BLECharacteristic msgCharacteristic("19B10000-E8F2-537E-4F6C-D104768A1214", BLERead | BLEWrite,
30); //Dejo un máximo de 30 caracteres

//***********Funciones manejadoras de eventos bluetooth****************
void blePeripheralConnectHandler(BLEDevice central) {
 // Central conectada
 Serial.print("Central conectada: ");
 Serial.println(central.address());
}

void blePeripheralDisconnectHandler(BLEDevice central) {
 // Central desconectada
 Serial.print("Central desconectada: ");
```

```
  Serial.println(central.address());
  establecido=false; //Evito que reproduzca texto en scroll que limita el descubrimiento de servicios por no
ser asincrono.
}
```

void switchCharacteristicWritten(**BLEDevice** central, **BLECharacteristic** characteristic) {

```
  // Central escribió un nuevo valor en la característica. Actualizo texto a mostrar en la matriz
  Serial.print("Evento de escritura en característica: ");
  text = (char*)msgCharacteristic.value();
  text.remove(msgCharacteristic.valueLength());
  Serial.println(text);
  Serial.print("Con longitud: "); Serial.println(msgCharacteristic.valueLength());
  establecido=true;
  primera=true;
}
//*********************************************************************
```

//Configura el periférico bluetooth
void setBluetooth(){

```
  // Establecemos el nombre del dispositivo en los anuncios del periférico
  BLE.setLocalName("LEDMatrix");
  // Establecemos el nombre del servicio en los anuncios del periférico
  BLE.setAdvertisedService(msgService);
  // Añadimos la característica al servicio
  msgService.addCharacteristic(msgCharacteristic);
  // Añadimos el ervicio
  BLE.addService(msgService);
  //Especificamos las funciones que van a manejar los eventos que nos interesan
  BLE.setEventHandler(BLEConnected, blePeripheralConnectHandler);
  BLE.setEventHandler(BLEDisconnected, blePeripheralDisconnectHandler);
  msgCharacteristic.setEventHandler(BLEWritten, switchCharacteristicWritten);
  // Establecemos un valor inicial para la característica
  msgCharacteristic.setValue(0);
  // Comenzamos a anunciarnos
  BLE.advertise();
}
```

//Muestra el texto de la variable text en la matriz LED.
//Si scroll=true, lo muestra realizando scroll
void printText(bool scroll=false){

```
  //Indicamos que vamos a comenzar a dibujar
  matrix.beginDraw();
  //Borramos lo que haya en pantalla
  matrix.clear();
  //Especificamos el color del trazo (aquí no tiene relevancia alguna porque son LEDs, no hay colores
distintos ni nada de eso)
  matrix.stroke(0xFFFFFFFF);
  if(scroll){
    //Especificamos la velocidad del scroll. El valor indica el retardo en milisegundos entre una posición y
otra.
    //Es decir, cuanto mayor sea el valor, más esperará para pasar a la siguiente posición, con lo que la
velocidad será menor
    matrix.textScrollSpeed(120);
  }
  //Especificamos la fuente a utilizar. Actualmente se soportan Font_4x6 y Font_5x7
  if(scroll)
```

```
    matrix.textFont(Font_5x7);
  else
    matrix.textFont(Font_4x6); //Sin scroll cabe poco, así que letra pequeña
  if(scroll){
    //Indicamos que comenzaremos en la posición x=11, y=1 y con el color... que da lo mismo que aquí no hay
  colores.
    //Como queda más bonito que el texto no aparezca y empiece a desplazarse sino que aparezca desde la
  derecha y se vaya
    //desplazando hacia la izquierda, nos colocamos inicialmente en la posición x=11 (última columna de LEDs)
    matrix.beginText(11, 1, 0xFFFFFF);
  }else{
    //Al querer dibujar un texto sin scroll, iniciamos en la posición x=1, y=1 y con el color (255,255,255) de
  RGB
    //(color que realmente va a ser el rojo de los LEDs porque no hay más opción)
    matrix.beginText(1, 1, 0xFFFFFF);
  }
  //Escribimos el texto
  matrix.println(text);
  if(scroll){
    //Finalizamos el trazo especificando que el scroll desplazará el texto hacia la izquierda
    matrix.endText(SCROLL_LEFT); //Esta es la que se lleva todo el tiempo
  }else{
    //Indicamos que hemos terminado de definir el texto, y al no poner parámetros indicamos que no habrá
  scroll, sino que quedará estático
    matrix.endText();
  }
  //Finaliza el uso del dispositivo gráfico
  matrix.endDraw();
}


//Reproduce un La durante t segundos
void playSound(int t){
  //Si cada periodo dura 2272us, deberemos reproducirlo (t*1000000)/2272 veces
  unsigned long n=(t*1000000)/2272;
  for(unsigned long i=0;i<n;i++){
    digitalWrite(2,HIGH);
    delayMicroseconds(1136);
    digitalWrite(2,LOW);
    delayMicroseconds(1136);
  }
}


void setup() {
  pinMode(2, OUTPUT);
  Serial.begin(9600);
  //Inicializamos el interfaz bluetooth
  if (!BLE.begin()) {
    Serial.println("¡Inicio de Bluetooth® Low Energy module fallado!");
    while (1);
  }
  Serial.println("Dispositivo bluetooth iniciado.");
  //Configuramos el periférico bluetooth
  setBluetooth();
  //Inicializamos el dispositivo gráfico
  matrix.begin();
  //Mostramos un texto inicial en la matriz de LEDs
```

```
  text="...";
  printText();
  Serial.println(("Bluetooth® activo, esperando conexiones..."));
}

void loop() {
  // Consultamos si hay eventos de Bluetooth® Low Energy
  BLE.poll(); //Consulto por si he de variar el texto
  //En el caso de que se haya desconectado, reviso permanentemente para que me descubran y me digan qué
mostrar
    if(!establecido){
      text="...";
      printText();
    }
    while(!establecido)
      BLE.poll();
  //Si es la primera vez, reproducimos el sonido
  if(primera){
    playSound(3);
    primera=false;
  }
  //Una vez iniciado, dibujaremos un texto con scroll
  printText(true);
}
```

Y ahora sí, acabas de finalizar el primer proyecto, que como no podía ser de otra manera ha consistido en encender y apagar LEDs, como todo buen primer proyecto con Arduino. ¡Enhorabuena!

Proyecto 2 – Luces de Navidad programables

¡Quién no se ha maravillado de pequeño viendo las luces de árbol de Navidad parpadear con esos patrones tan perfectamente sincronizados! ¿Tú no? Bueno, no pasa nada, inadaptados sociales hay en todos sitios.

En esta ocasión vamos a continuar manejando LEDs pero no aislados sino en tira. Esto significa que nuestro microcontrolador deberá de manejar muchos LEDs, tantos que no es posible dirigir cada uno desde un pin independiente. Para ello nos vamos a ayudar de un chip que se ha hecho bastante famoso en el mundo de las tiras de LEDs que es el WS2812B. Este chip permite, mediante protocolo serie, comunicar individualmente con cada uno de los LEDs de la tira. Además, dado que queremos multitud de colores, se trata de LEDs RGB, que en realidad son 3 LEDs, uno rojo, otro verde y otro azul, integrados.

Encontrar estas tiras de LEDs es muy sencillo en páginas chinas de electrónica, pero también en mercados populares como Amazon. Basta con poner "WS2812B tira led" y rápidamente tendremos cientos de resultados.

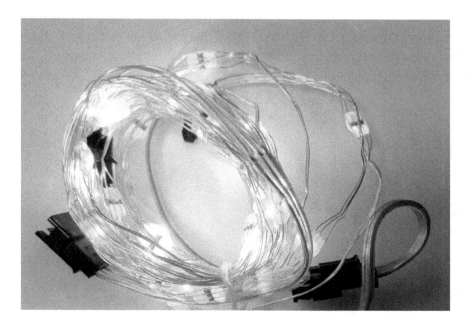

La tira LED en cuestión tendrá 3 cables. El rojo, que se conectará a +5V, el negro, que será la masa (GND), y finalmente el cable de datos. Según la tira que hayas escogido podrá variar su disposición (tendrás que verificarlo en las especificaciones de la tira), pero lo habitual será que el cable rojo y el negro estén en los extremos del conector y el del centro sea el de datos.

Una vez adquirida la tira de LEDs es el momento de decidir la placa con la que vamos a controlarlo. Por supuesto podríamos hacerlo con nuestro Arduino UNO R4 Wifi, pero en mi caso esta no es una buena idea ya que mi intención es dejar el circuito permanentemente montado para así poderlo sacar cada Navidad, y eso hace que no sea la placa ideal principalmente por dos cosas:

- El Arduino UNO R4 WiFi es relativamente caro dado que presenta muchas posibilidades (dispone de conexión WiFi, bluetooth e incluso una matriz de LEDs) aparte de tener una disposición de conectores para los pines que lo hacen altamente reutilizable, con lo que sería un derroche utilizarlo en este circuito.

- Dada la utilidad de este circuito, que en mi caso es servir de luces de Navidad, nos interesa utilizar una placa lo más pequeña posible, y teniendo en cuenta que el requerimiento es que proporcione 5V y que disponga de un pin de entrada/salida digital, son requerimiento muy básicos fácilmente alcanzables con una placa mucho más barata, como el Arduino Nano.

¿Entonces compramos un Arduino Nano? Ni eso. Dado que es un circuito muy básico y además una vez se programe lo normal es que no lo variemos, aunque no va a tener la misma calidad que los originales, las imitaciones sirven igualmente para este propósito.

Este tipo de placas las encuentras en páginas chinas por menos de 4€.

Una vez tenemos la tira de LEDs y el Arduino Nano, es cuestión de realizar la conexión física. Según la documentación de la tira de LEDs es recomendable intercalar una resistencia de entre 300 y 500Ω entre el pin de datos y el cable de datos de la tira de LEDs para evitar daños por picos de tensión.

Teniendo en cuenta que los otros dos conectores de la tira son alimentación a 5V y masa, conectaremos del siguiente modo:

- 5V: Conectado a Vin o a 5V (la primera da la tensión de entrada sin regular, mientras que la segunda la da regulada. En nuestro caso, como vamos a alimentar el circuito con un cargador de teléfono, nos da igual).
- GND: Conectado a GND de Arduino.
- Datos: Conectado, a través de la resistencia, a cualquier pin de entrada/salida digital. En nuestro caso elegiremos el pin D6.

Así conectado, queda el siguiente esquema:

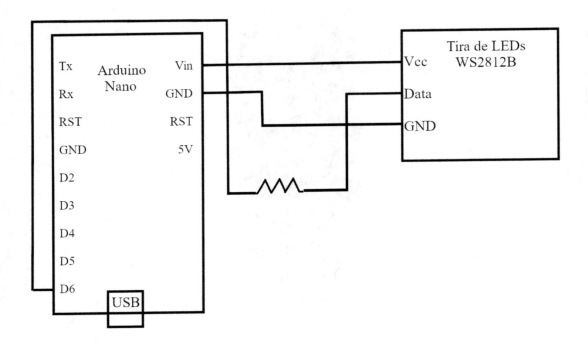

MUY IMPORTANTE: El pin Vin conecta directamente con la entrada de alimentación de la placa, sin ningún tipo de regulación ni protección, por lo que si no alimentamos al Arduino con 5V exactos, en Vin no tendremos 5V exactos y puede que dañes lo que conectes ahí. En este caso vamos a alimentarlo por el puerto USB mediante un cargador de teléfono móvil que da 5V regulados, por lo que no va a haber problema. Otra opción es alimentar el Arduino por el pin Vin, pero en ese caso, dado que la fuente puede no estar regulada, habrá que conectar el cable Vcc de la tira de LEDs al pin 5V del Arduino para asegurarnos de que la tira de LEDs, que no tiene ningún tipo de regulador, recibe los 5V que necesita y no otra tensión.

En la realización física ya puedes ser todo lo imaginativo que quieras. En mi caso, dado el tamaño de la placa y que va a quedar ya para la posteridad, utilicé de caja el contenedor del regalo de un huevo sorpresa (el huevo Kinder de toda la vida), perforado para que no se sobrecaliente y dejando también perforaciones tanto para que salga el cable hacia la tira de LEDs como para tener accesible el puerto USB y poder programarlo sin tener que desmontar la caja. Por otra parte, para que los cables se mantuviesen en su sitio los soldé a los pines y para evitar cortocircuitos apliqué un poco de pegamento.

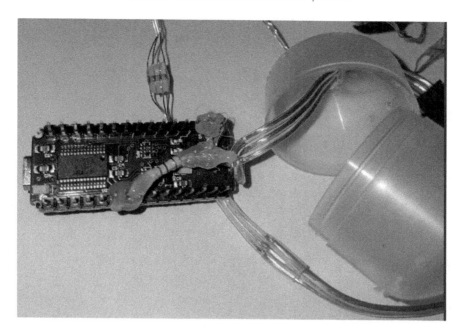

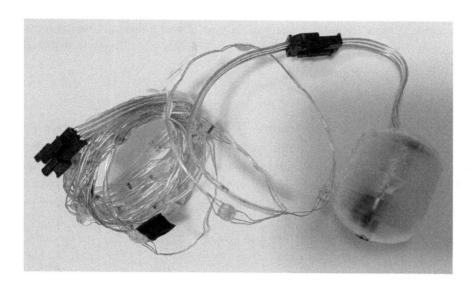

Tras el montaje hardware del proyecto llega el momento de escribir el software. Para ello vamos a ayudarnos de una librería ya diseñada para manejar estas tiras. La librería en cuestión es Adafruit Neopixel. Es el momento de que la instales si no la tienes ya instalada en el IDE de Arduino.

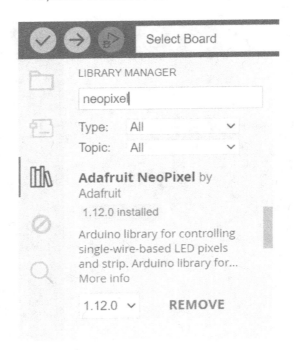

Esta librería nos permite de una forma muy sencilla acceder a cada LED de forma individual. Para que funcione correctamente hay que indicarle no obstante dos parámetros muy importante que son el pin de datos al que está conectada la tira de LEDs y el número de LEDs de la tira:

```
#define PIN        6
#define NUMPIXELS 50
```

Una vez indicado, se utiliza el constructor de NeoPixel, con su construcción estándar que permitirá que especifiquemos los colores en formato hexadecimal con sus componentes rojo, verde y azul: 0xRRGGBB. De este modo, si queremos la tira en rojo, el color tendrá que ser 0xFF0000, mientras que en verde será 0x00FF00 mientras que en azul 0x0000FF. Anda, aprende un poquito de notación hexadecimal y deja de preguntar tanto.

```
Adafruit_NeoPixel pixels(NUMPIXELS, PIN, NEO_GRB + NEO_KHZ800);
```

Como puedes ver, se construye indicando el número de LEDs y el pin al que está conectado, mediante las variables antes definidas. El tercer parámetro es el estándar de la documentación que permitirá funcionar con los colores tal y como hemos indicado. En el caso de que tu tira de LEDs lea los colores en órdenes distintos tienes todas las combinaciones posibles de NEO_XXX (es decir, NEO_RGB, NEO_BRG, etc). Es tan sencillo como poner un color determinado, ver si sale correctamente, y si no ir modificando este parámetro (también puedes mirar la documentación, pero para 6 posibilidades que hay probarlo es seguramente lo más rápido).

Según la documentación también hay que tener la precaución de poner al inicio:

```
#ifdef __AVR__
  #include <avr/power.h>
#endif
```

Y en *setup()*:

```
#if defined(__AVR_ATtiny85__) && (F_CPU == 16000000)
  clock_prescale_set(clock_div_1);
#endif
```

Tenido esto en cuenta, podemos crear un programa básico que coloque todos los LEDs en rojo:

```
#include <Adafruit_NeoPixel.h>
#ifdef __AVR__
  #include <avr/power.h>
#endif
#define PIN        6
//Aunque aquí se numeren del 1 al 50, has de tener en cuenta que al enviar la señal se comienza a contar
desde el cero
#define NUMPIXELS 50
#define ROJO       0x960000
Adafruit_NeoPixel pixels(NUMPIXELS, PIN, NEO_GRB + NEO_KHZ800);

void setup() {
#if defined(__AVR_ATtiny85__) && (F_CPU == 16000000)
  clock_prescale_set(clock_div_1);
#endif
  pixels.begin();

  for(int i=0; i<NUMPIXELS; i++) {

   pixels.setPixelColor(i, ROJO);

  }
  pixels.show();
}

void loop() {
}
```

Fácil, ¿verdad?. Ahora es cuando llega el momento de aplicarlo a lo que realmente buscábamos: unas luces navideñas. Para ello vamos a concretar qué buscamos:

- Luces que vayan cambiando de color entre unos colores prefijados. En este caso no vamos a complicarnos mucho eligiendo colores aleatorios para cada LED, sino que cambiarán todos al mismo color.

- El cambio será encendiendo hasta su luminosidad máxima y luego descendiendo hasta apagarse. En ese momento cambiaremos de color.

- Crearemos efecto de flashes. Este efecto no es más que poner algunos LEDs en blanco y luego volverlos a su color muy rápidamente. De este modo el efecto es que hay luces flasheando intercaladas.

- Dado que controlamos cada LED y podemos hacer literalmente lo que queramos, en este caso unos cuantos LEDs serán los que iluminarán la estrella del belén, y por tanto esos LEDs en concreto querremos que permanezcan todo el tiempo en color amarillo.

Con estas premisas, el código resultante es el siguiente:

```
#include <Adafruit_NeoPixel.h>
#ifdef __AVR__
 #include <avr/power.h>
#endif
#define PIN      6
//Aunque aquí se numeren del 1 al 50, has de tener en cuenta que al enviar la señal se comienza a contar desde el cero
#define NUMPIXELS 50
#define starINI   36
#define starFIN   44
//Colores
#define ROJO      0x960000
#define AMARILLO  0x9A3600
#define AZUL      0x000096
#define VERDE     0x009600
#define MORADO    0x960096
#define BLANCO    0xAAAAAA
//Porcentaje de intensidad máxima en LEDs
#define MAX      50
//Porcentaje de flashes (un 2 ya se nota)
#define PERCENT_FLASH  2


Adafruit_NeoPixel pixels(NUMPIXELS, PIN, NEO_GRB + NEO_KHZ800);
#define DELAYVAL 100

void setup() {
#if defined(__AVR_ATtiny85__) && (F_CPU == 16000000)
 clock_prescale_set(clock_div_1);
#endif

 pixels.begin();
 //Apago los LEDs, ya que la función clear no parece funcionar
 for(int i=0; i<NUMPIXELS; i++) {
  pixels.setPixelColor(i, 0);
 }
```

```
  pixels.show();

}

void loop() {
  //Paleta de colores a utilizar
  uint32_t paleta[]={ROJO,AMARILLO,AZUL,VERDE,MORADO};
  //Indicación de si estoy subiendo o bajando intensidad
  bool subiendo=true;
  uint32_t colormax=0;

  //Voy incrementando intensidad hasta llegar al máximo y a partir de ahí voy bajándola, en ciclos infinitos
  while(true){
   //Elijo un color de la paleta (solo cuando estoy subiendo de intensidad)
   if(subiendo){
    uint32_t aux=colormax;
    //Fuerzo a que el nuevo color elegido aleatoriamente sea distinto del actual
    while(colormax==aux)
     colormax=paleta[random(0,(int)((float)sizeof(paleta)/sizeof(paleta[0])))];
   }
   //Voy subiendo y bajando intensidad del mínimo al máximo y viceversa
   for(int i=0;i<=MAX;i++){
    //Obtengo el color resultante de aplicar el porcentaje de luminosidad a cada componente RGB
    uint32_t color=0;
    if(subiendo){
     color=((uint32_t)(((colormax & 0xFF0000)>>16)*((float)i/100))<<16)+((uint32_t)(((colormax &
0x00FF00)>>8)*((float)i/100))<<8)+((colormax & 0x0000FF)*((float)i/100));
    }else
     color=((uint32_t)(((colormax & 0xFF0000)>>16)*((float)(MAX-i)/100))<<16)+((uint32_t)(((colormax &
0x00FF00)>>8)*((float)(MAX-i)/100))<<8)+((colormax & 0x0000FF)*((float)(MAX-i)/100));
    //Muestro el color y espero DELAYVAL
    for(int i=0; i<NUMPIXELS; i++) {
     if(random(0,100)<PERCENT_FLASH)
      //Flash
      pixels.setPixelColor(i, BLANCO);
     else if((i<starINI) || (i>=starFIN))
      //Resto de LEDs
      pixels.setPixelColor(i, color);
     else
      //La estrella
      pixels.setPixelColor(i, AMARILLO);
    }
    pixels.show();
    delay(DELAYVAL);
   }
   //Cambio el sentido de luminosidad
   subiendo=!subiendo;
  }

}
```

Es un código bastante corto, pero veámoslo por partes.

Comenzamos con las librerías y constantes a utilizar. En primera instancia incluimos la librería NeoPixel con el ifdef indicado por su documentación.

```
#include <Adafruit_NeoPixel.h>
#ifdef __AVR__
  #include <avr/power.h>
#endif
```

Seguidamente definimos cuál va a ser el pin que se ocupe de enviar los datos a la tira de LEDs.

```
#define PIN        6
```

Indicamos los píxeles a utilizar, donde especificaremos el número total de LEDs de la tira así como el subgrupo de LEDs que permanecerán en amarillo por ser los LEDs que utilizaré para iluminar la estrella. Por tanto de los 50 LEDs, los que van del 36 al 44 serán los que permanecerán en amarillo.

```
#define NUMPIXELS 50
#define starINI    36
#define starFIN     44
```

Establecemos los colores en formato hexadecimal a utilizar. De este modo, 0xFF0000 sería rojo puro, 0x00FF00 verde puro y 0x0000FF azul puro, mientras que 0xFFFFFF sería blanco puro a máxima luminosidad (en mi caso la máxima luminosidad la he rebajado un poco, de ahí el 0xAAAAAA en lugar de 0xFFFFFF porque resultaba molesto tanto brillo).

```
#define ROJO       0x960000
#define AMARILLO   0x9A3600
#define AZUL       0x000096
#define VERDE      0x009600
#define MORADO     0x960096
#define BLANCO     0xAAAAAA
```

Para evitar colores demasiado brillante, utilizaré la siguiente variable para definir el porcentaje de luminosidad máxima al que llegaré.

```
#define MAX        50
```

Defino el porcentaje de LEDs que harán de flash. Esto realmente no es así, ya que para evitar que resulte monótono flasheando siempre los mismos LEDs lo que haremos será decidir para cada LED si hace o no de flash, y esa decisión la tomaremos aleatoriamente donde PERCENT_FLASH será el porcentaje de probabilidad de que haga de flash. Es decir, esa variable no nos dirá cuántos LEDs hacen de flash sino que dirá la probabilidad de que cada led del circuito haga de flash.

```
#define PERCENT_FLASH    2
```

Por último inicializamos el objeto que controlará la tira de LEDs en base a las constantes definidas anteriormente así como el tiempo de espera antes de volver a modificar el color de cada LED.

```
Adafruit_NeoPixel pixels(NUMPIXELS, PIN, NEO_GRB + NEO_KHZ800);
#define DELAYVAL 100
```

Tras definir las constantes inicializamos el sistema en la función *setup()*, tal y como indicamos a continuación.

Lo primero ejecutamos las instrucciones que nos indica la documentación de NeoPixel.

```
void setup() {
#if defined(__AVR_ATtiny85__) && (F_CPU == 16000000)
  clock_prescale_set(clock_div_1);
#endif
```

Seguidamente inicializamos la tira de píxeles.

```
  pixels.begin();
```

Y por último apagamos todos los píxeles, con lo que finaliza nuestra inicialización de la tira de LEDs con todos apagados.

```
  for(int i=0; i<NUMPIXELS; i++) {
    pixels.setPixelColor(i, 0);
  }
  pixels.show();

}
```

Una vez inicializado el programa es el momento de entrar en la función de bucle principal (*loop()*).

Lo primero es definir la paleta de colores a utilizar, que serán los colores entre los que irá cambiando nuestra tira de LEDs.

```
void loop() {
  uint32_t paleta[]={ROJO,AMARILLO,AZUL,VERDE,MORADO};
```

A continuación generamos una serie de variables auxiliares:

- *subiendo*: La utilizaremos para saber si estamos en el proceso de hacer que los LEDs brillen cada vez más hasta alcanzar el brillo máximo definido para ese color o por el contrario estamos en el proceso de irlos atenuando hasta apagarlos.
- *colormax*: Identificará el color de la paleta que estamos utilizando. Su nombre viene de que el color de la paleta contiene la codificación de brillo máximo a alcanzar para ese color.

```
bool subiendo=true;
uint32_t colormax=0;
```

Seguidamente realizo un bucle infinito que gestionará los cambios de colores, subiendo paulatinamente el brillo hasta el color elegido para seguidamente irlo bajando hasta apagar los LEDs y escoger un nuevo color.

```
while(true){
```

Cuando al inicio del bucle estoy subiendo (la intensidad) significa que parto de LEDs apagados y he de elegir el nuevo color al que llegar.

```
if(subiendo){
```

Para elegir el color, guardo en *aux* el color que estoy utilizando y entro en un bucle que elige de la paleta un nuevo color para *colormax* mientras el color elegido no sea el mismo que tenía antes (el que he guardado en *aux*). De este modo me aseguro de no repetir el mismo color que acabo de mostrar. Mucho ojo, porque tal cual está programado, si la paleta solo tuviese un color te quedarías atascado en este bucle, ya que sería imposible encontrar un color distinto al actual en una paleta de un solo color.

```
uint32_t aux=colormax;
while(colormax==aux)
 colormax=paleta[random(0,(int)((float)sizeof(paleta)/sizeof(paleta[0])))];
}
```

Ahora que conozco el color al que quiero llegar voy de cero a la intensidad máxima, lo que si estoy subiendo utilizaré para mostrar cada vez una mayor intensidad en los LEDs o, si estoy bajando, atenuar cada vez más los LEDs hasta llegar a apagarlos completamente.

```
for(int i=0;i<=MAX;i++){
```

Construyo el color aplicando a cada componente RGB el porcentaje de intensidad definida en la variable *i* del bucle. De este modo, si estoy subiendo cada vez lucirá más, mientras que en caso contrario lucirá cada vez menos (observa que en el if (subiendo) pondero utilizando i mientras que en el else (bajando) pondero utilizando MAX-i). Finalmente el color correcto (el elegido de la paleta pero con la intensidad adecuada) queda almacenado en la variable *color*.

```
uint32_t color=0;

if(subiendo){

  color=((uint32_t)(((colormax & 0xFF0000)>>16)*((float)i/100))<<16)+((uint32_t)(((colormax &
0x00FF00)>>8)*((float)i/100))<<8)+((colormax & 0x0000FF)*((float)i/100));

  }else

  color=((uint32_t)(((colormax & 0xFF0000)>>16)*((float)(MAX-i)/100))<<16)+((uint32_t)(((colormax &
0x00FF00)>>8)*((float)(MAX-i)/100))<<8)+((colormax & 0x0000FF)*((float)(MAX-i)/100));
```

Ahora que ya dispongo del color a mostrar, recorro cada uno de los LEDs de la tira con la siguiente lógica:

- Decido aleatoriamente si el LED en cuestión hará un flash, con probabilidad *PERCENT_FLASH* de que sí lo haga. Si ha de hacer flash, lo pongo de color blanco.
- Si no va a ser un flash, miro si la posición del LED no está entre *starINI* y *starFIN*, posiciones que determinan los LEDs que han de permanecer todo el tiempo en color amarillo. Si no pertenece al grupo de la estrella, lo pongo del color almacenado en la variable *color*.
- Si no es ninguno de los casos anteriores, es que pertenece a la zona de la estrella, con lo que lo pongo de color amarillo.

```
for(int i=0; i<NUMPIXELS; i++) {
  if(random(0,100)<PERCENT_FLASH)
    pixels.setPixelColor(i, BLANCO);
  else if((i<starINI) || (i>=starFIN))
    pixels.setPixelColor(i, color);
  else
    pixels.setPixelColor(i, AMARILLO);
```

```
}
```

Una vez seleccionado el color de todos los LEDs, muestro dicho color y espero un tiempo *DELAYVAL* antes de volver al inicio del bucle *for* para seguir modificando la intensidad.

```
pixels.show();
delay(DELAYVAL);
}
```

Tras finalizar el bucle *for* habré llegado hasta la máxima intensidad del color elegido o por el contrario habré bajado toda la intensidad hasta apagar los LEDs. Sea como sea, invierto el valor de la variable *subiendo*, de modo que si en esta iteración he subido hasta la máxima intensidad, en la siguiente descenderé hasta apagarlos y viceversa.

```
subiendo=!subiendo;
}

}
```

Y se acabó. Ahora llega el momento de que personalices la tira de LEDs a tu gusto, cargues el código en tu Arduino preferido y des ese toque de color a tus adornos navideños que no te quepa la menor duda nadie va a dar el valor que se merece a todo el trabajo que hay por detrás.

¡Feliz Navidad!

Proyecto 3 – Manejo del PC mediante Arduino. Utilizando el HID.

Un poco aburridos ya de tanto LED podemos pasar a utilizar el puerto USB para algo más que para programar y alimentar nuestro Arduino.

HID son las siglas de Human Interface Device, es decir, un dispositivo que interactúa con los humanos, típicamente un teclado o un ratón.

Gracias a esta capacidad implementada en algunos microcontroladores podemos utilizarlos para automatizar tareas, controlar remotamente dispositivos como si lo hiciésemos en local, o tal y como ahora nos ocupa, tocar las narices a alguien.

En efecto, nuestro objetivo no va a ser otro que incordiar a alguien haciéndole pensar que ya no dispone del control de su PC. Para ello utilizaremos un Arduino secretamente conectado al puerto USB de un PC que manejará a escondidas el teclado y el ratón.

Lo primero de todo, ¿qué Arduino utilizar para tan ardua misión? Cualquier placa de Arduino que posea capacidad HID te servirá, pero en mi caso utilizaré el Arduino Nano 33 BLE Sense (lo de Sense aquí es un añadido, pues no utilizaremos ninguno de los sensores que trae a más respecto al Nano 33 BLE normal) pues al ser más pequeño es más fácil de esconder.

Empecemos entonces. ¿Qué librerías nos permiten utilizar el HID?

Pues aquí aparece un pequeño problema. Según la plataforma que utilicemos tendremos que utilizar unas librerías u otras, ya que Arduino UNO utiliza la plataforma Arduino sin más mientras que el Arduino Nano 33 BLE incorpora la plataforma MBED, que es una plataforma desarrollada por ARM para el Internet de las Cosas (IoT). Si has ejecutado el código básico de hacer parpadear el LED verás como en cargarse el código en el Arduino Nano 33 BLE tarda mucho más que en el UNO. Es precisamente debido a esto.

MBED tiene muchas cualidades que te invito a explorar, pero para el caso que nos ocupa lo único que tenemos que tener en cuenta es que se trata de plataformas distintas y por tanto hay que utilizar librerías distintas. No te preocupes, haremos el ejemplo para ambas plataformas. No obstante, para poder utilizar el Nano 33 Ble Sense, dado que utiliza MBED, has de instalar una placa adicional, la *Arduino MBED OS Nano Boards*.

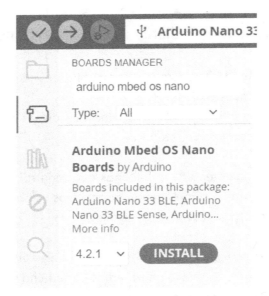

NOTA: Antes de nada, y teniendo en cuenta que estos programas pueden provocar que el teclado y el ratón se vuelva loco cuando conectes el Arduino, ten en cuenta que pulsando dos veces seguidas el botón de reset con el Arduino enchufado este entra en modo programación, es decir, deja de ejecutar su código y simplemente queda a la espera de recibir un nuevo programa desde el IDE.

Comencemos con el Arduino Nano 33 BLE. Para utilizar las capacidades del HID utiliza las siguientes librerías:

- PluggableUSBHID
- USBKeyboard
- USBMouse

La primera librería hay que utilizarla siempre, pero sin embargo aparecen incompatibilidades cuando se utiliza USBKeyboard y cuando se usa USBMouse.
Comencemos viendo un ejemplo de manejo del teclado:

```
#include "PluggableUSBHID.h"
#include "USBKeyboard.h"

USBKeyboard Keyboard;

void setup() {
```

```
delay(1000);
Keyboard.key_code('r', KEY_LOGO);
delay(500); //Espero porque de lo contrario no da tiempo a que salga la pantalla
Keyboard.printf("notepad\r\n");
delay(1500);
for(int i=0;i<3;i++){
  Keyboard.printf("SOY TU PEOR PESADILLA\n");
  delay(1000);
 }
}

void loop() {
}
```

Dado que nuestra intención es incordiar un poco pero sin llegar a bloquear la utilización del PC, nos limitaremos a sacar por pantalla 3 veces el mensaje "SOY TU PEOR PESADILLA".

En primer lugar cargamos las librerías y creamos el objeto *Keyboard*, que nos servirá para manejar el teclado.

```
#include "PluggableUSBHID.h"
#include "USBKeyboard.h"

USBKeyboard Keyboard;
```

Seguidamente, puesto que tan solo queremos ejecutar una vez nuestro código, pondremos todas nuestras instrucciones dentro de la función *setup()*.

En primer lugar esperaremos un segundo para asegurar que el dispositivo se inicialice correctamente. Seguidamente ejecutaremos una combinación curiosa de teclas, consistente en la tecla logo de Windows (que está a la izquierda de la barra espaciadora, la que al pulsarla es como si pulsases el botón inicio) y la tecla "r". Si pulsas esa combinación verás que en Windows te aparece la ventana de ejecutar un comando, que es el punto de entrada de los famosos RubberDucky.

```
void setup() {
  delay(1000);
  Keyboard.key_code('r', KEY_LOGO);
```

Una vez pulsada esa combinación de teclas nos aparecerá la ventana de ejecutar un comando. Ahora podríamos seguir tecleando, pero para evitar problemas esperaremos 500ms antes de teclear nada para dar tiempo a que esa ventana se abra (de hacerlo sin el delay empezarías a teclear antes de que se abra la ventana, con lo que no tendría efecto).

Una vez hemos esperado, ejecutaremos el comando notepad para abrir el block de notas. Aquí es importante el escribir \r\n, lo que implica la pulsación de la tecla ENTER, de modo que no solo escribimos el comando sino que al pulsar ENTER lo ejecutamos.

```
delay(500); //Espero porque de lo contrario no da tiempo a que salga la pantalla
Keyboard.printf("notepad\r\n");
```

De nuevo dejamos un segundo y medio para que se abra correctamente el block de notas y, ahora sí, es cuando podemos sacar el mensaje por pantalla, que en este caso será "SOY TU PEOR PESADILLA" escrito tres veces.

```
delay(1500);
for(int i=0;i<3;i++){
  Keyboard.printf("SOY TU PEOR PESADILLA\n");
  delay(1000);
}
}
```

Como puedes comprobar, una vez escrito no ejecutamos nada en la función *loop()*. Esto es porque de poner aquí alguna instrucción para sacar texto se repetiría constantemente, lo que equivaldría a bloquear el teclado.

```
void loop() {
}
```

Con esto hemos visto cómo utilizar el objeto Keyboard para simular el teclado. Veamos ahora cómo simular el ratón. Es el momento de utilizar la librería USBMouse.

Para el uso de esta librería se ha de tener en cuenta algo crucial, y es que el ratón puede utilizarse en modo absoluto o relativo. ¿Qué significa esto? Es sencillo: absoluto quiere decir que cuando indiquemos valores para la posición X y para la posición Y, serán los valores de la posición como tal, es decir, si indico X=10, Y=10, el ratón se situará en la posición (10,10), mientras que si estoy en el modo relativo, lo que hará será desplazarse 10 pasos en la dirección X y otros 10 en la dirección Y a partir de la posición en la que se encuentre actualmente.

En este sentido es importante destacar que el ratón no se mueve en función de los píxeles de la pantalla, sino que tiene un recorrido preestablecido en la librería USBMouse. De este modo, tenemos las siguientes constantes que determinan los valores mínimos y máximos del recorrido posible del ratón (en función de los pasos del ratón, no de los píxeles de la pantalla):

```
#define X_MIN_ABS    (1)        /*!< Minimum value on x-axis */
#define Y_MIN_ABS    (1)        /*!< Minimum value on y-axis */
#define X_MAX_ABS    (0x7fff)   /*!< Maximum value on x-axis */
#define Y_MAX_ABS    (0x7fff)   /*!< Maximum value on y-axis */

#define X_MIN_REL    (-127)     /*!< The maximum value that we can move to the left on the x-axis */
#define Y_MIN_REL    (-127)     /*!< The maximum value that we can move up on the y-axis */
#define X_MAX_REL    (127)      /*!< The maximum value that we can move to the right on the x-axis */
#define Y_MAX_REL    (127)      /*!< The maximum value that we can move down on the y-axis */
```

Dado el uso que vamos a darle al ratón (que describa círculos con centro en mitad de la pantalla), las constantes que nos interesa son las posiciones absolutas, es decir, para colocar el ratón en el centro de la pantalla lo que tenemos que hacer es buscar el punto medio de los valores máximos y mínimos de cada eje.

Una vez en el centro de la pantalla, lo que vamos a hacer es poner al ratón a dar vueltas, en una circunferencia de radio 5000 (teniendo en cuenta que el valor máximo es 0x7fff, que en decimal es 32.767 y por tanto desde el punto medio hay una distancia al borde la pantalla de poco más de 16.000 pasos, 5000 es un valor que permite un radio de la circunferencia bastante vistoso, sin acercarnos mucho a los bordes y sin que sea tan pequeño que casi ni se vea moverse el ratón).

Vamos pues con el código:

```
#include "PluggableUSBHID.h"
#include "USBMouse.h"

USBMouse mouse(true,ABS_MOUSE);
int angle = 0;
int radius = 10000;
int center_x=(X_MAX_ABS - X_MIN_ABS)/2;
int center_y=(Y_MAX_ABS - Y_MIN_ABS)/2;

void setup() {
}

void loop() {
  //El centro del círculo lo trazaremos en el centro de la pantalla, suficiente para cualqueir resolución
habitual de pantalla
  mouse.move(center_x+radius*cos((double)angle*2*PI/360.0),center_y+radius*sin((double)angle*2*PI/360.0)); //
Los ángulos hay que ponerlos en radianes
  angle++;
  if(angle>360) angle=0;
  delay(3); //1000 milisegundos entre 360 grados (aproximadamente), para que tarde 1'' en dar una vuelta
completa
```

```
}
```

Y ahora veámoslo paso por paso:

En primer lugar cargamos las librerías necesarias. No entraré en más detalle pues es similar a lo que hemos hecho con USBKeyboard, pero con USBMouse.

```
#include "PluggableUSBHID.h"
#include "USBMouse.h"
```

Seguidamente creamos el objeto mouse. En este momento es importante que indiquemos en su constructor la constante ABS_MOUSE, que establece los movimientos del ratón en posiciones absolutas y no relativas (las que tendría por defecto si no indicamos nada en el constructor). De este modo podremos indicar posiciones del ratón dentro de su rango de movimientos y no desplazamientos en relación a su posición actual.

```
USBMouse mouse(true,ABS_MOUSE);
```

A continuación creamos una serie de variables que vamos a necesitar:

- *angle*: Almacenará el valor del ángulo con el que iremos trazando el círculo, con ángulos que vayan de cero a 360 grados.

- *radius*: El radio del círculo a trazar. Con el valor 5000 antes justificado.

- *center_x* y *center_y*: Las posiciones centrales absolutas dentro del recorrido posible del ratón. Como estas variables utilizan las constantes de posiciones máximas y mínimas del ratón que contemplan los pasos del ratón, no los píxeles de la pantalla, nos permite que siempre almacenen el punto central en pantalla, con independencia de la resolución de la misma.

```
int angle = 0;
int radius = 10000;
int center_x=(X_MAX_ABS - X_MIN_ABS)/2;
int center_y=(Y_MAX_ABS - Y_MIN_ABS)/2;
```

En este caso en la función *setup()* no requerimos hacer nada.

```
void setup() {
}
```

Finalmente, en la función *loop()* lo que realizaremos será algo tan sencillo como llamar a la función *move()* indicando las posiciones X e Y en las que situar el puntero del ratón (para lo cual nos ayudamos de la función de la circunferencia, donde las posiciones X e Y son respectivamente centro_x+seno(ángulo)*radio y centro_y+coseno(ángulo)*radio, estando el ángulo en radianes), incrementar el valor del ángulo, esperar 3ms y vuelta a empezar.
Hay un par de detalles a tener en cuenta.

El primero de ellos es que el ángulo va de cero a 360 grados, por lo que incluimos una pequeña comprobación para, si pasamos de 360 grados, volver a cero. Aunque las funciones seno y coseno son periódicas, así evitamos salir fuera de los rangos de valores de la variable.

El segundo es el valor a poner en la función *delay()*. Es importante tener una función de retardo ya que de lo contrario el ratón se movería tan rápido que no lo veríamos correctamente. Para ello hemos contado que al incrementar de uno en uno el ángulo en cada vuelta tendremos 360 iteraciones para que el puntero del ratón describa una circunferencia completa. Un tiempo adecuado puede ser que de una vuelta por segundo, lo que establece un retardo en cada iteración de 1000 milisegundos entre 360 pasos, lo que queda en algo menos de 3ms.

```
void loop() {
  //El centro del circulo lo trazaremos en el centro de la pantalla, suficiente para cualqueir resolución
habitual de pantalla
  mouse.move(center_x+radius*cos((double)angle*2*PI/360.0),center_y+radius*sin((double)angle*2*PI/360.0)); //
Los ángulos hay que ponerlos en radianes
  angle++;
  if(angle>360) angle=0;
  delay(3); //1000 milisegundos entre 360 grados (aproximadamente), para que tarde 1'' en dar una vuelta
completa
}
```

Y ahora sí, cargamos el código en nuestro Arduino y nos deleitaremos viendo al ratón describir una y otra vez una circunferencia alrededor del centro de la pantalla.

Por último, vamos a intentar mezclar los dos códigos anteriores. Para ello hemos de solventar un pequeño problema, y es que USBMouse y USBKeyboard no parecen funcionar adecuadamente juntas.
Afortunadamente tenemos una librería que unifica a ambas, que en un alarde de originalidad han bautizado como USBMouseKeyboard. El constructor y los métodos son los mismos ya vistos, por lo que entender el código, habiendo entendido los dos anteriores, es inmediato

teniendo en cuenta que en lugar de crear un objeto para el teclado y otro para el ratón se crea uno solo para simular ambos dispositivos.

```cpp
#include "PluggableUSBHID.h"
#include "USBMouseKeyboard.h"

USBMouseKeyboard key_mouse(true,ABS_MOUSE);
int angle = 0;
int radius = 10000;
int center_x=(X_MAX_ABS - X_MIN_ABS)/2;
int center_y=(Y_MAX_ABS - Y_MIN_ABS)/2;

void setup() {
}

void loop() {
  //Primero ejecuto la parte del teclado
  delay(1000);
  key_mouse.key_code('r', KEY_LOGO);
  delay(500); //Espero porque de lo contrario no da tiempo a que salga la pantalla
  key_mouse.printf("notepad\r\n");
  delay(1500);
  for(int i=0;i<3;i++){
   key_mouse.printf("SOY TU PEOR PESADILLA\n");
   delay(1000);
  }
  //Y ahora la parte del ratón
  while(true){
   //El centro del círculo lo trazaremos en el centro de la pantalla, suficiente para cualqueir resolución
habitual de pantalla
   key_mouse.move(center_x+radius*cos((double)angle*2*PI/360.0),center_y+radius*sin((double)angle*2*PI/
360.0)); //Los ángulos hay que ponerlos en radianes
   angle++;
   if(angle>360) angle=0;
   delay(3); //1000 milisegundos entre 360 grados (aproximadamente), para que tarde 1'' en dar una vuelta
completa
  }
}
```

Ale, chupi. Tampoco es que nos hayamos quedado calvos, pero es un programa muy interesante para cargar en nuestro Arduino 33BLE Sense con tal de tocar las narices a alguien conectándoselo a su ordenador.

Por último vamos a hacer que funcione en nuestro Arduino UNO R4, que al no ser un dispositivo que utilice el sistema operativo MBED como sí le ocurría al 33BLE, las librerías son distintas.

Como siempre, en Arduino UNO la documentación está bastante más accesible y es más sencillo de programar.

Dentro de la web de Arduino encontramos la librería Keyboard para simular el teclado y Mouse para simular el ratón. La documentación de ambas librerías las tienes en los siguientes enlaces:

https://www.arduino.cc/reference/en/language/functions/usb/keyboard/
https://www.arduino.cc/reference/en/libraries/mouse/

Revisa si las tienes instaladas dentro del IDE y, en caso contrario, instálalas.

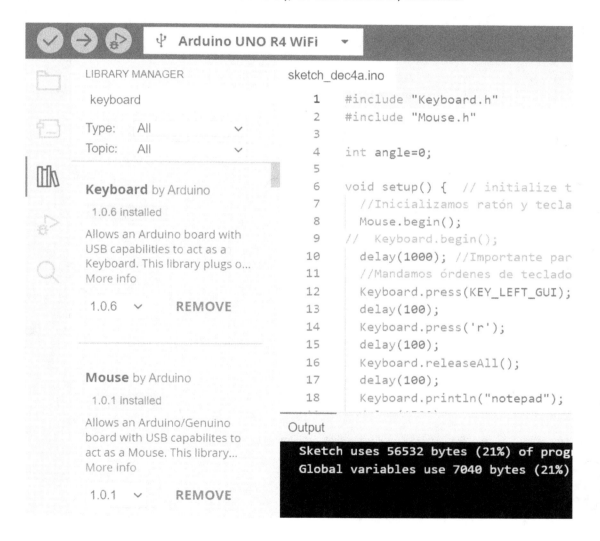

¿Y así de fácil? Pues no. La librería estándar de mouse realmente solo permite movimientos relativos. Si no sabes lo que es eso tendrías que haberte leído con más atención los párrafos anteriores. Para utilizar movimientos absolutos existen algunas librerías como AbsoluteMouse pero lamentablemente son para arquitecturas AVR (el R3 es AVR, pero no tiene HID. El Leonardo sí), por lo que por el momento tenemos que utilizar movimientos relativos.

Para generar algún movimiento relativo vistoso, lo más sencillo es irnos a una posición conocida, para lo que nos desplazamos varias veces hacia la esquina superior izquierda para estar en la coordenada (0,0) y a partir de ahí nos desplazamos. En este caso no nos calentaremos mucho la cabeza describiendo circunferencias y nos limitaremos a hacer una diagonal con el puntero del ratón.

Y una vez revisada la documentación, el programa equivalente al que hemos realizado en el Arduino Nano 33BLE pero para la arquitectura Arduino UNO R4, queda del siguiente modo:

```
#include "Keyboard.h"
#include "Mouse.h"

int angle=0;

void setup() { // initialize the buttons' inputs:
 //Inicializamos ratón y teclado
 Mouse.begin();
// Keyboard.begin();
 delay(1000); //Importante para permitir al teclado inicializarse correctamente antes de enviar teclas
 //Mandamos órdenes de teclado
 Keyboard.press(KEY_LEFT_GUI); //Al ser una librería distinta, las constantes también cambian de nombre
 delay(100);
 Keyboard.press('r');
 delay(100);
 Keyboard.releaseAll();
 delay(100);
 Keyboard.println("notepad");
 delay(1500);
 for(int i=0;i<3;i++){
  Keyboard.println("SOY TU PEOR PESADILLA\n");
  delay(1000);
 }
 //Me voy a una posición conocida (esquina superior izquierda)
 for(int i=0;i<100;i++){
  Mouse.move(-100,-100);
 }
 Mouse.move(100,100);
}

void loop() {
 //Y ahora la parte del ratón
 for(int i=0;i<20;i++){
  Mouse.move(10,10);
```

```
  delay(30);
 }
 for(int i=0;i<20;i++){
  Mouse.move(-10,-10);
  delay(30);
 }
}
```

Un detalle importante es que los códigos de teclado son distintos pues utilizamos una librería distinta. En este caso la tecla logo es la que tiene ahora como constante KEY_LEFT_GUI. Puedes ver el listado de este tipo de teclas especiales (modificadores) en el siguiente enlace:

https://www.arduino.cc/reference/en/language/functions/usb/keyboard/keyboardmodifiers/

Otro detalle en el rápidamente caerás es en que la velocidad con la que tecleaba el texto el Nano 33 BLE era bastante superior a la velocidad con la que lo teclea el UNO, evidenciando que la velocidad de reloj del primero es de 64MHz, mientras que la del segundo es de 48MHz, aunque seguramente la arquitectura (MBED en el primero, mientras que Arduino en segundo) también tendrá mucho que ver.

Y recuerda que en el momento en que el Arduino actúa como ratón o teclado puede dificultar bastante el reprogramarlo por el mero hecho de que no te deje teclear, pero como hemos visto antes, haciendo doble click sobre su botón de RESET vuelve a modo programación, lo que se evidencia por un lento parpadeo (más bien un degradado) de su LED anaranjado.

Y ahora sí, damos por finalizado el proyecto.

Proyecto 4 – Comunicación con dispositivos externos mediante UART

Si por algo se caracterizan este tipo de microcontroladores es por las grandes capacidades de comunicación con periféricos externos. Para vislumbrar ligeramente este tipo de capacidades, vamos a comunicar mediante la UART nuestro Arduino R4 con otros dispositivos.

Proyecto 4.1 – Comunicación con una calculadora

Para comenzar el ligero vislumbramiento, vamos a comunicar mediante la UART nuestro Arduino R4 con nada menos que una calculadora.

En este caso elegiremos la CASIO fx-9750GII, que es tremendamente versátil y se encuentra por muy poco dinero en mercados de segunda mano o incluso nueva en algunos outlets.

ADVERTENCIA: Antes de conectar el Arduino con ningún otro dispositivo hay que verificar los voltajes, ya que si los dos dispositivos que interconectas funcionan a voltajes distintos lo menos que te puede pasar es que el sistema no funcione, y lo peor… pues ya sabes, que casque uno o los dos dispositivos.

En nuestro caso tenemos los siguientes dispositivos:

- Arduino UNO R4: Funcionamiento nominal a 5V, incluida la conectividad mediante UART con dispositivos externos.
- CASIO fx-9750GII: Comunicación mediante puerto USB (generalmente con el PC) y mediante puerto de 3 pines (que conectará utilizando un jack macho estéreo de 2,5mm (sí, como el conector (pero el fino) de los auriculares)). En nuestro caso utilizaremos el puerto de 3 pines, que según la documentación de la calculadora funciona a niveles TTL de 0-5V.

Como conclusión, sí, utilizan las mismas tensiones y por tanto deberían de poder comunicarse sin electrónica adicional.

Para comunicar los dispositivos, como ya hemos comentado antes, utilizaremos el conector de 3 pines de la CASIO. Es fácil encontrar estos conectores, simplemente has de pedir un jack macho de 3 pines (estéreo) y 2,5mm (el fino).

Como puedes apreciar por la figura, cada una de las partes del conector corresponde a uno de los pines, de modo que el extremo es el de transmisión, el central el de recepción y el último la masa. Si quitamos el capuchón vemos que quedan al descubierto los conectores de los tres pines.

A cada una de esas chapitas hay que soldar un cable y ponerle en su extremo un cable dupont acabado en macho.

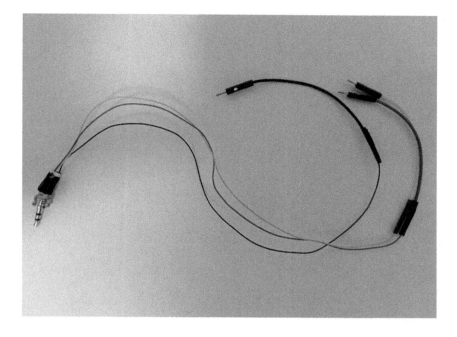

Con esto ya tenemos nuestro cable preparado para conectarlo a la calculadora.

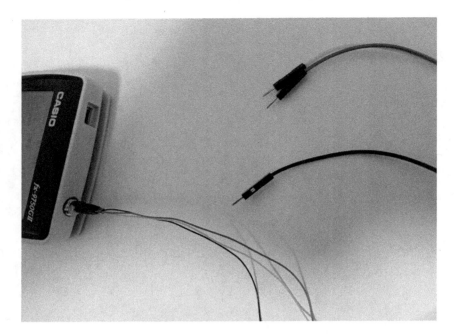

Tras realizar el cable tenemos que tener en cuenta las características eléctricas, y ahí es donde hemos de trabajar un poco más. Si observamos las características de la comunicación de la CASIO, vemos lo siguiente:

- Codificación TTL, y según la calculadora, 3.3V (modelos más nuevos) o 5V (modelos más antiguos).
- Velocidad de transmisión 115200bps, 9600bps, 38400bps... depende de la aplicación dentro de la calculadora.
- Codificación en 8 bits, sin paridad.

El trabajo adicional que vamos a tener es que se tratan de modelos relativamente nuevos de calculadora, por lo que los niveles son de 3.3V mientras que nuestro Arduino funciona a 5V. La solución para esto es un conversor de niveles. Son bien baratos y muy sencillos de usar.

 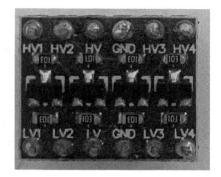

Su funcionamiento es muy sencillo. En la parte de arriba están los pines de mayor voltaje (HVx), mientras que en los de abajo los de menor voltaje (Lvx). En cada una de ambas filas hay un pin de masa (GND) y un pin de voltaje de referencia (HV y LV respectivamente).

De este modo, HV se conecta a la tensión alta que queremos convertir, en este caso a 5V, mientras que LV a la tensión baja, en este caso 3.3V. Las masas se han de conectar ambas a tierra (y todas las tierras han de estar unidas entre sí). Por último, cada HVx se corresponde con su LVx, es decir, si por HV1 meto una señal escalada a una tensión HV, por LV1 saldrá esa misma señal pero escalada a LV.

La suerte que aquí tenemos es que nuestro Arduino UNO dispone de un pin de 5V y otro de 3.3V, con lo que tenemos las dos tensiones de referencia que necesitamos. Conectamos HV al pin de 5V y LV al de 3.3V. De igual modo, una de las masas (internamente en el conversor de niveles ya están conectados ambos pines GND) la conectamos a un pin GND del Arduino.

Hecho esto, ya solo queda conectar de nuestro conector de 3 pines a la parte de bajo voltaje el pin de TX (amarillo) a LV1, RX (verde) a LV2 y GND (negro) a GND. De igual forma, conectamos el pin D0 (RX) del Arduino a HV1 y D1 (TX) a HV2, quedando de este modo conectados el pin de TX de la calculadora con el pin de RX del Arduino y el pin RX de la calculadora con el pin de TX del Arduino.

Veamos en primer lugar el esquema resultante:

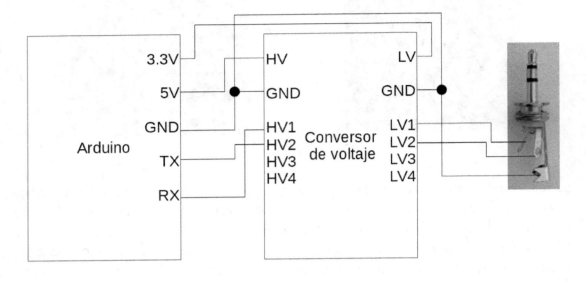

Y seguidamente el montaje físico:

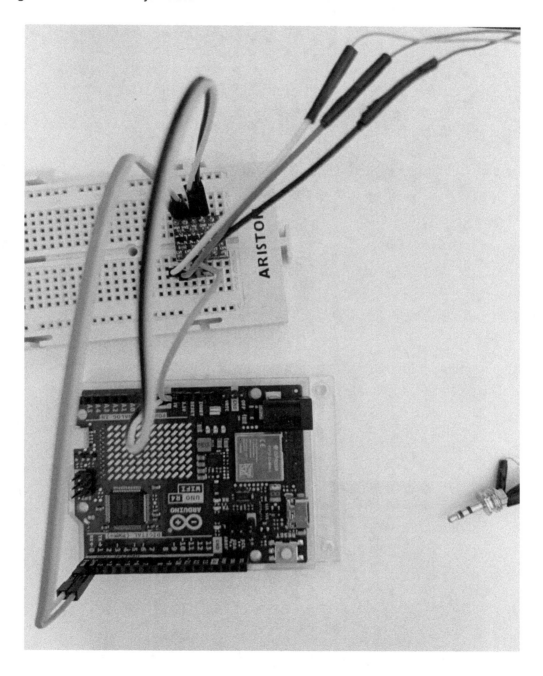

Una vez realizado el cableado que necesitaremos para conectar con el Arduino, llega el momento de realizar un pequeño programa en Arduino de prueba. Lo que haremos será limitarnos a mostrar por pantalla del IDE todo lo que recibamos por la UART.

```
void setup() {
  // put your setup code here, to run once:
  Serial.begin(115200);           // Comunicación con PC
  Serial1.begin(38400);           // Comunicación con calculadora
}

void loop() {
  //Serial1.write(0x0);//0.33 con AA, 0.99 FF
  Serial.println("Iniciando...");
  while(Serial.available()>=0){
    char receivedCASIO = Serial1.read();
    if(receivedCASIO!=0xFFFFFFFF){
      Serial.print("CASIO: ");Serial.print(receivedCASIO,DEC);Serial.println();
    }
  }
}
```

Este sencillo programa se limita a abrir los dos puertos serie (Serial para conectar con el PC a una velocidad de 115200, por lo que el Serial Monitor recuerda configurarlo a esa velocidad, y Serial1 para conectar con la calculadora, que en este caso tiene una velocidad de transmisión de 38400bps).

Como puedes observar, ejecuta indefinidamente un bucle en el que lee lo que reciba por el puerto Serie de la calculadora y, si no es 0xFFFFFFFF, que es lo que recibe cuando la calculadora no tiene datos que enviar, saca por pantalla el valor decimal del byte recibido.

En el lado de la calculadora puedes escribir un pequeño programa como el que sigue:

```
OpenComport38k
7→A
While 1:Send38k A:WhileEnd
CloseComport38k
```

Este programa se supone que envía el valor 7 constantemente por el puerto serie, pero la realidad es que envía un protocolo completo de comunicación, ya que estos comandos los utiliza para conectar con un datalogger de CASIO llamado EA200. En otras palabras, vamos a recibir datos, pero no un '7' perfecto, o en código ASCII que sería lo que se mostraría, un 55.

En efecto, podemos programar todo el protocolo de modo que se realice adecuadamente, pero eso nos llevaría medio libro. Si estás interesado hay algunas librerías para comunicar CASIO con Arduino como https://github.com/nsg21/Arduino-Casio-Serial-library

En nuestro caso haremos otra cosa. Realizaremos un programa para CASIO en su SDK que abra una conexión a 600bps y envíe constantemente un '1' y un '2'. En nuestro programa lo que haremos será reconocer esos valores y encender y apagar el LED interno.

El circuito es el mismo y el código a introducir en Arduino R4 es el siguiente:

```
void setup() {
 // put your setup code here, to run once:
 pinMode(LED_BUILTIN, OUTPUT);      // set LED pin as output
 digitalWrite(LED_BUILTIN, LOW);    // switch off LED pin

 Serial.begin(9600);               // Comunicación con PC
 Serial1.begin(600);               // Comunicación con calculadora
}

void loop() {
 //Serial1.write(0x0);//0.33 con AA, 0.99 FF
 Serial.println("Iniciando...");
 while(Serial.available()>=0){
  char receivedCASIO = Serial1.read();
  if(receivedCASIO!=0xFFFFFFFF){
   Serial.print("CASIO: ");Serial.print(receivedCASIO,DEC);Serial.println();
  }
  if (receivedCASIO == '1') {
   digitalWrite(LED_BUILTIN, HIGH); // switch LED On
  }
  else if (receivedCASIO == '2') {
   digitalWrite(LED_BUILTIN, LOW); // switch LED Off
  }
 }
}
```

Mientras que en la calculadora es algo más complejo pues hay que utilizar el SDK y crear una pequña aplicación, lo que se llama ADDIN. En este caso hay que acudir a las syscalls que hay en ensamblador, para lo que hemos de crear un fichero llamado *Syscalls.src* con el siguiente contenido:

```
.SECTION P,CODE,ALIGN=4
.MACRO SYSCALL FUNO, SYSCALLNAME, TAIL=nop
.export \SYSCALLNAME'
\SYSCALLNAME'
mov.l #h'\FUNO, r0
mov.l #H'80010070, r2
jmp @r2
\TAIL'
.ENDM

SYSCALL 040C, _Serial_ReadOneByte
SYSCALL 040E, _Serial_BufferedTransmitOneByte
SYSCALL 0418, _Serial_Open
SYSCALL 0419, _Serial_Close
```

```
.end
```

Y el código en C, que en mi caso he llamado Ejemplo1.c codificando lo siguiente:

```c
#include "fxlib.h"
#include "stdio.h"

int Serial_BufferedTransmitOneByte( unsigned char );
int Serial_Open( void*sm );
int Serial_Close( int mode );
int Serial_ReadOneByte( unsigned char* );

int AddIn_main(int isAppli, unsigned short OptionNum)
{
    unsigned int key;
    char mode[6];
    unsigned char demo;
    unsigned int res;
    char sres[17];
    char recv;

    Bdisp_AllClr_DDVRAM();

    locate(1,4);
    Print((unsigned char*)"Ejemplo de comunicacion");
    locate(1,5);
    Print((unsigned char*)" con Arduino");

    mode[ 0 ] = 0;
    mode[ 1 ] = 1;//0=300, 1=600, 2=1200, 3=2400, 4=4800, 5=9600, 6=19200,7=38400, 8=57600, 9=115200 baud
    mode[ 2 ] = 0;//parity: 0=no; 1=odd; 2=even
    mode[ 3 ] = 0;//datalength: 0=8 bit; 1=7 bit
    mode[ 4 ] = 0;//stop bits: 0=one; 1=two
    mode[ 5 ] = 0;
    Serial_Open(&mode);

    for(res=0;res<10;res++){
      demo='1';
      Serial_BufferedTransmitOneByte(demo);
      Sleep(500);
      demo='2';
      Serial_BufferedTransmitOneByte(demo);
      Sleep(500);
    }


    res=Serial_Close(0); //Devuelve 0 si todo ok. 5 si datos pendientes.

    sprintf(sres,"%d",res);
    locate(1,6);
    Print((unsigned char*)"res=");
    Print((unsigned char*)sres);

        GetKey(&key);

    return 0;
}
```

```
#pragma section _BR_Size
unsigned long BR_Size;
#pragma section


#pragma section _TOP

int InitializeSystem(int isAppli, unsigned short OptionNum)
{
    return INIT_ADDIN_APPLICATION(isAppli, OptionNum);
}

#pragma section
```

Una vez generado el fichero G1A mediante el SDK (lo que queda fuera del alcance de este libro), se copia a la calculadora y ejecutas el ADDIN. De este modo podrás ver tanto el LED interno del Arduino parpadear como por el Serial Plotter del IDE de Arduino aparecer la siguiente secuencia de datos recibidos:

```
CASIO: 49
CASIO: 50
CASIO: 49
CASIO: 50
CASIO: 49
CASIO: 50
CASIO: 49
CASIO: 50
```

Me hago una idea de lo que estarás pensando: "Esto está muy bien, pero ni tengo una calculadora así ni idea de cómo hacer el programa que hay que instalarle. La verdad es que ya podías haber pensado en un ejemplo que pueda realmente reproducir con lo que tengo.".

Tienes toda la razón, y es lo siguiente que vamos a hacer, donde comunicaremos nuestro Arduino R4 con nuestro ESP32.

Proyecto 4.2 – Comunicación entre Arduino y ESP32

Este proyecto en sí es ligeramente irónico, ya que el propio Arduino lleva en sí mismo un ESP32. No obstante, vamos a conectarlo mediante la UART con una placa ESP32, concretamente la ESP-WROOM-32 montada sobre una placa de 38 pines (la puedes conseguir fácilmente en cualquier tienda china online).

En primer lugar hemos de tener en cuenta que el ESP32 funciona a 3.3V, por lo que seguiremos necesitando el conversor de tensión.
Por otra parte, salvo que conectemos ambos dispositivos a un puerto USB, necesitamos alimentar uno de los dispositivos de forma externa. La solución más sencilla es utilizar la salida de 3.3V del Arduino para alimentar el ESP32.

Por tanto, el esquema de conexionado sería el siguiente:

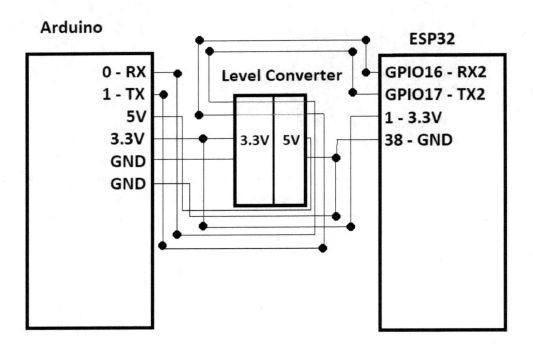

En el esquema se ha marcado en rojo (la conexión superior que atraviesa el conversor de voltaje) y verde (la conexión inferior, aunque también queda por la parte de arriba, del conversor de voltaje) las conexiones entre los pines de transmisión y recepción de ambos dispositivos. Como puedes ver, lo que hemos de hacer es conectar el pin de transmisión de uno con el de recepción del otro de modo que lo que uno transmita el otro lo reciba y viceversa.

Físicamente el circuito queda del siguiente modo:

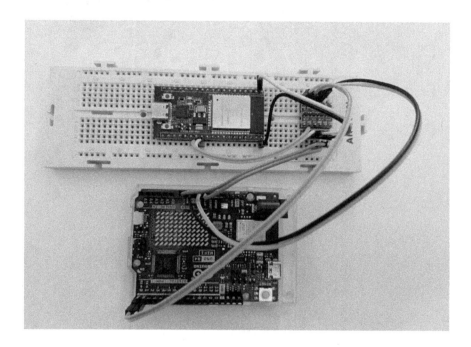

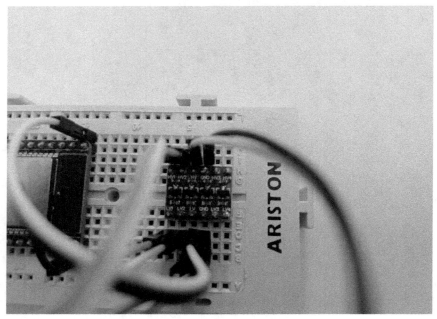

Una vez los tenemos conectados veamos un sencillo ejemplo de comunicación entre ambos dispositivos. Lo más sencillo es generar un bucle en el Arduino que envíe sucesivamente un 1 y un 0, decalados un segundo, y que el ESP32 esté escuchando en la UART y en función del valor que reciba encienda o apague el LED. El efecto al final será que desde el Arduino enviaremos órdenes al ESP32 para que haga parpadear su LED integrado.

En primer lugar crearemos el código de Arduino, que un decalaje de 1 segundo transmitirá alternadamente un cero y un uno en un bucle infinito.

```
void setup() {
  Serial.begin(9600);
  Serial1.begin(9600);
  Serial.println("Iniciando...");
}

void loop() {
  Serial1.write('1');
  delay(1000);
  Serial1.write('0');
  delay(1000);
}
```

En efecto, el código es sumamente sencillo, y lo podría ser aún más, pues el Serial lo utilizamos unicamente para mostrar por el Serial Plotter en las pruebas que está funcionando. Para transmitir los datos utilizamos el Serial1.

Un código muy similar utilizamos en el ESP, en esta ocasión utilizando el Serial2 para recibir:

```
#define LED_BUILTIN 2

void setup() {
  pinMode(LED_BUILTIN, OUTPUT);
  digitalWrite(LED_BUILTIN,LOW);
  Serial.begin(9600);
  Serial2.begin(9600);
  Serial.println("Iniciando ESP32...");
}

void loop() {
  if(Serial2.available()>0){
    char c = Serial2.read();
    Serial.println(c);
    if(c=='1')
      digitalWrite(LED_BUILTIN,HIGH);
    else if(c=='0')
      digitalWrite(LED_BUILTIN,LOW);
  }
}
```

A comentar únicamente que el LED interno está conectado al GPIO2, por lo que lo definimos al inicio. A la hora de recibir, revisamos que tengamos un dato y procedemos a observar si es un '1' o un '0' para encender o apagar el LED respectivamente.

Ya solo queda probarlo, y en efecto comprobar que ambos sistemas se comunican, de forma muy sencilla, a través de sus UARTs.

Te animo a que lo hagas y compruebes cómo, dándole corriente al Arduino, el ESP hace parpadear su luz azul.

Proyecto 5 – Medidor de distancia

En el conjunto de proyectos que podemos realizar con este tipo de dispositivos, uno muy sencillo y a la vez útil, es un medidor de distancia. Por tanto, dejemos un momento la complicación de los proyectos anteriores para disfrutar de un oasis de paz en el arduo mundo de la programación de microcontroladores para disfrutar de un proyecto que, con muy poquito esfuerzo, dará unos resultados altamente vistosos, ya que lo que haremos será utilizar nuestro dispositivo como medidor de ultrasonido mostrando en la matriz de LEDs la distancia que queremos medir a la que esté el objeto o pared.

Para realizar el medidor de distancia utilizaremos un sensor de ultrasonidos. Los hay de muchos tipos y precios, pero en nuestro caso utilizaremos un HC-SR04.

Como podemos observar, dispone de 4 pines:

- **Vcc:** Alimentación, a 5v.
- **Trig:** Pin por el que lanzamos la orden de emitir ultrsonido.
- **Echo:** Pin por el que nos notifica que el eco de la señal de ultrasonido enviada ha sido recibido.
- **Gnd:** Masa.

Su funcionamiento es muy sencillo: recibe por el pin Trig la señal de que emita una señal de ultrasonido. La señal viaja hasta chocar con un obstáculo y rebota, recibiéndose nuevamente por el dispositivo, momento en el que a través de su pin Echo notifica al microcontrolador que acaba de recibir la señal. Sabiendo que la velocidad del sonido es 340m/s, el tiempo que pasa entre que damos la orden de enviar la onda y entre que recibimos el eco, y que la distancia que recorre el ultrasonido es la misma para llegar al obstáculo que para volver al sensor, es es fácil calcular la distancia a la que se encuentra el objeto con el que ha rebotado.

Sabiendo la forma en que funciona, tenemos claro que hemos de conectar los pines del centro (envío y recepción de señales) a pines digitales, Vcc a los 5V y Gnd a GND.

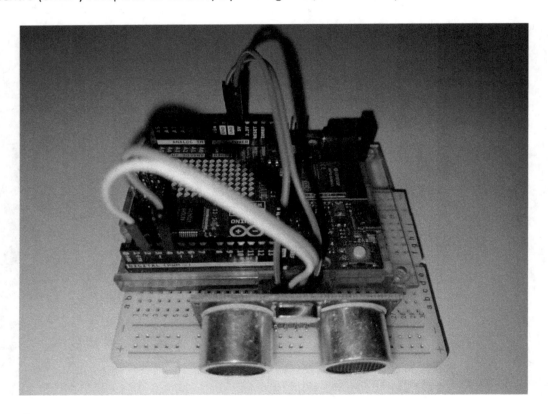

Como se puede apreciar en la imagen anterior, tensión y masa se conectan respectivamente mediante los cables rojo y gris a 5V y GND de Arduino, mientras que para enviar al sensor la señal de emitir sonido ultrasónico utilizaremos el cable amarillo que conecta Trig con el pin D2, mientras que para recibir la señal de eco recibido utilizaremos el cable naranja que conectará Echo con el pin D4.

Como primer paso utilizaremos la conexión USB al PC para, a través del Serial Monitor, obtener las medidas que nos proporcione Arduino. El código sería el siguiente:

```
const int Trigger = 2;   //Pin digital 2 conectado al puerto Trigger del sensor
const int Echo = 4;   //Pin digital 4 conectado al puerto Echo del sensor

void setup() {
  Serial.begin(9600);//Abrimos el puerto serie para enviar datos al PC
  pinMode(Trigger, OUTPUT); //En el puerto conectado al Trigger enviaré la orden de emitir pulso, por lo que
de cara a Arduino es una salida.
  pinMode(Echo, INPUT);  //En el puerto conectado a Echo recibiré el eco del pulso, por lo que de cara a
Arduino es una entrada.
  digitalWrite(Trigger, LOW);//Inicializamos Trigger a LOW (0V)
}

void loop()
{

  long t; //tiempo que tarda en llegar el eco
  long d; //distancia en centimetros a la que se encuentra el objeto

  digitalWrite(Trigger, HIGH);
  delayMicroseconds(10);          //Enviamos un pulso de 10us
  digitalWrite(Trigger, LOW);

  t = pulseIn(Echo, HIGH); //obtenemos el ancho del pulso
  d = 0.017 * t;            //Obtenemos la distancia en cm
  //Conversión por el montaje: Donde mide 86, realmente es 95 => hay que sumar 9 a la medida
  d=d+9;

  Serial.print("Distancia: ");
  Serial.print(d);        //Enviamos serialmente el valor de la distancia
  Serial.print("cm");
  Serial.println();
  delay(100);          //Hacemos una pausa de 100ms antes de tomar la siguiente medida
}
```

Realmente no tiene nada de especial. Asignamos al pin utilizado para Trigger la condición de puerto de salida y para echo el de entrada. Seguidamente enviamos un pulso de 10 microsegundos y, mediante la instrucción pulseIn (esta es la única instrucción del código que seguramente te resulte algo novedosa) obtenemos el ancho del pulso recibido. Por último calculamos la distancia en función de la velocidad del sonido y el tiempo que tara la señal en chocar contra el objeto y volver y ya tenemos nuestra medida lista para enviarse al Serial y ser mostrada por pantalla.

Demasiado rápido, ¿verdad?. Vamos a ver si lo podemos entender un poco mejor.

Para empezar, hay que entender cómo funciona el dispositivo de ultrasonidos. Su funcionamiento se basa en dos pines: Trigger y Echo, que funcionan del siguiente modo.

- Trigger: Envía un pulso de ultrasonido. Para enviarlo, se ha de poner este pin a HIGH durante 10us, que es precisamente lo que hacemos con estas instrucciones:

```
digitalWrite(Trigger, HIGH);
delayMicroseconds(10);          //Enviamos un pulso de 10us
digitalWrite(Trigger, LOW);
```

Ahora que ya tenemos la orden de enviar la ráfaga, nos queda cómo medir el tiempo que tarda en ir y volver. Para eso utilizamos el pin Echo.

- Echo: Pasa a estado HIGH cuando comienza a enviar la ráfaga y vuelve a estado LOW una vez recibido el eco. Es decir, calculando el tiempo que ha pasado en estado HIGH sabemos el tiempo que la ráfaga ha tardado en ir, chocar contra el objeto y volver. Para realizar este cálculo utilizamos la siguiente instrucción:

```
t = pulseIn(Echo, HIGH); //obtenemos el ancho del pulso
```

La instrucción *pulseIn* devuelve el tiempo que el pin especificado tarda, desde que se pone en el estado indicado (HIGH en este caso, pasado como segundo parámetro) hasta volver al estado en el que estaba. Es decir, en nuestro caso como partimos de LOW, mide el tiempo desde que pasa a HIGH hasta que vuelve a LOW. Recordando que el pin Echo está en LOW, pasa a HIGH cuando se comienza a emitir la ráfaga y vuelve a LOW una vez recibido el eco, en t tendremos los microsegundos que el sonido ha tardado en ir y volver.

Recapitulemos los datos que tenemos:

- Tiempo que ha tardado el sonido en llegar al objeto y volver, almacenado en la variable t en microsegundos.
- Velocidad del sonido, que sabemos que son 340m/s.

Con ello, y sabiendo que velocidad es espacio dividido por tiempo con lo que espacio será igual a velocidad multiplicado por tiempo, podemos calcular la distancia a la que se encuentra el objeto:

$$d = 340 * t/2$$

Notarás que dividimos el tiempo entre 2. Esto es debido a que el tiempo que nos devuelve el sensor es el de ir más el de volver, pero no nos interesa la distancia de ida y vuelta, sino solo la de ida, es decir, la distancia que recorre la señal desde que sale del sensor hasta que choca con el objeto. Como esa distancia es la misma que la de vuelta y por tanto la señal va a tardar lo mismo en ir que en volver, basta con dividir el tiempo entre 2 (el mismo efecto lo consigues multiplicando por 2 la distancia en la ecuación anterior), quedándonos así solo con el tiempo de ida.

El otro problemilla que tenemos aquí son las unidades. El tiempo lo tenemos en la variable t en microsegundos, la distancia la queremos calcular en centímetros (podríamos calcularla en kilómetros, sí, pero para este tipo de montajes quizá no tenga todo el sentido que imaginas) y la velocidad (340) la tenemos en metros dividido por segundos.

Se ha de tener en cuenta que hay que poner todo en las mismas unidades, por lo que lo más sencillo es cambiar ese 340m/s a cm/us:

$$(340 \, m/s) * (\frac{100 \, cm}{1 \, m}) * (\frac{1 \, s}{1000000 \, us}) = 0,034 \, cm/us$$

Quedándonos:

$$d \, (cm) = 0,017 * t \, (us)$$

Y aplicándolo en la siguiente línea de código:

```
d = 0.017 * t;          //Obtenemos la distancia en cm
```

Con esto calculamos la distancia al objeto. Ahora, dependiendo del montaje concreto que hagas y si quieres medir desde el frontal del sensor o desde la parte trasera del Arduino, te recomiendo que hagas una medida, veas la distancia y regularices. En mi caso la idea es apoyar la placa en el sitio donde quiero empezar la medida por lo que a la distancia que salga he de sumarle los 9cm que es lo que ocupa el ancho de mi protoboard.

```
d=d+9;
```

Con esto ya tenemos un sistema de medición perfectamente funcional. El problema es que hemos de conectarlo a un PC para poder ver la medida.

Teniendo en cuenta que utilizamos el Arduino R4 Wifi y que este dispone de una matriz de LEDs incorporada, ¿por qué no utilizarla para mostrar la distancia? Dicho y hecho.

Recuperaremos lo realizado durante los primeros proyectos de este libro para incorporar la función de mostrar en la matriz de LEDs la medida.

Básicamente se trata del mismo código anterior pero metiendo una función para inicializar la matriz de LEDs y una función para escribir el valor de distancia obtenido. La matriz da sin problemas para escribir tres números, por lo que estando en centímetros y teniendo en cuenta que según las especificaciones de este dispositivo permite realizar mediciones de entre 2 y 400cm, nos sirve perfectamente.

El código resultante es el siguiente:

```
//Según indicaciones de la web de Arduino, se ha de cargar la librería ArduinoGraphics antes de la librería
Arduino_LED_Matrix
//Esto es porque ArduinoGraphics crea una serie de métodos pero para un dispositivo abstracto, que la librería
//Arduino_LED_Matrix implantará como la matriz del LEDs del Arduino UNO R4 WiFi
#include "ArduinoGraphics.h"
#include "Arduino_LED_Matrix.h"

//Estructura que va a contener la matriz de LEDs.
//Mediante interfaces, ArduinoGraphics habla de una pantalla en abstracto, que Arduino_LED_Matrix concreta en
la matriz de LEDs.
ArduinoLEDMatrix matrix;

const int Trigger = 2;   //Pin digital 2 conectado al puerto Trigger del sensor
const int Echo = 4;   //Pin digital 4 conectado al puerto Echo del sensor

void initMatrix() {
 //Inicializamos el dispositivo gráfico
 matrix.begin();

 //Indicamos que vamos a comenzar a dibujar
 matrix.beginDraw();
 //Especificamos el color del trazo (aquí no tiene relevancia alguna porque son LEDs, no hay colores
distintos ni nada de eso)
 matrix.stroke(0xFFFFFFFF);
 //Indicamos un texto inicial
 const char text[] = "...";
 //Especificamos la fuente a utilizar. Actualmente se soportan Font_4x6 y Font_5x7
 matrix.textFont(Font_4x6);
 //Indicamos que vamos a dibujar un texto, iniciándose en la posición x=1, y=1 y con el color (255,255,255)
de RGB
 //(color que realmente va a ser el rojo de los LEDs porque no hay más opción)
 matrix.beginText(1, 1, 0xFFFFFF);
 //Escribimos el texto
 matrix.println(text);
 //Indicamos que hemos terminado de definir el texto, y al no poner parámetros indicamos que no habrá
scroll, sino que quedará estático
 matrix.endText();
 //Finaliza el uso del dispositivo gráfico
 matrix.endDraw();
```

```
  //Esperamos 1s y borramos la pantalla
  delay(1000);
  matrix.beginDraw();
  matrix.clear();
  matrix.endDraw();
}

void showMeasure(long d) {
  //Comenzamos como siempre inicializando el dispositivo gráfico
  matrix.beginDraw();
  //Definimos el trazo, que no tiene más opción que ser el poner en rojo los LEDs activos
  matrix.stroke(0xFFFFFFFF);
  //Especificamos la fuente a utilizar
  matrix.textFont(Font_4x6);
  //Indicamos que comenzaremos en la posición x=1, y=1 y con el color... que da lo mismo que aquí no hay
colores.
  matrix.beginText(1, 1, 0xFFFFFF);
  //Escribimos el texto
  matrix.println(d);
  //Finalizamos el trazo
  matrix.endText();
  //Finalizamos el uso del dispositivo gráfico
  matrix.endDraw();
}

void setup() {
  //Inicializamos la matriz LED
  initMatrix();
  //Configuramos los pines para realizar mediciones con el sensor de ultrasonidos
  Serial.begin(9600);//Abrimos el puerto serie para enviar datos al PC
  pinMode(Trigger, OUTPUT); //En el puerto conectado al Trigger enviaré la orden de emitir pulso, por lo que
de cara a Arduino es una salida.
  pinMode(Echo, INPUT);   //En el puerto conectado a Echo recibiré el eco del pulso, por lo que de cara a
Arduino es una entrada.
  digitalWrite(Trigger, LOW);//Inicializamos Trigger a LOW (0V)
}

void loop()
{

  long t; //tiempo que tarda en llegar el eco
  long d; //distancia en centimetros a la que se encuentra el objeto

  digitalWrite(Trigger, HIGH);
  delayMicroseconds(10);         //Enviamos un pulso de 10us
  digitalWrite(Trigger, LOW);

  t = pulseIn(Echo, HIGH); //obtenemos el ancho del pulso
  d = 0.017 * t;           //obtenemos la distancia en cm
  //Conversión por el montaje: Donde mide 86, realmente es 95 => hay que sumar 9 a la medida
  d=d+9;

  Serial.print("Distancia: ");
  Serial.print(d);       //Enviamos serialmente el valor de la distancia
  Serial.print("cm");
```

```
Serial.println();
//Mostramos por la matriz LED el dato obtenido en cm
showMeasure(d);
delay(100);          //Hacemos una pausa de 100ms antes de tomar la siguiente medida
while(1); //De este modo tomaremos una medida cada vez que pulsemos el botón de reset
}
```

No tiene mucho sentido volver a hablar sobre cómo utilizar la matriz de LEDs. Para eso tienes un proyecto anterior en este mismo libro donde se habla largo y tendido sobre ello. Resumiendo, observa que al inicio del programa se cargan las librerías y variables necesarias para el uso de la matriz de LEDs, en *setup()* se llama a la función *initMatrix()*, que inicializa la matriz igual que el proyecto de los LEDs que ya vimos, y por último la función *loop()* llama, aparte de mostrar el valor por el puerto serie por si tienes el Arduino conectado al PC poderlo ver en SerialPlotter, a la función *showMeasure()* pasándole el valor de distancia obtenido, cuyo cometido es mostrar en la matriz de LEDs el valor pasado como parámetro. A diferencia del proyecto de LEDs anterior, en este caso prescindimos del scroll para una mejor visualización del resultado.

Por último observarás que en al final de *loop()* se ha incluido la instrucción *while(1)*, bloqueando de este modo el programa. El motivo de esta instrucción es facilitar el uso del dispositivo de modo que al encenderlo realice una medición y la muestre en la matriz de LEDs, mientras que si quieres tomar una nueva medida, basta con pulsar el botón de reset del Arduino. Otra opción es quitar esa instrucción y que el dispositivo muestre constantemente la medida tomada, pero con el *while* evitamos que el valor baile. ¿Una mejora? Fácil, prueba a tomar cinco o diez medidas y hacer la media antes de mostrar el resultado.

Por último te dejo una imagen del dispositivo, donde puede verse el resultado midiendo la distancia a un cubilete.

Proyecto 6 – Interfaces web

Son tantas y tantas las veces que habremos pensado en lo sencillo que es poder acceder a las cosas a través de un navegador. Sin embargo, nuestros queridos microcontroladores nos dan una serie de bits a través de protocolos extraños que requieren que para acceder a ellos se tengan que usar terminales de texto o con suerte alguna aplicación específicamente desarrollada para entender sus protocolos.

¡Ay lo fácil que sería la vida si pudiésemos acceder al microcontrolador a través de un interfaz web!, permitiéndonos así no estar ligados a un dispositivo concreto, pues un navegador te funciona en un PC, en un teléfono, y si me apuras hasta en la Smart TV que tienes en el salón (por el momento, claro, mientras sigas consiguiéndote hacer respetar en casa y manteniendo a los niños jugando a la pelota en la habitación o el pasillo en lugar de en salón junto a tu queridísima y carísima tele).

No digas más, ese sueño que guardabas en silencio cual hemorroide incipiente por fin se va a hacer realidad. ¿Cómo? Pues muy sencillo, utilizando la wifi de tu microcontrolador y cargando en él un servidor web.
De este modo el microcontrolador, cuando se conecte a la wifi de tu casa tendrá asignada una dirección IP, y tú desde cualquier navegador, podrás poner esa dirección en la barra del navegador y acceder a ese servidor cargado en el microcontrolador. Evidentemente tendrás que programar en el microcontrolador un poquito de HTML para que la respuesta sea coherente y además procesar las peticiones HTTP para saber lo que te están pidiendo o el comando que te están lanzando desde el navegador, pero eso no va a ser ningún arco de iglesia como veremos a continuación.
Es más, puedes mapear en los puertos de tu router la IP y así, junto con el DNS dinámico que verás en el proyecto siguiente, acceder a tu microcontrolador desde fuera de casa. En efecto, tu microcontrolador tendrá presencia mundial en el ciberespacio.

Y ahora que ya sabemos la posibilidad que tenemos ante nosotros, es el momento de pensar en una aplicación que darle, algo poco corriente, algo distinto, algo fabuloso, algo ÉPICO.

(pensando)...

Tras mucho pensar, un buen proyecto a desarrollar va a ser un detector de seísmos. ¿Que a qué me refiero? Pues está bastante claro, un detector de terremotos, para que si hay un terremoto en tu ciudad y ves que se resquebraja la casa, que tu perro cae al centro de la tierra a través de una falla abierta cual acceso al infierno y que tu caseta del jardín se parte en mil pedazos, puedas consultar a tu microcontrolador a través de un navegador y te confirme que efectivamente ha habido un terremoto.

Sí, sé lo que estás pensando, que posiblemente eso ya lo hayas intuido y que de poco te va a valer. Bueno, en tal caso haremos lo aderezaremos con dos mejoras:

1. Actualización manual de la información: Poder enviar al microcontrolador un comando que haga que tome una nueva medida en ese momento en lugar de mostrarte la última que tomó vete tú a saber cuándo.
2. Permitir que, con el navegador abierto, sea el microcontrolador el que actualice periódicamente la información, sin necesidad de que hagas una consulta específica.

Con estas dos mejoras podrás observar determinadas perturbaciones en la calma tectónica que te hagan intuir que se acerca un terremoto a lo bestia y poder salvar todas tus pertenencias, a tu perro, ¡y quién sabe si al mundo! Fíjate, y todo ello por poder acceder desde un navegador al microcontrolador. Qué cosas.

Montaje físico

Para nuestro proyecto lo primero es elegir el microcontrolador adecuado. A primera vista, la elección apropiada sería el Arduino 33 ble sense, pues en sí mismo lleva toda una gama de sensores, acelerómetro incluído (que es lo que vamos a necesitar para nuestro proyecto), pero lamentablemente no dispone de WiFi, con lo que nuestro sueño de implementar en él un servidor Web queda descartado.

Como segunda opción, tirando por lo económico, optaremos con nuestro ya conocido ESP-WROOM-32, al que agregaremos un módulo que tenga el acelerómetro.

En nuestro caso utilizaremos el acelerómetro ADXL345. En tiendas chinas tienes este módulo por medos de 2€, con lo que tampoco te vas a quedar pobre porque no lo trajese el ESP32 integrado.

A continuación se muestran las dos placas conectadas en la protoboard.

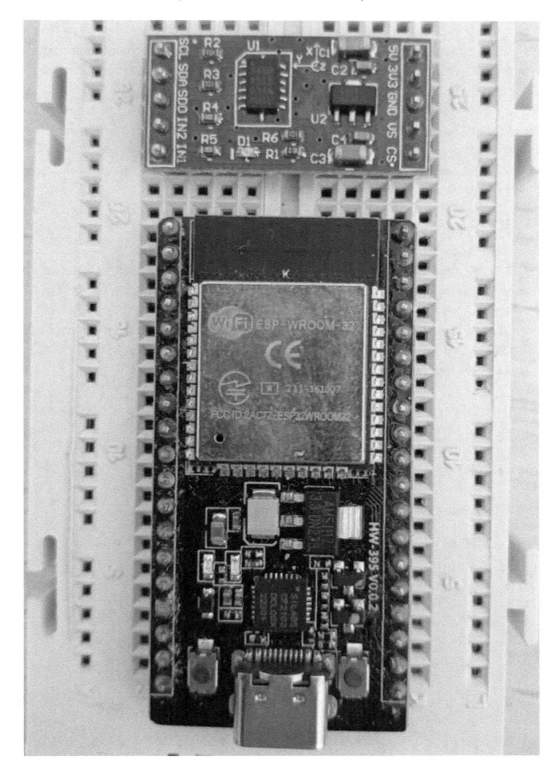

Como dato interesantes del ADXL345 indicar que es un acelerómetro de bajo coste que admite tensiones tanto de 3,3V como de 5V, con lo que es perfecto para funcionar tanto con el ESP32 como con Arduino.

De los pines que tiene, por tanto van a interesarnos los siguientes:

- 3V3: Tensión de alimentación, que tendremos que conectar a una fuente de tensión de 3,3V.
- CS: Chip Select, que habilita el chip, por lo que tendremos que conectarlo a 3,3V para que el integrado funcione.
- GND: Nada que decir, conectado a la masa del circuito.
- SCL: System Clock. Dentro de la comunicación I2C, que será el protocolo que utilizaremos entre el ESP32 y el ADXL345, este pin representa la señal de reloj, y por tanto deberá de ir conectado al pin SCL del ESP32.
- SDA: System Data. Dentro de la comunicación I2C, este pin representa el bus de datos, es decir, será la línea por la que se intercambiarán información el ESP32 y el ADXL345. Por tanto deberá de ir conectado al pin SDA del ESP32.

Aquí haremos un montaje sencillo, donde iremos leyendo los valores que nos proporciona el integrado, pero tiene otros pines para comunicar interrupciones, que si quieres realizar un montaje más optimizado te invito a leas el datasheet del integrado y hagas uso de dichas funcionalidades.

Con ello nos queda el siguiente esquema:

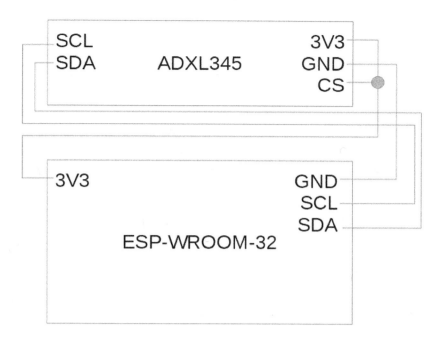

Que físicamente se ve del siguiente modo:

Programación del circuito

Tras el conexionado de la electrónica llega el momento de programarlo. En este caso tendremos que distinguir dos fases en la programación.

En la primera de ellas abordaremos la comunicación del ESP32 con el acelerómetro, obteniendo las medidas que nos permitan determinar si se están produciendo vibraciones que nos hagan pensar que se acerca el fin de nuestros días y que moriremos en una horrible y salvaje sucesión de acontecimientos que incluye desmembraciones y abrasiones jamás conocidas por el ser humano.

En la segunda nos centraremos en la comunicación web. De este modo convertiremos nuestro ESP32 en un servidor web que nos proporcione una interfaz con la información y los controles anteriormente descritos.

Vayamos pues con la primera de las fases, es decir, la programación de la comunicación entre el acelerómetro y el ESP32.

Para comunicar el ADXL345 comenzaremos instalando una librería de la biblioteca del IDE de Arduino que nos facilite dicha comunicación. Abrimos la biblioteca de librerías, introducimos *ADXL345* en la barra de búsqueda y en este caso elegiremos la librería *SparkFun ADXL345*.

Una vez instalada, procedemos programar la detección de terremotos. En primer lugar, recuerda seleccionar como tarjeta *ESP32 Dev Module*.

Seguidamente, introducimos el siguiente código:

```
#define sensibilidad 1

#include <SPI.h>
#include <Wire.h>
#include <SparkFun_ADXL345.h>
```

```
ADXL345 adxl = ADXL345();
int x, y, z, x_old, y_old, z_old;

void setup()
{
 Serial.begin(9600);
 Serial.println("Iniciando acelerómetro...");
 Serial.println();
 adxl.powerOn();
 adxl.setRangeSetting(16);
 Serial.println("Acelerómetro iniciado.");
 //Obtengo una primera medida
 adxl.readAccel(&x,&y,&z);
}

void loop()
{
 //Obtenemos los valores
 captureDataAccel();
 //Verificamos si se está produciendo un terremoto
 if(checkEarthquake()){
   Serial.println("¡¡¡TERREMOTO!!!!");
 }
}

void captureDataAccel(){
 //Almaceno el backup de la medida anterior
 x_old=x;
 y_old=y;
 z_old=z;
 //Obtengo una nueva medida
 adxl.readAccel(&x, &y, &z);
}

bool checkEarthquake(){
 int res;
 res=abs(x-x_old)+abs(y-y_old)+abs(z-z_old);
 res=abs(res);
 if(res>sensibilidad)
   return true;
 return false;
}
```

La lectura del mismo es muy sencilla:

- En primer lugar cargamos las librerías definiendo una variable que ajustará la sensibilidad de nuestro detector. Esta sensibilidad está a 1 que es lo máximo a lo que podemos ponerlo. Si ves que salta sin motivo, puedes incrementar ese valor para reducir la sensibilidad.

- En *setup()* iniciamos la comunicación por el puerto serie aparte de inicializar el acelerómetro y obtenemos una primera media para disponer de valores con los que comparar. La medida determina la aceleración en los tres ejes, X, Y, Z.
- Posteriormente declaramos dos funciones, *captureDataAccel()*, que obtiene nuevos valores de aceleración captados por el integrado ADXL345, y *checkEarthquake()*, que calcula la variación entre medidas consecutivas, que si supera la sensibilidad establecida, nos devolverá que se está produciendo una vibración que posiblemente desemboque en un terremoto que augure el fin del mundo.
- En *loop()* finalmente lo que haremos es tan sencillo como ir llamando consecutivamente a las dos funciones anteriores.

Ahora que ya disponemos del detector de terremotos llega el momento de convertir nuestro ESP32 en un servidor web que nos devuelva la esa información.

Antes de nada, recordemos qué queremos:

1. Al cargar la página, nos ha de indicar si hay o no un terremoto.
2. Actualización manual de la información: Poder enviar al microcontrolador un comando que haga que tome una nueva medida en ese momento en lugar de mostrarte la última que tomó vete tú a saber cuándo.
3. Permitir que, con el navegador abierto, sea el microcontrolador el que actualice periódicamente la información, sin necesidad de que hagas una consulta específica.

Comenzando por el principio, diseñemos una página HTML que sirva a nuestras pretensiones, lo cuál es mucho más sencillo de hacer en un editor HTML aunque luego lo pasemos al IDE de Arduino para incluirlo dentro de la programación. Un ejemplo podría ser el siguiente:

```html
<html>
 <head>
  <meta name="viewport" content="width=device-width, initial-scale=1">
  <title>Detector de terremotos</title>
  <meta charset="utf-8">
  <link rel="icon" href="data:,">
  <style>
   p{
    margin-left: auto;
    margin-right: auto;
    font-size: 3em;
   }
   #botones{
    display: flex;
    border: 1px solid;
```

```
    border-radius: 5px;
    background-color: green;
    width: 80%;
    height: 80%;
    align-self: center;
    align-content: center;
    flex-wrap: wrap;
    margin: auto;
  }
  #container{
    width: 100%;
    height: 100%;
    align-content: center;
  }
 </style>
</head>
<body>
 <div id="container" style="text-align: center">
   <button type="button" id="botones" onclick="update"><p>Pulsa para actualizar</p></button>
 </div>
 <script>function update() {location.reload();}</script>
</body>
</html>
```

Este código HTML devuelve una página web con un botón en el centro que pide que lo pulses
para lanzar una petición get.

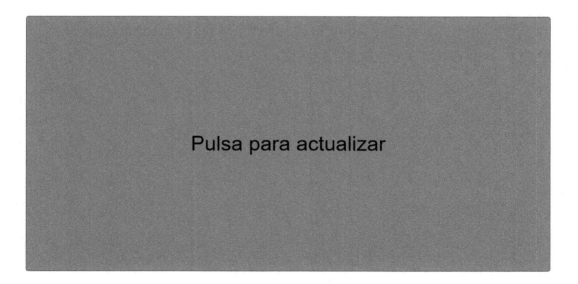

El funcionamiento que vamos a buscar es muy sencillo: la web muestra un enorme botón en
el centro de la pantalla. El color del botón es verde si no hay peligro de terremoto y rojo si sí
lo hay.

La forma de actualizarse tras tomar otra medida de si hay o no terremotos es bien mediante la pulsación del botón (es decir, de forma manual), bien esperando un determinado tiempo a que se actualice.

En el código anterior solo está implementado el código para actualizarse cuando pulsan el botón. Esto se hace llamando al servidor con la coletilla *"/update"*. Qué hacer cuando recibamos esto lo programaremos ahora después.

Por otro lado, para que el botón se actualice automáticamente cada cierto tiempo, hemos de programar un pequeño script que actualice la página. Incluiremos un script que la actualice cada segundo, donde el código resultante es el siguiente:

```html
<html>

<head>
   <meta name="viewport" content="width=device-width, initial-scale=1">
   <title>Detector de terremotos</title>
   <meta charset="utf-8">
   <link rel="icon" href="data:,">
   <style>
     p {
        margin-left: auto;
        margin-right: auto;
        font-size: 3em;
     }

     #botones {
        display: flex;
        border: 1px solid;
        border-radius: 5px;
        background-color: green;
        width: 80%;
        height: 80%;
        align-self: center;
        align-content: center;
        flex-wrap: wrap;
        margin: auto;
     }

     #container {
        width: 100%;
        height: 100%;
        align-content: center;
     }

   </style>
</head>

<body>
   <div id="container" style="text-align: center">
     <button type="button" id="botones" onclick="update()">
        <p>Pulsa para actualizar</p>
```

```
        </button>
    </div>
    <script>
      function update() {
        location.reload();
      }

    </script>
    <script type="text/javascript">
      var counterDiv = document.getElementById('container');

      function updateCounterUI(counter) {
        counterDiv.innerHTML = counter;
      }

      function ajaxCall() {
        var xmlhttp = new XMLHttpRequest();
        xmlhttp.onreadystatechange = function() {
          if (xmlhttp.readyState == XMLHttpRequest.DONE) {
            if (xmlhttp.status == 200) {
              updateCounterUI(xmlhttp.responseText);
            } else {
              console.log('error', xmlhttp);
            }
          }
        };
        xmlhttp.open("GET", "", true);
        xmlhttp.send();
      }
      (function scheduleAjax() {
        ajaxCall();
        //Actualizo cada segundo
        setTimeout(scheduleAjax, 1000);
      })();

    </script>
</body>

</html>
```

En el código anterior se ha marcado en negrita el script que realiza la actualización cada 1000ms, es decir cada segundo, de la página.

Ahora que ya disponemos del código que queremos mostrar con nuestro servidor, es hora de convertir nuestro ESP32 en un servidor web.

En este caso lo que haremos será hacer uso de la librería *WiFi*, que nos permitirá crear un servidor que devuelva la respuesta que buscamos tras cada consulta. Para ello vamos a cambiar de color del botón en cada consulta de la web. De este modo si pulsas el botón de la página devuelta verás que el botón cambia de color. De igual modo, si te esperas los 15s que tenemos definidos en la constante *refresh* verás que también cambia el color. Posteriormente incluiremos otra variable, *keepDetection*, que determinará cuánto tiempo mantenemos que hemos detectado un horrible terremoto. Dicho de otro modo, si mantenemos la alarma durante 30' y refrescamos la página cada 15s, tras un par de refescos tras haber detectado vibraciones veremos que el botón vuelve a verde (salvo que las vibraciones continúen, en cuyo caso seguirá apareciendo rojo.

Pero no adelantemos acontecimientos. Veamos cómo generar un servidor web:

```
#define DEBUG true

#include <WiFi.h>

const char* ssid = "*********"; //Introduce aquí el SSID de tu red wifi
const char* password = "***********"; //Introduce aquí el password de tu red wifi

String res; //Respuesta
String cabecera = "HTTP/1.1 200 OK\r\nContent-Type: text/html\r\nAccess-Control-Allow-Origin: *\r\n\r\n";
//Cabecera común para todas las respuestas, permitiendo peticiones a través del NAT del router
String refresh = "15000"; //Cada refresh ms pide actualizar los datos el propio cliente
String color = "green"; //Poner green o red según estemos a salvo o no de terremotos

WiFiServer server(80);

void initRes(){
  res = ""+cabecera;
  res += "<html><head><meta name=\"viewport\" content=\"width=device-width, initial-scale=1\">";
  res += "<title>Detector de terremotos</title>";
  res += "<meta charset=\"utf-8\"><link rel=\"icon\" href=\"data:,\">";
  res += "<style>";
  res += "p {margin-left: auto;margin-right: auto;font-size: 3em;}";
  res += "#botones {display: flex;border: 1px solid;border-radius: 5px;background-color: "+color+";width: 80%;height: 80%;align-self: center;align-content: center;flex-wrap: wrap;margin: auto;}";
  res += "#container {width: 100%;height: 100%;align-content: center;}";
  res += "</style>";
  res += "</head>";
  res += "<body>";
  res += "<div id=\"container\" style=\"text-align: center\">";
  res += "<button type=\"button\" id=\"botones\" onclick=\"update()\"><p>Pulsa para actualizar</p></button>";
  res += "</div>";
  res += "<script>function update() {location.reload();}</script>";
  res += "<script type=\"text/javascript\">";
  res += "    var counterDiv = document.getElementById(\'container\');";
  res += "    function updateCounterUI(counter) {";
  res += "        counterDiv.innerHTML = counter;";
  res += "    }";
  res += "    function ajaxCall() {";
  res += "        var xmlhttp = new XMLHttpRequest();";
  res += "        xmlhttp.onreadystatechange = function() {";
  res += "            if (xmlhttp.readyState == XMLHttpRequest.DONE) {";
  res += "                if (xmlhttp.status == 200) {";
  res += "                    updateCounterUI(xmlhttp.responseText);";
  res += "                } else {";
  res += "                    console.log(\'error\', xmlhttp);";
```

```
  res += "                    }";
  res += "                  }";
  res += "              };";
  res += "          xmlhttp.open(\"GET\", \"\", true);";
  res += "          xmlhttp.send();";
  res += "        }";
  res += "    (function scheduleAjax() {";
  res += "          ajaxCall();";
  res += "          setTimeout(scheduleAjax, "+refresh+");";
  res += "    })();";
  res += "</script>";
  res += "</body></html>";
}

void setup() {
  initRes();
  if (DEBUG) Serial.begin(9600);
  if (DEBUG) Serial.println("Iniciando Wifi");
  WiFi.begin(ssid,password);
  if (DEBUG) Serial.print("Conectando");
  while(WiFi.status() != WL_CONNECTED){
   delay(500);
   if (DEBUG) Serial.print(".");
  }
  if (DEBUG) Serial.println();
  if (DEBUG) Serial.print("Conectado con IP: ");
  if (DEBUG) Serial.println(WiFi.localIP());
  if (DEBUG) Serial.println("Iniciando servidor...");
  server.begin();
  if (DEBUG) Serial.println("Servidor iniciado.");
}

void loop() {
  // Comprobamos si hay un cliente
  //if (DEBUG) Serial.print("Comprobando conexiones a IP ");
  //if (DEBUG) Serial.println(WiFi.localIP());
  WiFiClient client = server.available();
  if (client) {
   if (client.connected()) {
    if (DEBUG) Serial.println("Connected to client");
    //Leo lo que me mande el cliente (que desecharé)
    if (DEBUG) Serial.println("Request:");
    String req="";
    while(client.available()){
     String line = client.readStringUntil('\n');
     req += line;
     if (DEBUG) Serial.println(line);
    }
    client.flush();
    //Envio respuesta
    initRes();
    if (DEBUG) Serial.println("Response: ");
    if(DEBUG) Serial.println(res);
    client.print(res);
    delay(1);
```

```
  //Cambio de color
  Serial.println(color);
  if(color.compareTo("green")==0)
    color = "red";
  else
    color = "green";
}
// close the connection:
client.stop();
if (DEBUG) Serial.println("Cliente desconectado");
}
delay(1000);
}
```

Expliquemos el código anterior.

En primer lugar cargamos la librería que nos va a permitir convertir nuestro ESP32 en un servidor web, *WiFi.h*.

Declaramos como constantes el ssid de tu red wifi así como el password (aquí pongo asteriscos por razones obvias, pero tú tendrás que ponerle las credenciales de tu red).

Por último declaramos la variable *color* que será la que actualicemos con el valor *green* si no hemos detectado terremotos y con el color *red* si sí lo hemos hecho.

Ahora viene el punto crucial: *WiFiServer server(80);*

Esta sentencia declara un servidor web que escuchará en el puerto 80 (el puerto por defecto al que se conectará cualquier cliente web).

Será después, cuando vayamos a la función *setup()*, cuando pondremos la instrucción *server.begin()*, que iniciará nuestro servidor web.

Previamente, también en *setup()*, hemos de conectarnos a la wifi. Para ello llamamos a *WiFi.begin()* aportándole el nombre y password de la red wifi a la que conectarnos, y posteriormente iniciamos un bucle (*while*) esperando hasta que se conecte a la red, lo que comprobamos utilizando la función *WiFi.status()*, que devolverá el valor *WL_CONNECTED* cuando finalmente se haya conectado.

Muy interesante la llamada posterior a *WiFi.localIP()*, que nos devolverá la IP asignada al ESP32, de modo que podamos visualizar la web desde cualqueir navegador introduciendo *http://IP_asignada*, donde *IP_asignada* es la dirección IP asignada al ESP32, es decir, la que nos devuelva la llamada a *WiFi.localIP()*.

Ya sabemos cómo iniciamos el servidor web. Ahora veamos cómo generamos la web que devolverá el servidor a los clientes que la soliciten.

Para ello generamos una cabecera tipo, que guardamos en el String *cabecera*. Seguidamente, en la función *initRes()* introducimos, dentro de la variable *res*, la cabecera anteriormente mencionada seguido de todo el código HTML que hemos visto anteriormente. Fíjate que de cara al ESP32 esto no deja de ser una cadena de caracteres muy larga que devolverá al cliente que se le conecte.

Dentro de la creación de esa cadena observa que intercalamos dos variables, *color* y *refresh*, de modo que la respuesta a dar sea con los valores que queremos en cada caso:

*res += "#botones {display: flex;border: 1px solid;border-radius: 5px;background-color: "+**color**+";width: 80%;height: 80%;align-self: center;align-content: center;flex-wrap: wrap;margin: auto;}";*

*res += "   setTimeout(scheduleAjax, "+**refresh**+");";*

Por último nos queda el manejo de los clientes, es decir, nuestro ESP32 se ha convertido en un servidor web que recibe peticiones de clientes. En primer lugar hemos de aceptar dichas peticiones, con lo que abrimos la conexión; seguidamente hemos de enviarle la respuesta (esa variable *res* gigantesca que hemos creado), y por último hemos de cerrar la conexión. Veámoslo pues por partes:

Esperamos hasta tener un cliente conectado:

```
WiFiClient client = server.available();
if (client) {
  if (client.connected()) {
```

Recibimos los datos que el cliente nos haya enviado (esto en una petición puede incluir información como los datos rellenados en un formulario, pero en nuestro caso lo haremos solo para vaciar colas pues realmente no vamos a tener en cuenta nada de lo que nos mande el cliente):

```
String req="";
while(client.available()){
  String line = client.readStringUntil('\n');
  req += line;
}
client.flush();
```

Enviamos la respuesta antes generada al cliente:

```
initRes();
client.print(res);
```

Cerramos la conexión con el cliente y volvemos al inicio de la función *loop()* a la espera de tener una nueva petición de cliente:

```
client.stop();
```

Y ya está. Solo queda conectar nuestro ESP32, subirle el código, abrir un navegador e introducir http:// seguido de la IP asignada al ESP32.

Ahora que ya tenemos el servidor funcionando llega hora, como diría Steve Jobs, de unir los puntos, para lo que fusionaremos este código con nuestro flamante detector de terremotos. Basta con introducir una variable que indique cada cuánto tiempo tomar una nueva medida y que, cuando la tomemos, cambiemos el valor de la variable *color* en consecuencia.

```
#define DEBUG false
#define sensibilidad 3
#define keepDetection 30000 //Tiempo que guardamos una detección

#include <WiFi.h>
#include <SPI.h>
#include <Wire.h>
#include <SparkFun_ADXL345.h>

const char* ssid = "********"; //Introduce aquí el SSID de tu red wifi
const char* password = "**************"; //Introduce aquí el password de tu red wifi

String res; //Respuesta
String cabecera = "HTTP/1.1 200 OK\r\nContent-Type: text/html\r\nAccess-Control-Allow-Origin: *\r\n\r\n";
//Cabecera común para todas las respuestas, permitiendo peticiones a través del NAT del router
String refresh = "5000"; //Cada refresh ms pide actualizar los datos el propio cliente
String color = "green"; //Poner green o red según estemos a salvo o no de terremotos

WiFiServer server(80);

ADXL345 adxl = ADXL345();
int x, y, z, x_old, y_old, z_old;
long timeDetected;

void initRes(){
  res = ""+cabecera;
  res += "<html><head><meta name=\"viewport\" content=\"width=device-width, initial-scale=1\">";
  res += "<title>Detector de terremotos</title>";
  res += "<meta charset=\"utf-8\"><link rel=\"icon\" href=\"data:,\">";
  res += "<style>";
  res += "p {margin-left: auto;margin-right: auto;font-size: 3em;}";
  res += "#botones {display: flex;border: 1px solid;border-radius: 5px;background-color: "+color+";width: 80%;height: 80%;align-self: center;align-content: center;flex-wrap: wrap;margin: auto;}";
  res += "#container {width: 100%;height: 100%;align-content: center;}";
  res += "</style>";
  res += "</head>";
  res += "<body>";
  res += "<div id=\"container\" style=\"text-align: center\">";
  res += "<button type=\"button\" id=\"botones\" onclick=\"update()\"><p>Pulsa para actualizar</p></button>";
  res += "</div>";
```

```
res += "<script>function update() {location.reload();}</script>";
res += "<script type=\"text/javascript\">";
res += "    var counterDiv = document.getElementById(\'container\');";
res += "    function updateCounterUI(counter) {";
res += "        counterDiv.innerHTML = counter;";
res += "    }";
res += "    function ajaxCall() {";
res += "        var xmlhttp = new XMLHttpRequest();";
res += "        xmlhttp.onreadystatechange = function() {";
res += "            if (xmlhttp.readyState == XMLHttpRequest.DONE) {";
res += "                if (xmlhttp.status == 200) {";
res += "                    updateCounterUI(xmlhttp.responseText);";
res += "                } else {";
res += "                    console.log(\'error\', xmlhttp);";
res += "                }";
res += "            }";
res += "        };";
res += "        xmlhttp.open(\"GET\", \"\", true);";
res += "        xmlhttp.send();";
res += "    }";
res += "    (function scheduleAjax() {";
res += "        ajaxCall();";
res += "        setTimeout(scheduleAjax, "+refresh+");";
res += "    })();";
res += "</script>";
res += "</body></html>";
}

void captureDataAccel(){
  //Almaceno el backup de la medida anterior
  x_old=x;
  y_old=y;
  z_old=z;
  //Obtengo una nueva medida
  adxl.readAccel(&x, &y, &z);
}

bool checkEarthquake(){
  int res;
  res=abs(x-x_old)+abs(y-y_old)+abs(z-z_old);
  res=abs(res);
  if(res>sensibilidad)
    return true;
  return false;
}

void setup() {
  initRes();
  Serial.begin(9600);
  if (DEBUG) Serial.println("Iniciando Wifi");
  WiFi.begin(ssid,password);
  if (DEBUG) Serial.print("Conectando");
  while(WiFi.status() != WL_CONNECTED){
    delay(500);
    if (DEBUG) Serial.print(".");
```

```
  }
  if (DEBUG) Serial.println();
  Serial.print("Conectado con IP: ");
  Serial.println(WiFi.localIP());
  if (DEBUG) Serial.println("Iniciando servidor...");
  server.begin();
  if (DEBUG) Serial.println("Servidor iniciado.");
  if (DEBUG) Serial.println("Iniciando acelerómetro...");
  if (DEBUG) Serial.println();
  adxl.powerOn();
  adxl.setRangeSetting(16);
  if (DEBUG) Serial.println("Acelerómetro iniciado.");
  //Obtenemos unas primeras medidas para estabilizarlas
  captureDataAccel();
  delay(500);
  captureDataAccel();
  delay(500);
  captureDataAccel();
  //Verificamos si se está produciendo un terremoto
  if(checkEarthquake()){
   Serial.println("¡¡¡TERREMOTO!!!!");
   timeDetected=millis();
   color="red";
  }else{
   timeDetected=-keepDetection;
   color="green";
  }

}

void loop() {
  // Comprobamos si hay un cliente
  //if (DEBUG) Serial.print("Comprobando conexiones a IP ");
  //if (DEBUG) Serial.println(WiFi.localIP());
  WiFiClient client = server.available();
  if (client) {
   if (client.connected()) {
    if (DEBUG) Serial.println("Connected to client");
    //Leo lo que me mande el cliente (que desecharé)
    if (DEBUG) Serial.println("Request:");
    String req="";
    while(client.available()){
     String line = client.readStringUntil('\n');
     req += line;
     if (DEBUG) Serial.println(line);
    }
    client.flush();
    //Envio respuesta
    initRes();
    if (DEBUG) Serial.println("Response: ");
    if(DEBUG) Serial.println(res);
    client.print(res);
    delay(1);
   }
   // close the connection:
```

```
  client.stop();
  if (DEBUG) Serial.println("Cliente desconectado");
 }
//Me paso el segundo en lugar de esperando, detectando
long aux=millis();
while(millis()<(aux+1000)){
 if(millis()>(timeDetected+keepDetection)){
  //Miramos si hay un terremoto
  captureDataAccel();
  //Verificamos si se está produciendo un terremoto
  if(checkEarthquake()){
   Serial.println("¡¡¡TERREMOTO!!!!");
   color="red";
   timeDetected=millis();
  }else{
   color="green";
  }
 }
 }
 }
}
```

Observando el código anterior tan solo hemos mezclado lo aprendido en los códigos anteriores. Ahora, en lugar de cambiar el color sin ton ni son, lo hacemos cuando detectamos un terremoto. Para detectarlo nos dedicamos a monitorizar durante ese segundo de espera que teníamos tras cada iteración de *loop()* y si detectamos un terremoto, actualizamos la variable *timeDetected* con el momento en el que lo hemos detectado y cambiamos el color a rojo. En caso de que no detectemos terremotos, al no actualizarse *timeDetected*, seguiremos incansablemente chequeando si hay algún terremoto.

No obstante, el chequeo solo se hace si ha pasado más de *keepDetection* milisegundos tras haber detectado un terremoto, de modo que si hay una vibración aislada el sistema nos lo muestre poniendo el color rojo al menos durante *keepDetection* milisegundos antes de verificar nuevamente si continúan las vibraciones y, en caso de que no sea así, pasar a verde de nuevo. De este modo te dará tiempo a enterarte de que tu vida corre peligro.

Proyecto 7 – Integración completa en Alexa

Todo el tema de manejar cosas mediante Arduino está muy bien, pero si además puedes controlarlo mediante la voz, estés o no en el mismo emplazamiento que el dispositivo, está aún mejor.

Para ello vamos a utilizar el sistema Alexa de Amazon. Este sistema permite que le conectes dispositivos, pero dicha conexión no es inmediata.

Según la web de Amazon donde explica cómo conectar dispositivos a Alexa, hay 4 formas:

- On the Cloud: Tú tienes una nube, ya sea propia o contratada, donde tienes almacenado un programa que interactúa con una skill (una especie de extensión) que has instalado en tu sistema Alexa. Dicho programa es el que se encargará de responder a Alexa cuando tenga que comunicarse con tus dispositivos e incluso el que tendrá registrados los dispositivos para que cuando Alexa busque nuevos dispositivos los encuentre.

  Aunque parece algo complejo, realmente es la solución que la mayoría de empresas han desarrollado. Piénsalo bien: te compras un aparato que dice que funciona con Alexa, pero lo primero que te dice que hagas es instalarte una app en tu teléfono donde has de registrarlo, y seguidamente te dice que instales la skill de esa app en tu sistema Alexa.

  Realmente acabas de hacer lo explicado antes: te instalas una app (que te conectará con la nube del fabricante) donde das de alta tu nuevo y flamante dispositivo, y seguidamente instalas la skill de ese fabricante en tu sistema Alexa, que es el que le dará comunicación con la nube del fabricante propiciando de este modo que el dispositivo hable con esa nube, Alexa hable también con esa nube, y por tanto Alexa y el dispositivo tengan forma de comunicarse.

- Alexa Connect Kit: Un dispositivo que conectas al tuyo permitiéndote interactuar con Alexa. Realmente es como una especie de Arduino ya listo para comunicarse con Alexa.

- Local Connection: Conexión local mediante zigbee, bluetooth u otros protocolos.

- Alexa built-in: Esto no es realmente que te comuniques con Alexa, sino que embebes Alexa en tu dispositivo.

Como no podía ser de otra manera, escogeremos la opción más complicada de todas, es decir, la primera.

La primera pregunta es: vale, una nube, empezamos con los pagos, ¿no? Bueno, eso es evitable. Nuestra nube la constituirá un PC que tengamos conectado a la red de nuestra casa, donde lo ideal por su bajo consumo es, como no podía ser de otra manera, una Raspberry.

Cuando se realiza una skill, lo primero que debemos de saber es que existen dos partes, el frontend y el backend. El frontend es lo que interactúa con el usuario, es decir, el altavoz echo de Alexa, al que le pediremos que realice tal acción. En este caso la acción será sobre un dispositivo nuestro (adivinaste, el Arduino), por lo que Alexa consultará cómo ha de manejar esa petición y, a través de la skill que habremos instalado, decidirá enviarla a nuestra nube. En nuestra nube estará lo que se llama el backend, que es la parte del sistema que interactuará con nuestro dispositivo y, una vez realizadas las acciones que tenga que realizar, devolverá un resultado a Alexa (si procede) para que nos lo comunique.

Veamos un pequeño diagrama contemplando los distintos elementos:

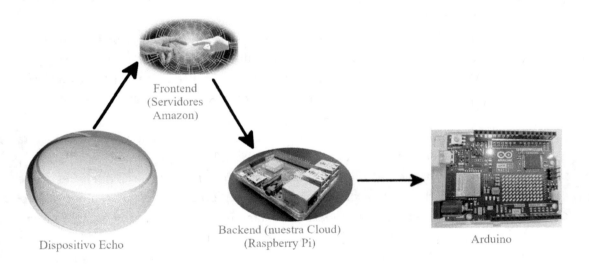

Frontend
(Servidores
Amazon)

Dispositivo Echo

Backend (nuestra Cloud)
(Raspberry Pi)

Arduino

En una primera parte no vamos a complicarlo demasiado. Lo reduciremos a encender y apagar el LED interno del Arduino pidiéndoselo a Alexa. Realicemos por tanto cada una de las partes.

El Frontend

Para crear una skill recuerda que teníamos dos partes: un frontend y un backend. Ahora vamos a generar el frontend, que es la parte que queda en los servidores de Amazon, recibiendo peticiones de tu dispositivo Alexa, equiparándolas a alguna de las peticiones que tenga predefinidas, enviando la petición al backend y procesando la respuesta del backend para enviarla de vuelta al dispositivo Alexa.

Para ello, lo primero es abrirnos una cuenta de desarrollador en la consola de Alexa, para lo que has de entrar a la web https://developer.amazon.com y crearte una cuenta.

Al entrar en *developer.amazon.com* nos aparecerá la siguiente pantalla:

En la barra superior, aparece el enlace de *Consola del desarrollador*. Pulsa sobre dicho enlace y te llevará a la página de login o registro.

Dado que no tenemos cuenta de desarrollador, es el momento de hacernos una. Para ello pulsa sobre el botón *Crea tu cuenta de*.

Introduce tus datos, y pulsa sobre *Crea tu cuenta de*. A continuación te enviarán un email con un código para que verifiques tu cuenta.

Verificar dirección de correo electrónico

Para verificar tu email, te hemos enviado un código a ▮▮▮▮▮▮▮▮▮▮▮▮ (Cambiar)

Escribir código

[   ]

[Cree tu cuenta de Amazon   ]

Al identificarte aceptas nuestras Condiciones de uso y venta. Consulta nuestro Aviso de privacidad, nuestro Aviso de Cookies y nuestro Aviso sobre publicidad basada en los intereses del usuario.

Volver a enviar código

Introdúcelo y pulsa sobre *Cree tu cuenta de Amazon*. El siguiente paso es rellenar tus datos personales.

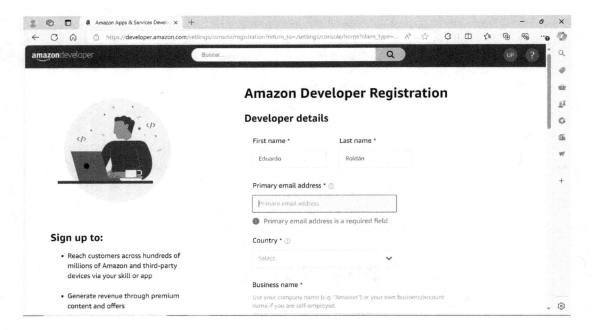

Rellenas todos los datos y pulsas sobre el botón *Submit* del final de la página con lo que llegarás a la consola de desarrollador de Amazon.

¡Enhorabuena! Te acabas de convertir en un orgulloso desarrollador de aplicaciones de Amazon.

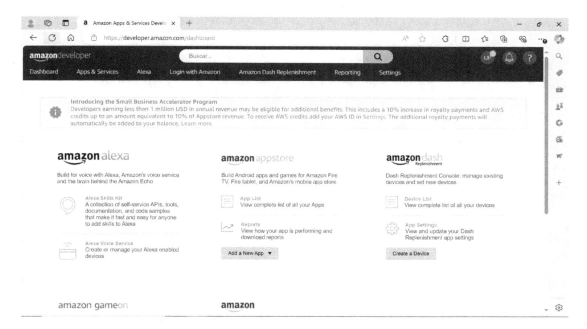

Ahora sí es el momento de comenzar a crear nuestras Skills. En el menú, haz click sobre *Alexa->Alexa Skills Kit*, que te conducirá a la página de creación de frontends.

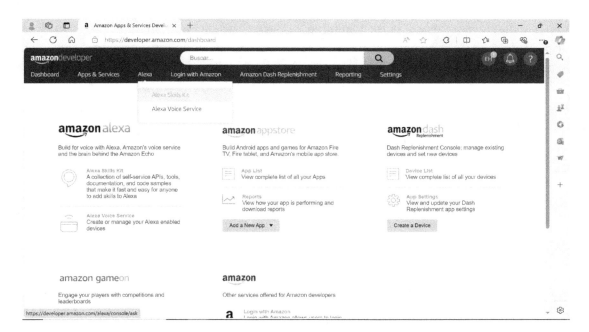

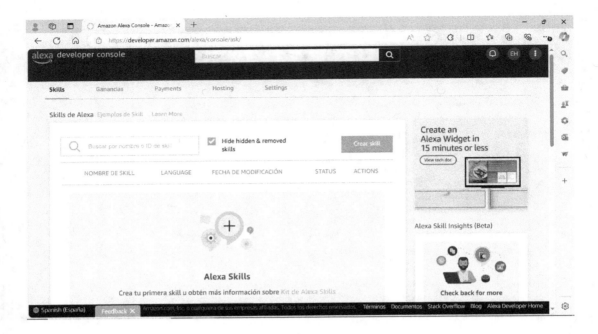

Nota: También puedes acceder a la pantalla de skills de la Developer Console introduciendo directamente la ruta https://developer.amazon.com/alexa/console/ask

Aquí es donde crearemos la skill aunque el "cerebro" de la misma resida en nuestra Raspberry. Dicho de otro modo, el frontend lo crearemos aquí mientras que el backend estará en nuestra Raspberry.

Para ello, pulsa el botón *Create Skill*, rellena el nombre de la skill, que dada la tremenda funcionalidad que le vamos a otorgar parece que un nombre bastante adecuado puede ser *Controlador LED*, y en lenguaje elegimos *Spanish(Spain)*. Seguidamente pulsamos el botón *Next*.

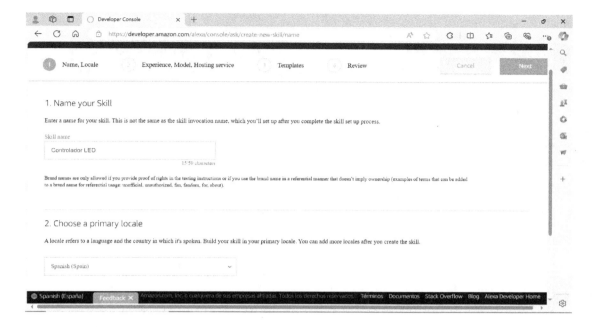

En la siguiente pantalla indicamos el tipo de modelo a desarrollar. Primeramente nos pregunta qué tipo de experiencia vamos a diseñar, con objeto de darnos ciertas facilidades en el diseño del frontend. Dado lo que vamos a crear podemos seleccionar *Smart home*, aunque vamos a prescindir de dichas facilidades seleccionando el modelo *Custom* en el punto 2.

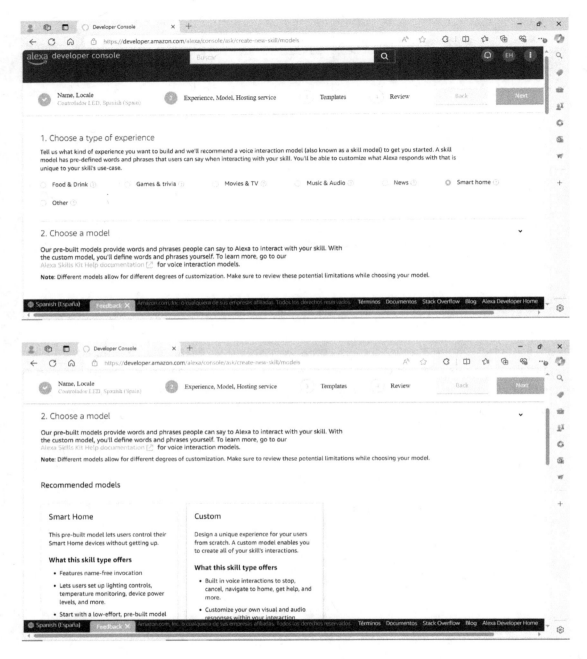

Ahora viene lo interesante, en el apartado 3, el de elegir el método donde almacenar el backend, seleccionaremos *Provision your own*. Al lado verás que tienes las opciones de meterlo también en los propios servidores de Alexa, programado tanto en NodeJS como en Python, que para determinadas aplicaciones puede resultar mucho más cómo y rápido. En este caso, queremos el control del backend ya que queremos simular completamente un servicio comercial, donde el distribuidor tiene su propia nube que, como hemos comentado antes, en este caso será nuestra Raspberry. Aparte, está la nada desdeñable ventaja de que tenemos la seguridad de no incurrir en costes.

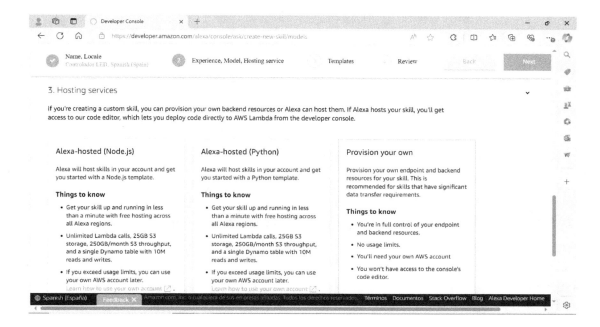

Una vez seleccionado todo lo indicado anteriormente, pulsamos sobre *Next*.

En la siguiente pantalla tan solo nos muestra la opción de tener un template determinado que nos sirva de guía para comenzar a desarrollar el frontend. Las opciones que aparecen por defecto nos sirven ya que vamos a programarlo desde cero.

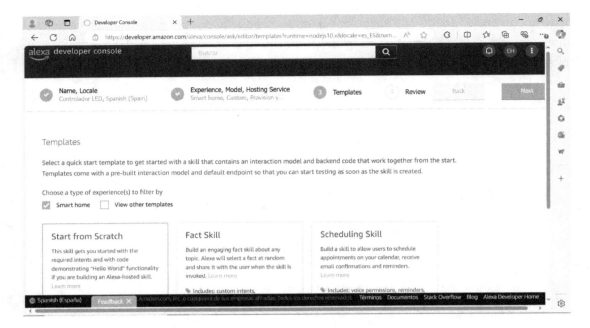

Pulsamos sobre *Next* y nos muestra el resumen de todas las opciones elegidas en las pantallas anteriores.

Pulsamos sobre *Create Skill* y ya tenemos creada nuestra skill, o mejor dicho, el contenedor de lo que será nuestra skill.

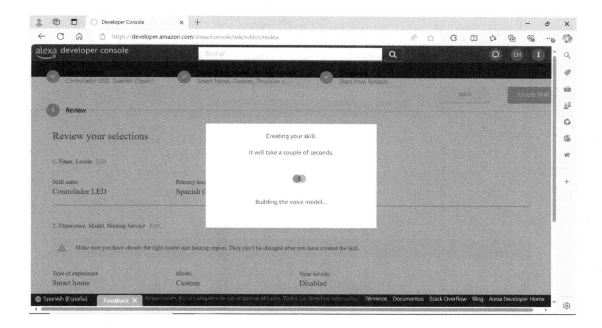

Pasará a la página ya de la skill, aunque seguirá compilando la aplicación.

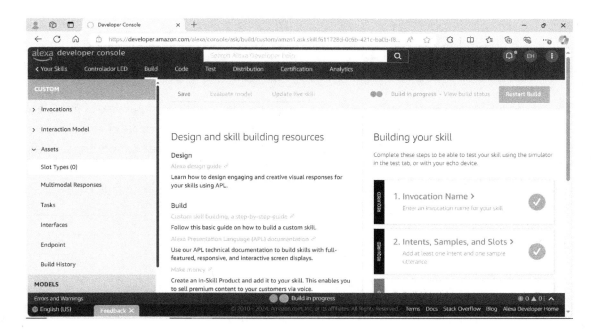

Para finalmente tenerla compilada y permitirnos comenzar a desarrollar nuestro frontend. No perdamos la perspectiva, el frontend será la parte que recibe nuestro comando de voz y manda una orden a nuestra nube, así de sencillo. Después nuestra nube (el backend), a partir de esa orden, realizará las acciones que tenga que realizar con nuestro dispositivo.

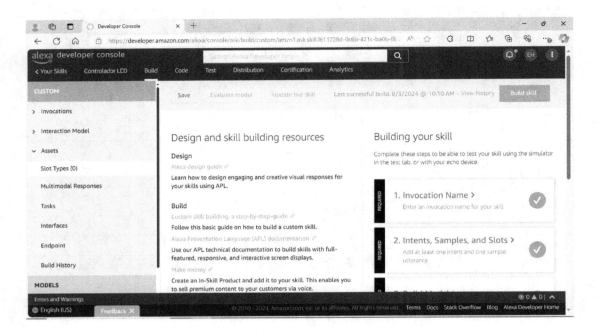

En el menú de la izquierda aparecen toda una serie de opciones que iremos viendo a medida que avancemos en el tutorial. Comencemos por la la primera, *Invocation Name*.

El apartado *Invocation Name* trata sobre cómo vas a invocar tu skill desde el dispositivo Alexa. Selecciónala y te aparecerá un único campo a rellenar llamado "Skill invocation name", que es el nombre con el abriremos la skill. Escribe *servidor local*, de modo que cuando digas a Alexa "abre controlador led" o "lanza controlador led", arranque esta skill. Por supuesto eres libre de poner cualquier otro nombre, siempre que cumplas los requisitos del cuadro de la parte inferior de la página. Pon *controlador led* y pulsa *Save*.

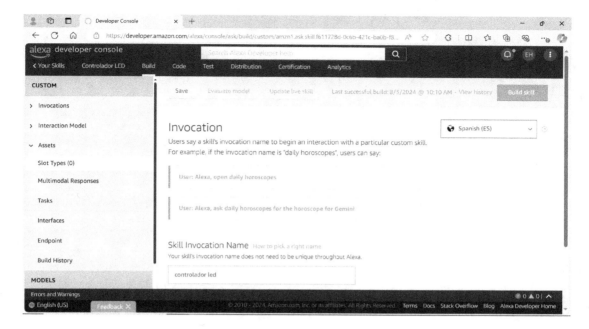

Avanzando con las opciones del menú de la izquierda, pulsamos sobre *Interaction Model*, que gestionará las distintas interacciones que el usuario podrá realizar con la skill, y dentro de ella, por ahora nos centraremos en el apartado *Intents*.

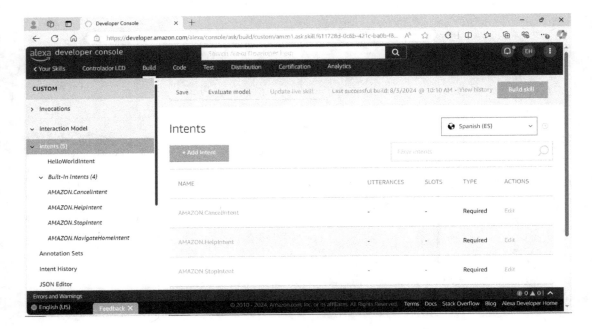

Los *intents* definen las distintas interacciones que puede tener un usuario con la skill. Verás que aparecen varios que, si miras en las opciones de la izquierda, comprobarás que aparecen dentro de *Built-In Intents*, y si miras en la parte de la derecha, verás que en el listado aparecen con *TYPE = Required*. Esto significa que son interacciones predefinidas que el sistema necesita para funcionar. Bien pensado parecen las lógicas de cualquier sistema, la opción de cancelar, la de buscar ayuda, la de parar y la de volver a la pantalla de inicio.

En nuestro caso nos interesa el otro tipo de *intents*, como el que nos aparece como ejemplo llamado *HelloWorldIntent*, y que si nos fijamos en el listado de la derecha, aparece con *TYPE=Custom*. Estos además, al ser propios del usuario, permiten ser borrados, por lo que tienes libertad para crearlos y borrarlos a tu antojo.

Un *intent* define o permite una petición seguida de una acción. Para ello, un *intent* se activará cuando reciba una frase de activación y manejará dicha petición implícita en la frase mediante un manejador, que generalmente devolverá una respuesta. A esas frases de activación se les llama *utterances*, y al código encargado de manejar la petición se le llama *handler*.

Para realizar nuestro primer *intent* utilizaremos directamente el que se nos aporta como ejemplo, es decir, *HelloWorldIntent*. Como puedes ver, tenemos el nombre del *intent* así como una serie de *utterances*, es decir, frases que cuando sean escuchadas por Alexa serán atendidas mediante este *intent*.

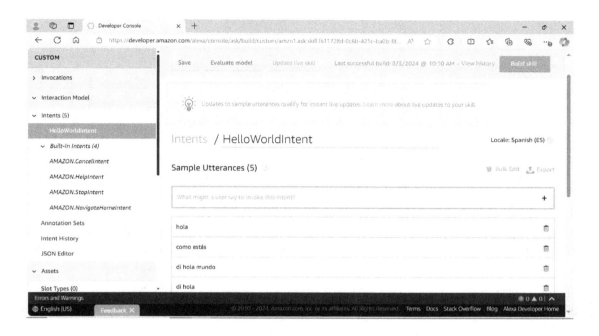

Comencemos cambiando el nombre del *intent* de *HelloWorldIntent* a *EnciendeLEDIntent*. Seguidamente borra las *utterances* pues son frases de activación que nada tienen que ver con el propósito de nuestro *intent*. En nuestro caso no tenemos ningún interés en que se active la luz del LED cuando el usuario diga "hello".

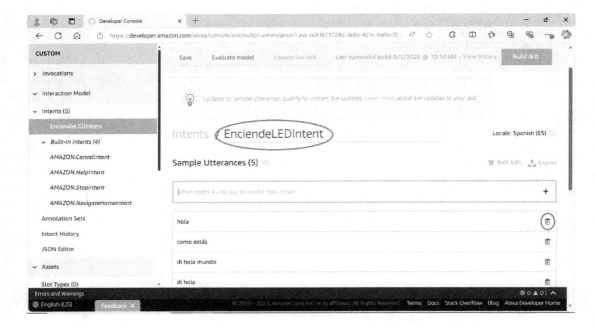

Sin embargo sí nos interesa que este *intent* se active cuando el usuario diga frases como "activa led" o "enciende led". Para ello escribe la frase de activación que desees en el campo que tiene como texto en gris "What might a user say to invoke this intent?" y pulsa ENTER o sobre el símbolo "+" que hay a la derecha. Recuerda al final pulsar siempre sobre el botón *Save* para no perder los cambios.

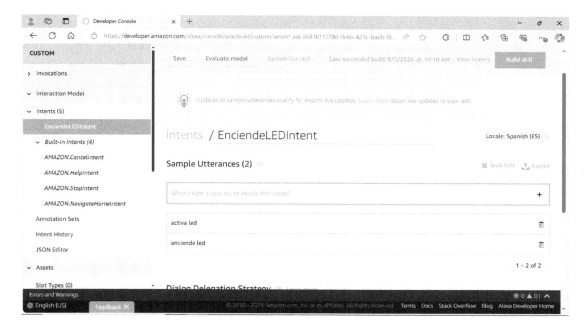

Una vez escritas todas las frases de activación que nos interesan para este *intent* llega el momento de incorporar nuevos *intents*. Para ello volvemos a pulsar sobre *Intents (5)* en el menú de la izquierda y pulsamos sobre el botón + *Add Intent*.

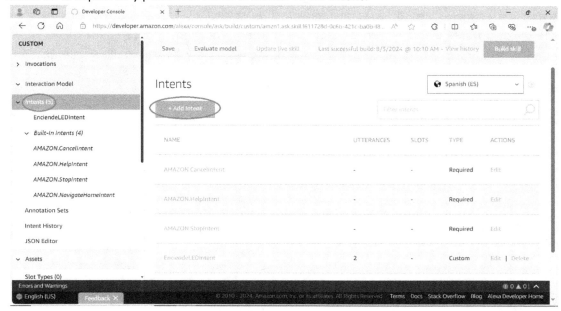

Esto nos lleva a la pantalla de creación de *intents* donde escribimos el nombre del nuevo intent, en este caso ApagaLED*Intent*, y pulsamos sobre el botón *Create custom intent*.

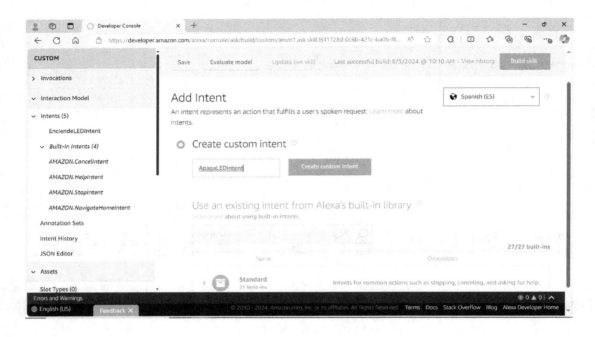

Al crearse el *intent* nos lleva a una página que ya nos es familiar, la de introducir las *utterances* o frases de activación. Siguiendo el mismo procedimiento que para las del *intent* anterior, añadimos las frases de activación "desactiva led" y "apaga led". Recuerda como siempre pulsar sobre el botón *Save* cuando termines.

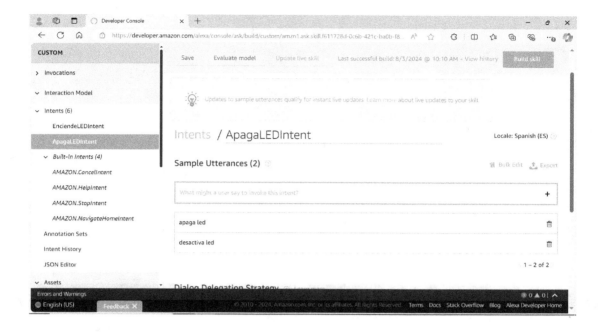

Todos los pasos que hemos realizado finalmente desembocan en la generación de un código para el frontend. Ese código puedes verlo en formato JSON pulsando sobre la opción *JSON Editor* del menú de la izquierda. Como puedes imaginar, igual que hemos ido generando el código JSON mediante la creación de *intents* a través de las distintas opciones de menú, también podemos pegar en esta pantalla directamente el código JSON correspondiente y que la propia aplicación web genere los *intents*. Por eso mismo siempre es recomendable, una vez generado el frontend, guardar una copia del código generado en el editor JSON en un fichero en disco.

Por último, para evitar perder cualquier cambio de última hora, guardamos el modelo pulsando sobre el botón *Save*.

Con esto ya tenemos creado nuestro frontend, es decir, la parte que va a interactuar con el usuario, la que procesará las órdenes que le demos y la enviará al backend para que interactúe con el dispositivo que toque.

El Backend

Una vez creado el frontend, este enviará peticiones a nuestro backend, que deberá de procesarlas. Como ya hemos comentado, el backend será nuestra nube particular, para lo que rescataremos esa Raspberry pi 2 supervieja que nos compramos cuando soñábamos con dominar el mundo y que se quedó finalmente en un cajón (como nuestros sueños). Si tienes una de la versión 1 que sepas que no te va a servir, pues se requiere un hardware con al menos armv7, mientras que la 1 tiene la v6.

Para que el frontend sea capaz de enviar peticiones al backend, es necesario enlazarlos. El enlace se realizará haciendo que el backend actúe como servidor (cosa que se da por hecho porque será "nuestra nube" y "nuestra nube" por definición ha de ofrecer servicios a través de la red) y dando las directrices adecuadas al frontend para que lance las peticiones a dicho servidor.

Según el funcionamiento de Alexa, el backend ha de consistir en un servidor HTTPS que procese las peticiones recibidas. Para ello hemos de poner a punto nuestra Raspberry e instalarle el servidor APACHE.

Para ello comenzaríamos descargándonos una imagen del Sistema Operativo de Raspberry directamente desde su página. Sin embargo, para este cometido Raspberry ofrece un software que te facilita todo el proceso, que puedes descargar desde https://www.raspberrypi.com/software/ llamado *Raspberry Pi Imager*.

Lo descargamos para el Sistema Operativo que tengamos, lo instalamos y ejecutamos. Seleccionamos el hardware donde instalarlo (en mi caso una Raspberry Pi 2), la versión de sistema operativo a instalar (dado que vamos a acceder por red y en modo consola a la Raspberry, lo que más sentido tiene es instalar una versión sin entorno gráfico, por lo que seleccionamos "Raspberry Pi OS (other)" y dentro de las opciones, "Raspberry Pi OS Lite (32-bit)"), y finalmente el dispositivo donde instalarlo (la tarjeta micro SD).

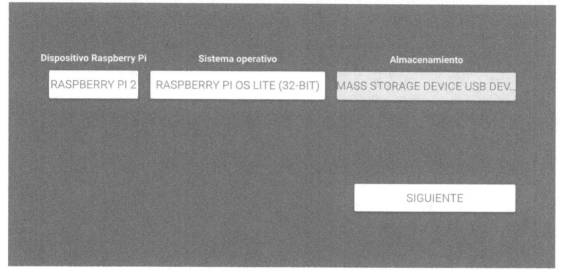

Pulsamos *SIGUIENTE* y nos pregunta sobre los ajustes. Pulsamos *EDITAR AJUSTES* para la configuración básica. En la pestaña *GENERAL*, tendremos que indicar el nombre de usuario y la contraseña, si vas a conectarte mediante algún adaptador WiFi tendrás también que poner el nombre de la red WiFi y el password (en mi caso me conectaré por cable) y por último en los ajustes regionales asegúrate de tener la zona horaria y distribución de teclado que te corresponde.

Pasamos a la pestaña *SERVICIOS* y activamos el acceso por SSL, ya que es lo que nos permitirá configurar y cargar programas conectándonos remotamente a la Raspberry.

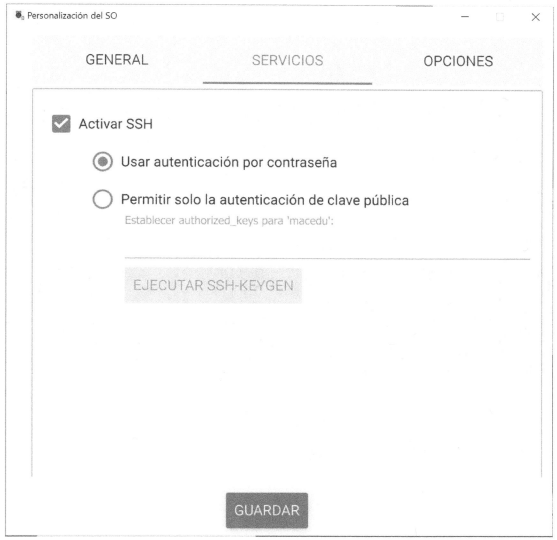

La última pestaña (*OPCIONES*) puedes dejarla conforme está. Pulsa *GUARDAR*, con lo que volverás a la pantalla anterior, y ahí pulsa sobre el botón *SÍ*.

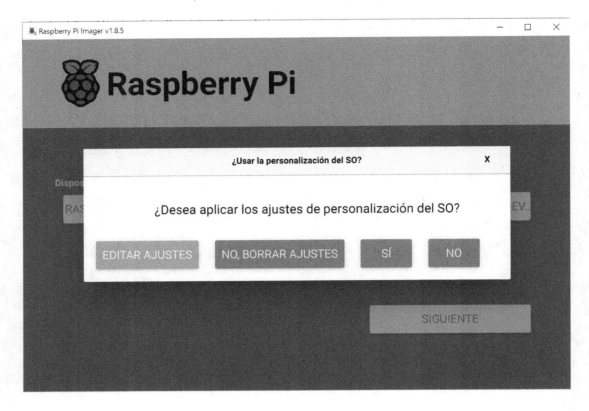

Nos avisará de que se va a borrar todo dato existente en la tarjeta SD, a lo que respondemos nuevamente pulsando sobre *SÍ* (claro está, salvo que no te hayas dado cuenta de que en la SD tienes aún las fotos sin descargar del bautizo de tu sobrino y debas parar y descargar esas fotos antes). Con ello da comienzo la descarga de la imagen en la SD.

Una vez finalizado el proceso podemos retirar nuestra SD e introducirla en la Raspberry. Ahora no te equivoques, por mucha red que le hayas configurado, para el primer arranque y configuración siempre es recomendable, por no decir imprescindible, conectarle un teclado y un monitor (que luego ya una vez funcione todo por red podrás desconectar). Conectamos teclado y monitor, la conectamos a la red (en mi caso, que es por cable), introducimos la SD que hemos grabado y conectamos la Raspberry a la corriente para que se inicie.

Tras salir una serie de pantallas en la Raspberry, reiniciarse un par de veces y volver a salir un montón de mensajes, nos solicita el login, para lo que ingresamos con el usuario que hemos indicado durante la descarga del SO.

Antes de nada has de tener en cuenta tres cosas para que la Raspberry, "tu nube", pueda ser accesible desde Alexa, pues aunque tengas el altavocito al lado del router realmente lo que le pidas a Alexa sale a Internet y después vuelve por tu router, con lo que realmente la comunicación no es local desde dispositivos de tu casa, sino que requiere que todo esté accesible desde Internet (este es el motivo por el que si tienes un enchufe inteligente con una lámpara conectado y no te funciona Internet, aunque el enchufe esté al lado del Echo de Alexa, te dará un error):

- Tu Raspberry ha de disponer de una IP estática para ser alcanzable.
- Los puertos que utilicen las aplicaciones han de estar accesibles desde el exterior.
- Tu router ha de ser accesible desde el exterior.

Para la primera de ellas, poner un IP estática en la Raspberry tienes dos opciones. La primera y posiblemente más sencilla es acceder a la configuración de DHCP de tu router y establecer una IP fija para la MAC de tu Raspberry. Si hay cualquier problema que te impida hacer esto, una forma muy rápida es configurar una IP estática en la Raspberry (en este caso el ejemplo lo haremos con el puerto de red RJ45, no con el interfaz inalámbrico).
Para ello, en el SO instalado, tenemos la aplicación **nmtui**:

$ sudo nmtui

Una vez dentro, selecciona *Edit a connection*:

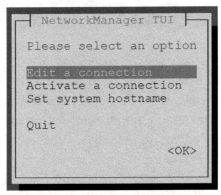

Selecciona *Wired connection* (ya que en nuestro caso utilizaremos la conexión cableada):

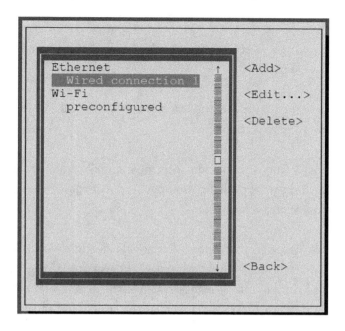

Selecciona *IPv4 CONFIGURATION* Manual:

```
= IPv4 CONFIGURATION <Manual>                                        <Show>
= IPv6 CONFIGURATION <Automatic>                                     <Show>
```

Después selecciona <*Show*>, que lo tienes a la derecha, y te mostrará la información a rellenar. En nuestro caso lo rellenaremos como sigue, aunque cambiando 192.168.1.66 por la IP que quieras que tenga la Raspberry, 24 por la máscara (24 corresponde a 255.255.255.0, que seguramente sea la que tengas) y 192.168.1.1 por la IP dentro de la red local de tu router:

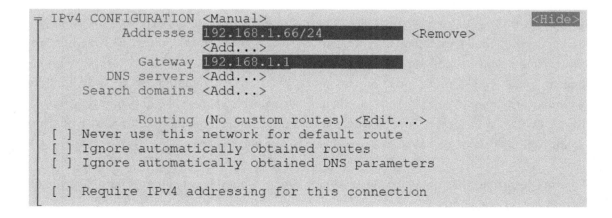

Por último seleccionamos abajo del todo <OK>, con lo que volveremos a la pantalla de selección de interfaces, donde seleccionaremos <Back>, y volveremos al menú principal donde seleccionaremos Quit.

Reiniciamos la Raspberry mediante el comando **sudo reboot** y listo, ya tenemos nuestra Raspberry con IP estática 192.168.1.66.

Además, una vez tengas ya un IP conocida será muy sencillo que, en lugar de acceder a la Raspberry desde un teclado y monitor físico conectado lo hagas a través de una sesión SSH mediante Putty o cualquier otro cliente SSH.

Ya tenemos acceso a la Raspberry con una IP conocida desde dentro de nuestra LAN, pero para que Alexa pueda acceder a "nuestra nube" necesitamos que sea accesible desde Internet, lo que implica poner una IP estática a nuestro interfaz de red pública (la IP que tendrá nuestro router en Internet), lo cuál es caro, o contratar algún servicio de DNS dinámico, como NO-IP. Accederemos a la web y configuraremos un nombre para nuestra IP pública, que a partir de ahora será para el resto del libro **proyectosarduinoadv.hopto.org**
Por último hemos de abrir los puertos que vayamos a utilizar, que es dentro de la configuración del router, y en el propio manual de tu router verás la forma correcta de hacerlo. Para empezar, dado que utilizaremos el protocolo HTTPS para comunicar Alexa con la Raspberry, hemos de abrir el 443, con lo que has de indicar la equivalencia:

443 ⇔ 192.168.1.66:443

Cambiando 192.168.1.66 por la IP estática que hayas configurado en tu Raspberry.

Con estas configuraciones permitimos que desde internet sea accesible nuestra Raspberry en su puerto 443. ¿Cuál es la ruta? Fácil, desde internet solicitarán acceso a la dirección proyectosarduinoadv.hopto.org a su puerto 443, que accederá al puerto 443 de nuestro router, que según su tabla de puertos tendrá que encaminarlo a la IP de la Raspberry en su puerto 443, y así es como se llegará. Ten en cuenta que el nombre proyectosarduinoadv.hopto.org es fijo, con lo que siempre es accesible y que, una vez llegas al router, la IP de la Raspberry la hemos dejado estática, con lo que el redireccionado de puertos apunta a una IP conocida (la de Raspberry) ya que nunca cambiará.

Para un desarrollo más detallado de todo este proceso puedes consultar el libro "Proyectos avanzados con Raspberry Pi".

Una vez nuestra nube ya es accesible desde Internet, continuamos con nuestra configuración de la Raspberry.

Seguidamente instalamos las aplicaciones que vamos a necesitar:

- Servidor web APACHE
- NodeJS

La explicación detallada para instalar todas estas aplicaciones en la Raspberry puedes consultarla en mi libro "Proyectos avanzados con Raspberry Pi". Aquí realizaré un breve resumen para poner a punto el sistema, ya que en este caso la Raspberry no ocupa un papel central como en el otro libro sino más bien el de un sistema auxiliar para completar nuestro esquema de desarrollo.

Instalamos en primer lugar Apache:

$ sudo apt-get update
$ sudo apt-get install apache2

¡Enhorabuena! Ya tienes instalado Apache2. Ahora toca el resto. Prosigamos con el intérprete NodeJS.

Para la interacción con Alexa, el lenguaje que parece que ha creado mayor relevancia es NodeJS. ¿Qué es NodeJS? Resumiéndolo mucho, es como Javascript, pero en lugar de ejecutarse en el sistema del cliente, se ejecuta en el del servidor.
Para instalar el intérprete de NodeJS hemos de hacer lo siguiente:

$ curl -sL https://deb.nodesource.com/setup_current.x | sudo -E bash -
$ sudo apt-get install -y nodejs

Ya tenemos NodeJS instalado, pero para facilitarnos el procesamiento necesitamos las librerías que "entiendan" el formato de Alexa. Y cómo no, para eso tenemos el Alexa Skill Kit (ASK), que nos permitirá manejar de forma sencilla peticiones y respuestas. Lo instalamos con la siguiente instrucción:

$ npm install --save ask-sdk

Y para complementar, las librerías que facilitan el parseado de peticiones:

$ npm install --save express
$ npm install --save ask-sdk-express-adapter

Con esto ya tendríamos instalado NodeJS con el ASK que permitirá procesar esas peticiones y generar respuestas. Ten en cuenta que estos comandos te habrán generado una carpeta llamada **node_modules**, que posteriormente tendrás que mover a la carpeta donde tengas los scripts que estén ejecutando (o modificar los paths de búsqueda de librerías). Esto se realiza mediante la siguiente instrucción (no lo hagas aún pues no tienes la carpeta destino creada, y ten en cuenta que en lugar de **macedu** habrá que poner el usuario que tú tengas, es decir, si como nombre de usuario has elegido **pistacho**, en la siguiente instrucción tendrás que poner **pistacho** donde pone **macedu**):

$ mv /home/macedu/node_modules /var/www/nodejs

Ahora configuramos APACHE para que atienda peticiones HTTPS.

$ sudo a2enmod ssl
$ sudo systemctl restart apache2

Ten en cuenta que HTTPS utiliza el puerto 443, por lo que necesitarás configurar tu router para que permita el paso de peticiones al puerto 443 a tu red local, tal y como hemos realizado antes como una de las partes en las que hacíamos accesible la Raspberry, por lo que si no lo has hecho antes, ahora es buen momento para hacerlo.

Por otra parte hay que considerar que HTTPS encripta la información, para lo que has de generar clave y certificado:

$ sudo mkdir /etc/apache2/ssl
$ cd /etc/apache2/ssl
$ sudo openssl genrsa -out private.key 2048

Crea un fichero de configuración (configuration.cnf):

$ sudo nano configuration.cnf

Con el siguiente contenido:

```
[req]
distinguished_name = req_distinguished_name
x509_extensions = v3_req
prompt = no

[req_distinguished_name]
C = US
ST = Provide your two letter state abbreviation
L = Provide the name of the city in which you are located
O = Provide a name for your organization
CN = Provide a name for the skill

[v3_req]
keyUsage = keyEncipherment, dataEncipherment
extendedKeyUsage = serverAuth
subjectAltName = @subject_alternate_names

[subject_alternate_names]
DNS.1 = Provide your fully qualified domain name
```

Donde reemplaza los siguientes datos por los tuyos propios:

ST: Las dos letras de tu estado o país (ES para España).
L: El nombre de tu ciudad
O: El nombre de tu organización
CN: El nombre de tu skill
DNS.1: El nombre de dominio de tu endpoint. ¿Recuerdas cuando te decía que debías de tener una IP fija para tu router o utilizar algún servicio DDNS (DNS dinámico)? Pues aquí es donde has de ponerlo.

Quedando así:

```
[req]
distinguished_name = req_distinguished_name
x509_extensions = v3_req
prompt = no

[req_distinguished_name]
C = US
ST = ES
L = Madrid
O = ERH
CN = ProyectoALEXA
```

```
[v3_req]
keyUsage = digitalSignature, keyEncipherment
extendedKeyUsage = serverAuth
subjectAltName = @subject_alternate_names

[subject_alternate_names]
DNS.1 = proyectosraspiadv.hopto.org
```

Para guardar en **nano** hay que pulsar CTRL+o, y para salir CTRL+x.

Y finalmente genera el certificado:

$ sudo openssl req -new -x509 -days 365 -key private.key -config configuration.cnf -out certificate.crt

Has creado dos ficheros, private.key y certificate.crt. El primero es tu clave privada, que no has de dar a nadie, y el segundo es el certificado, que es lo que distribuirás a todo aquél que quiera conectarse contigo de forma encriptada.

Ahora habilitamos el acceso a nuestro sitio mediante HTTPS:

$ cd /etc/apache2/sites-available
$ sudo ln -s ../sites-available/default-ssl.conf /etc/apache2/sites-enabled/000-default-ssl.conf

A continuación hay que configurar el sitio HTTPS, por lo que editamos el fichero default-ssl.com.

$ sudo nano default-ssl.conf

Su contenido será algo de este estilo:

```
<VirtualHost *:443>
    ServerAdmin webmaster@localhost

    DocumentRoot /var/www/html

    # Available loglevels: trace8, ..., trace1, debug, info, notice, warn,
    # error, crit, alert, emerg.
    # It is also possible to configure the loglevel for particular
    # modules, e.g.
```

```
#LogLevel info ssl:warn

ErrorLog ${APACHE_LOG_DIR}/error.log
CustomLog ${APACHE_LOG_DIR}/access.log combined

# For most configuration files from conf-available/, which are
# enabled or disabled at a global level, it is possible to
# include a line for only one particular virtual host. For example the
# following line enables the CGI configuration for this host only
# after it has been globally disabled with "a2disconf".
#Include conf-available/serve-cgi-bin.conf

#   SSL Engine Switch:
#   Enable/Disable SSL for this virtual host.
SSLEngine on

#   A self-signed (snakeoil) certificate can be created by installing
#   the ssl-cert package. See
#   /usr/share/doc/apache2/README.Debian.gz for more info.
#   If both key and certificate are stored in the same file, only the
#   SSLCertificateFile directive is needed.
SSLCertificateFile      /etc/ssl/certs/ssl-cert-snakeoil.pem
SSLCertificateKeyFile   /etc/ssl/private/ssl-cert-snakeoil.key

#   Server Certificate Chain:
#   Point SSLCertificateChainFile at a file containing the
#   concatenation of PEM encoded CA certificates which form the
#   certificate chain for the server certificate. Alternatively
#   the referenced file can be the same as SSLCertificateFile
#   when the CA certificates are directly appended to the server
#   certificate for convinience.
#SSLCertificateChainFile /etc/apache2/ssl.crt/server-ca.crt

#   Certificate Authority (CA):
#   Set the CA certificate verification path where to find CA
#   certificates for client authentication or alternatively one
#   huge file containing all of them (file must be PEM encoded)
#   Note: Inside SSLCACertificatePath you need hash symlinks
#        to point to the certificate files. Use the provided
#        Makefile to update the hash symlinks after changes.
#SSLCACertificatePath /etc/ssl/certs/
#SSLCACertificateFile /etc/apache2/ssl.crt/ca-bundle.crt

#   Certificate Revocation Lists (CRL):
#   Set the CA revocation path where to find CA CRLs for client
#   authentication or alternatively one huge file containing all
#   of them (file must be PEM encoded)
#   Note: Inside SSLCARevocationPath you need hash symlinks
```

```
#       to point to the certificate files. Use the provided
#       Makefile to update the hash symlinks after changes.
#SSLCARevocationPath /etc/apache2/ssl.crl/
#SSLCARevocationFile /etc/apache2/ssl.crl/ca-bundle.crl


#   Client Authentication (Type):
#   Client certificate verification type and depth.  Types are
#   none, optional, require and optional_no_ca.  Depth is a
#   number which specifies how deeply to verify the certificate
#   issuer chain before deciding the certificate is not valid.
#SSLVerifyClient require
#SSLVerifyDepth  10


#   SSL Engine Options:
#   Set various options for the SSL engine.
#   o FakeBasicAuth:
#     Translate the client X.509 into a Basic Authorisation.  This means that
#     the standard Auth/DBMAuth methods can be used for access control.  The
#     user name is the `one line' version of the client's X.509 certificate.
#     Note that no password is obtained from the user. Every entry in the user
#     file needs this password: `xxj31ZMTZzkVA'.
#   o ExportCertData:
#     This exports two additional environment variables: SSL_CLIENT_CERT and
#     SSL_SERVER_CERT. These contain the PEM-encoded certificates of the
#     server (always existing) and the client (only existing when client
#     authentication is used). This can be used to import the certificates
#     into CGI scripts.
#   o StdEnvVars:
#     This exports the standard SSL/TLS related `SSL_*' environment variables.
#     Per default this exportation is switched off for performance reasons,
#     because the extraction step is an expensive operation and is usually
#     useless for serving static content. So one usually enables the
#     exportation for CGI and SSI requests only.
#   o OptRenegotiate:
#     This enables optimized SSL connection renegotiation handling when SSL
#     directives are used in per-directory context.
#SSLOptions +FakeBasicAuth +ExportCertData +StrictRequire
<FilesMatch "\.(?:cgi|shtml|phtml|php)$">
    SSLOptions +StdEnvVars
</FilesMatch>
<Directory /usr/lib/cgi-bin>
    SSLOptions +StdEnvVars
</Directory>


#   SSL Protocol Adjustments:
#   The safe and default but still SSL/TLS standard compliant shutdown
#   approach is that mod_ssl sends the close notify alert but doesn't wait for
#   the close notify alert from client. When you need a different shutdown
```

```
#   approach you can use one of the following variables:
#   o ssl-unclean-shutdown:
#   This forces an unclean shutdown when the connection is closed, i.e. no
#   SSL close notify alert is send or allowed to received.  This violates
#   the SSL/TLS standard but is needed for some brain-dead browsers. Use
#   this when you receive I/O errors because of the standard approach where
#   mod_ssl sends the close notify alert.
#   o ssl-accurate-shutdown:
#   This forces an accurate shutdown when the connection is closed, i.e. a
#   SSL close notify alert is send and mod_ssl waits for the close notify
#   alert of the client. This is 100% SSL/TLS standard compliant, but in
#   practice often causes hanging connections with brain-dead browsers. Use
#   this only for browsers where you know that their SSL implementation
#   works correctly.
#   Notice: Most problems of broken clients are also related to the HTTP
#   keep-alive facility, so you usually additionally want to disable
#   keep-alive for those clients, too. Use variable "nokeepalive" for this.
#   Similarly, one has to force some clients to use HTTP/1.0 to workaround
#   their broken HTTP/1.1 implementation. Use variables "downgrade-1.0" and
#   "force-response-1.0" for this.
# BrowserMatch "MSIE [2-6]" \
#       nokeepalive ssl-unclean-shutdown \
#       downgrade-1.0 force-response-1.0

</VirtualHost>
```

Reemplazamos "SSLCertificateFile" y "SSLCertificateKeyFile" con las rutas a tus ficheros correspondientes de certificado y de clave privada:

SSLCertificateFile /etc/apache2/ssl/certificate.crt

SSLCertificateKeyFile /etc/apache2/ssl/private.key

Por último has de habilitar el sitio SSL que acabas de configurar y reinicia APACHE para que los cambios tengan efecto:

$ sudo a2ensite default-ssl.conf
$ sudo systemctl restart apache2

Si ahora accedes a tu raspberry mediante https://proyectosarduinoadv.hopto.org (realmente el nombre de DDNS que hayas asignado a tu router en NO-IP o cualquier otro servicio de DNS dinámica), deberías de ver la página de prueba de APACHE.

Apache2 Debian Default Page

It works!

This is the default welcome page used to test the correct operation of the Apache2 server after installation on Debian systems. If you can read this page, it means that the Apache HTTP server installed at this site is working properly. You should **replace this file** (located at /var/www/html/index.html) before continuing to operate your HTTP server.

If you are a normal user of this web site and don't know what this page is about, this probably means that the site is currently unavailable due to maintenance. If the problem persists, please contact the site's administrator.

Ahora hemos de enlazar NodeJS (el lenguaje que procesará las peticiones y respuestas de Alexa) con Apache.

Para esto, lo que se hace es crear un servidor con NodeJS, que atienda peticiones en un determinado puerto (en este caso ya no es necesario abrir puertos en el router, pues la comunicación es entre APACHE y NodeJS, ambos en tu red de área local), y le diremos a APACHE que las peticiones HTTPS las reenvíe a ese puerto. Esto se realiza mediante la función de proxy. Para que nos entendamos, un proxy es como un intermediario, un programa que está en medio de una comunicación haciendo determinadas cosas. En este caso, el proxy lo que hará será incluir nuestro programa en NodeJS en la comunicación que de normal tendrían Alexa y APACHE (el servidor web), de modo que procese peticiones y respuestas.

En primer lugar, hemos de habilitar el proxy en APACHE :

$ sudo a2enmod proxy
$ sudo a2enmod proxy_http

Y reiniciamos APACHE para que los cambios surtan efecto:

$ sudo systemctl restart apache2

Ahora hay que configurar el proxy que hemos habilitado para que redireccione las peticiones donde le indiquemos. Para ello, editamos nuevamente el fichero de configuración /etc/apache2/sites-available/default-ssl.conf:

$ sudo nano /etc/apache2/sites-available/default-ssl.conf

Veremos un gran bloque delimitado por *<VirtualHost _default_:443>* y *</VirtualHost>*, que indica el comportamiento del servidor para las peticiones al puerto 443, esto es, por SSL, al que añadiremos, al final del bloque pero dentro del mismo (es decir, justo antes de </VirtualHost>), lo siguiente:

```
#todo lo que vaya para la direccion acabada en alexa que me lo reenvie al puerto 8090 que es donde esta
escuchando nodejs
        ProxyRequests Off
        ProxyPreserveHost On
        ProxyVia Full
        <Proxy *>
          Require all granted
        </Proxy>
        <Location /alexa>
          ProxyPass http://127.0.0.1:8090
          ProxyPassReverse http://127.0.0.1:8090
        </Location>
```

¿Qué es lo que le decimos con esto a APACHE? Pues que toda petición HTTP que recibamos cuya URL acabe en "/alexa" la redirecciones al puerto 8090, que será donde estará escuchando nuestro programa escrito en NodeJS.

Guardado el fichero de configuración, reiniciamos de nuevo APACHE:

$ sudo systemctl restart apache2

Ahora que ya recibimos peticiones y que, aquellas que acaban en *alexa*, son redirigidas a nuestro servidor NodeJS que escucha en el puerto 8090, llega la hora de crear ese servidor. Para ello habilitaremos una carpeta para scripts NodeJS en /var/www.

$ sudo mkdir /var/www/nodejs

Y le daremos los permisos adecuados para que nuestro usuario **macedu** (este es el usuario que yo he creado, tú tendrás que poner el usuario con el que inicias sesión que será el que pusiste durante la descarga de la imagen del SO) pueda crear y modificar en esa carpeta scripts sin necesidad de utilizar el comando **sudo**.

$ sudo chgrp macedu /var/www/nodejs
$ sudo chmod 775 /var/www/nodejs

Seguidamente creamos el script que vamos a utilizar de prueba:

$ nano /var/www/nodejs/backend.js

Con el siguiente contenido:

```
#!/usr/bin/env nodejs
var http = require('http');
http.createServer(function (request, response) {
  response.writeHead(200, {'Content-Type': 'text/plain'});
  response.end('NodeJS funciona correctamente.\n');
}).listen(8090);
console.log('Backend escuchando en http://127.0.0.1:8090/');
```

Guardamos el fichero y salimos.

En caso de que queramos simplemente echar a andar el script para ver que abre correctamente el puerto, bastará con teclear:

$ cd /var/www/nodejs
$ sudo nodejs backend.js

(pulsa CTRL+c para cancelarlo)

Ejecutando **netstat -anp** desde otra terminal conectada a la Raspberry veremos que realmente ha abierto el puerto 8090 (dado que desde otra terminal no te aparecerá el nombre del proceso, has de ejecutarlo precedido por **sudo**).

$ sudo netstat -anp

```
Active Internet connections (servers and established)
Proto Recv-Q Send-Q Local Address        Foreign Address       State       PID/Program name
tcp       0      0 0.0.0.0:22            0.0.0.0:*             LISTEN      645/sshd: /usr/sbin
tcp       0      0 192.168.1.3:22        192.168.1.56:50908    ESTABLISHED 1058/sshd: macedu [
tcp       0      0 192.168.1.3:22        192.168.1.56:50764    ESTABLISHED 790/sshd: macedu [p
tcp6      0      0 :::80                 :::*                  LISTEN      945/apache2
tcp6      0      0 :::22                 :::*                  LISTEN      645/sshd: /usr/sbin
tcp6      0      0 :::8090               :::*                  LISTEN      1051/nodejs
tcp6      0      0 :::443                :::*                  LISTEN      945/apache2
udp       0      0 0.0.0.0:5353          0.0.0.0:*                         383/avahi-daemon: r
udp       0      0 0.0.0.0:57254         0.0.0.0:*                         383/avahi-daemon: r
udp6      0      0 :::5353               :::*                               383/avahi-daemon: r
udp6      0      0 :::36208              :::*                               383/avahi-daemon: r
```

En este punto ya tenemos un backend básico configurado, que realmente no interacciona de ningún modo con Alexa porque no le hemos dotado de inteligencia ninguna, pero ya es capaz de recibir peticiones. Llega el momento de enlazarlo con el frontend creado en el paso anterior.

Enlazando frontend y backend

Una vez configurado el backend para recibir peticiones HTTPS, podemos configurar el frontend para acceder a él. La forma en la que el frontend sabrá llegar al backend para enviarle peticiones es mediante la configuración del endpoint. Dicho de otro modo, nuestro backend será el endpoint del frontend. No hemos podido configurar el frontend previamente ya que para ello era necesario disponer del certificado, generado durante la configuración del sitio SSL.

Para completar el enlace entre el frontend y el backend vuelve a la consola de desarrollo, entra a tu skill y pulsa sobre el menú de la izquierda en Endpoint.

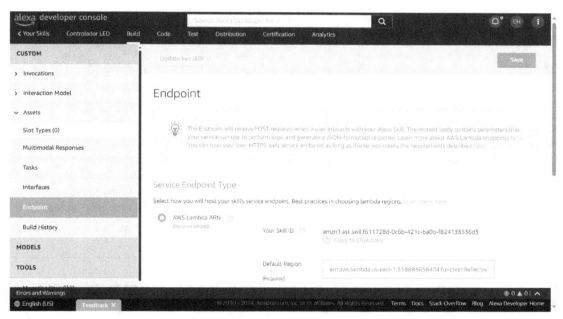

Seleccionamos "HTTPS".

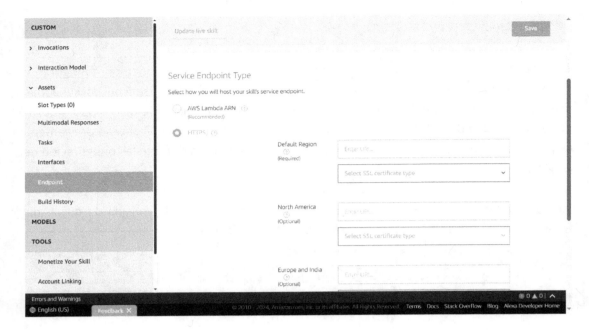

En "Default region" indicamos la URL de nuestro servidor, es decir, la URL con la que accedes a la Raspberry desde fuera de tu red local. Para eso has de tener en cuenta dos cosas:

1. La URL con la que tu router es accesible desde fuera, que antes hemos configurado mediante un servicio de DDNS con **proyectosarduinoadv.hopto.org**.
2. Las condiciones concretas de la URL que hemos indicado en nuestra configuración del proxy, que son que la comunicación es por HTTPS y que la URL acabará en **/alexa** para que sea atendida por la aplicación NodeJS.

Con todo lo anterior tenemos que el endpoint que hemos de indicar es **https://proyectosarduinoadv.hopto.org/alexa**

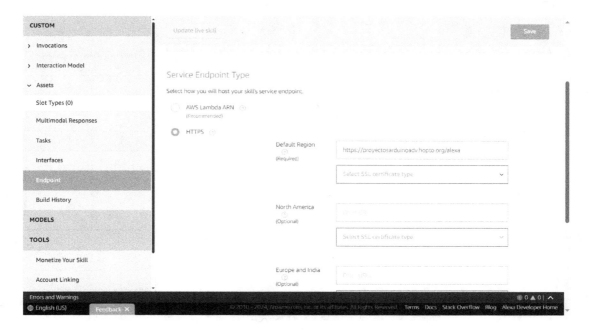

Dado que la conexión será mediante HTTPS y por tanto cifrada, hemos de copiar al frontend el certificado que generamos en el backend (la Raspberry) para que puedan entenderse. Utiliza una memoria USB o cualquier otro método para obtener el fichero **certificate.crt** que has generado en la Raspberry y subirlo al frontend.

Para subir el certificado seleccionamos la opción "*I will upload a self-signed certificate in X 509 format*", indicando que vamos a subir un certificado generado por nosotros mismos. Hacemos click sobre *Save Endpoints* y seguidamente sobre "Click here to upload your certificate" y copiamos el certificado que creamos anteriormente, **certificate.crt**.

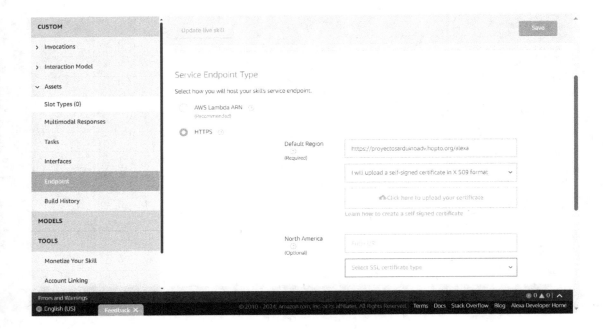

Tras la carga del fichero, nos mostrará un mensaje confirmando que la carga ha sido realizada correctamente.

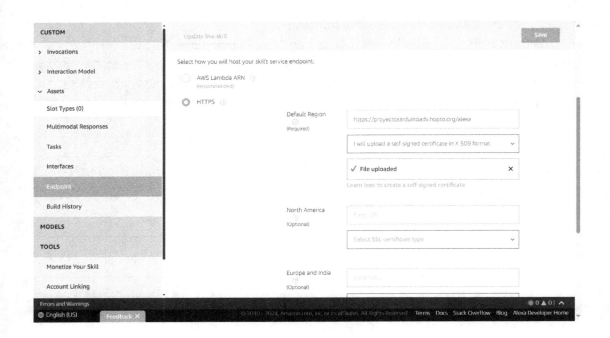

Seguidamente guardamos los cambios pulsando sobre el botón *Save*.

Por último habilitaremos la skill para que esté disponible en nuestros dispositivos echo en modo *testing*, de forma que esté disponible para nosotros, no para el mundo entero.

Para ello, en el menú superior, accedemos al apartado *Test*, y en la página que nos aparece, en *"Skill testing is enabled in:"* cambiamos de *Off* a *Development*.

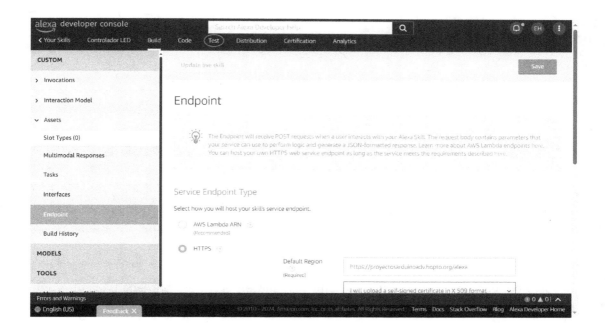

Con lo que obtenemos una pantalla como la que se muestra a continuación, que nos permitirá testear nuestra skill.

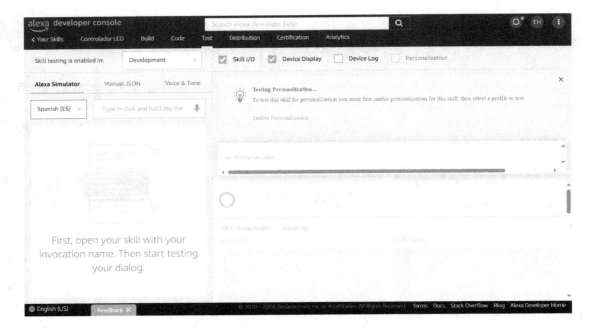

Una vez nuestro frontend (la skill desarrollada en Alexa Developer Console) sabe llegar al backend (el código en NodeJS que hemos programado en nuestra nube, que es la Raspberry), podemos proceder a modificar el código de NodeJS para que interaccione correctamente con Alexa.

El código del backend recuerda que lo hemos creado en el fichero backend.js, dentro de la carpeta /var/www/nodejs en la Raspberry.

Por tanto, para poder ejecutar el backend y que nuestra nube quede a la espera de recibir peticiones de Alexa, basta con movernos a la carpeta del código y ejecutar el programa:

$ cd /var/www/nodejs
$ nodejs backend.js

Para finalizar el programa, pulsa *CTRL+c*.

Dicho esto editamos nuevamente el fichero **backend.js**:

$ nano /var/www/nodejs/backend.js

Y comenzamos sustituyendo el código por una recepción básica de petición de una skill:

```
const Alexa = require('ask-sdk-core');
const express = require('express');
const { ExpressAdapter } = require('ask-sdk-express-adapter');

const app = express();
const skillBuilder = Alexa.SkillBuilders.custom();
const skill = skillBuilder.create();
const adapter = new ExpressAdapter(skill, true, true);

app.post('/', adapter.getRequestHandlers());
app.listen(8090);
```

Este esqueleto se limita a recibir peticiones y pasarlos a la constante *skill*. Observa en el código como también se indica explícitamente el puerto donde va a estar escuchando la aplicación, esto es, el 8090.

Si ahora ejecutas el código te dará un error, ya que falta disponer de los módulos que descargamos en pasos anteriores. Para tenerlos disponibles hay que moverlos desde la carpeta donde se descargaron a la carpeta del script:

$ mv /home/macedu/node_modules /var/www/nodejs

Sustituyendo **macedu** por el nombre de tu usuario.
Ahora ya sí puedes ejecutar **$nodejs backend.js** sin que te de ningún fallo.

Una vez tenemos una ejecución básica del servidor backend, es el momento de procesar las peticiones. Cuando nos lleguen peticiones de los distintos intents desde los servidores de Amazon (frontend), deberemos de procesarlas con el manejador adecuado, es decir, con los handlers.
El código de un manejador podemos obtenerlo del ejemplo de documentación del ASK. A continuación tan solo es cuestión de personalizarlo para nuestra aplicación. El código final (sin personalizar aún los manejadores) es el siguiente:

```
const Alexa = require('ask-sdk-core');

const express = require('express');
const { ExpressAdapter } = require('ask-sdk-express-adapter');

const LaunchRequestHandler = {
  canHandle(handlerInput) {
```

```
      return handlerInput.requestEnvelope.request.type === 'LaunchRequest';
    },
    handle(handlerInput) {
      const speechText = 'Nube escuchando';

      return handlerInput.responseBuilder
        .speak(speechText)
        .reprompt(speechText)
        .withSimpleCard('Nube escuchando', speechText)
        .getResponse();
    }
};

const HelloWorldIntentHandler = {
  canHandle(handlerInput) {
    return handlerInput.requestEnvelope.request.type === 'IntentRequest'
      && handlerInput.requestEnvelope.request.intent.name === 'HelloWorldIntent';
  },
  handle(handlerInput) {
    const speechText = 'Hello World!';

    return handlerInput.responseBuilder
      .speak(speechText)
      .withSimpleCard('Hello World', speechText)
      .getResponse();
  }
};

const HelpIntentHandler = {
  canHandle(handlerInput) {
    return handlerInput.requestEnvelope.request.type === 'IntentRequest'
      && handlerInput.requestEnvelope.request.intent.name === 'AMAZON.HelpIntent';
  },
  handle(handlerInput) {
    const speechText = 'You can say hello to me!';

    return handlerInput.responseBuilder
      .speak(speechText)
      .reprompt(speechText)
      .withSimpleCard('Hola mundo', speechText)
      .getResponse();
  }
};

const CancelAndStopIntentHandler = {
  canHandle(handlerInput) {
    return handlerInput.requestEnvelope.request.type === 'IntentRequest'
      && (handlerInput.requestEnvelope.request.intent.name === 'AMAZON.CancelIntent'
```

```javascript
        || handlerInput.requestEnvelope.request.intent.name === 'AMAZON.StopIntent');
  },
  handle(handlerInput) {
    const speechText = '¡Adiós!';

    return handlerInput.responseBuilder
      .speak(speechText)
      .withSimpleCard('¡Adiós!', speechText)
      .withShouldEndSession(true)
      .getResponse();
  }
};

const SessionEndedRequestHandler = {
  canHandle(handlerInput) {
    return handlerInput.requestEnvelope.request.type === 'SessionEndedRequest';
  },
  handle(handlerInput) {
    //any cleanup logic goes here
    return handlerInput.responseBuilder.getResponse();
  }
};

const ErrorHandler = {
  canHandle() {
    return true;
  },
  handle(handlerInput, error) {
    console.log(`Error handled: ${error.message}`);

    return handlerInput.responseBuilder
      .speak('Sorry, I can\'t understand the command. Please say again.')
      .reprompt('Sorry, I can\'t understand the command. Please say again.')
      .getResponse();
  },
};


const app = express();
const skillBuilder = Alexa.SkillBuilders.custom();
const skill = skillBuilder
            .addRequestHandlers(
        LaunchRequestHandler,
        HelloWorldIntentHandler,
        HelpIntentHandler,
        CancelAndStopIntentHandler,
        SessionEndedRequestHandler,
        )
```

```
            .addErrorHandlers(ErrorHandler)
            .create();
const adapter = new ExpressAdapter(skill, true, true);

app.post('/', adapter.getRequestHandlers());
app.listen(8090);

console.log("Escuchando en puerto 8090");
```

Querría avanzar más rápido y saltarme determinadas explicaciones, pero es importante que entendamos bien este código antes de continuar porque de lo contrario perderemos la perspectiva del funcionamiento:

```
const Alexa = require('ask-sdk-core');

const express = require('express');
const { ExpressAdapter } = require('ask-sdk-express-adapter');
```

Este primer bloque se encarga de cargar las librerías que vamos a utilizar, lo que haremos mediante las constantes Alexa y express.

```
const LaunchRequestHandler = {
  canHandle(handlerInput) {
    return handlerInput.requestEnvelope.request.type === 'LaunchRequest';
  },
  handle(handlerInput) {
    const speechText = 'Nube escuchando';

    return handlerInput.responseBuilder
      .speak(speechText)
      .reprompt(speechText)
      .withSimpleCard('Nube escuchando', speechText)
      .getResponse();
  }
};
```

LaunchRequestHandler es el primer manejador (fíjate que todos los manejadores acaban en *Handler*, por lo que es sencillo identificarlos) que encontramos, siendo la función a la que se llamará cuando se inicie nuestra skill. En este caso nuestra respuesta es tanto que Alexa pronuncie una respuesta como escribirla en pantalla (en caso de que el dispositivo se trate de un echo con pantalla), la frase "Nube escuchando" y esperar a que el usuario diga algo más. En este punto hemos de hacer un inciso sobre que estos manejadores responden a una casuística correspondiente a lanzar la skill, como cuando pides que abra la aplicación que te predice el futuro o la que te cuenta chistes. Más adelante veremos cómo interactuar también con la parte de los dispositivos, no para interactuar con la skill como tal sino para que haga de puente entre Alexa y nuestros dispositivos (es decir, el Arduino).

Nos hemos quedado escuchando, y ahora el usuario puede decir una nueva petición que será atendida por la skill. Las frases que se reciban lanzarán los *intents* en el frontend que serán atendidos por los *handlers* en el backend. En este caso, si lo que dice responde a lo que tenemos contemplado como un saludo, responderemos. El Intent que se inicia al recibir una frase de saludo es **HelloWorldIntent**, y como no podía ser de otra manera, el manejador que se ocupa de ese Intent será **HelloWorldIntentHandler**. Esta función responderá "¡Hola Mundo!", tanto pronunciado como escrito, y finalizará. Nótese que en la función anterior comentábamos que se quedaba esperando a que el usuario dijere algo, mientras que en este caso, que también da una respuesta como en el caso anterior, no se queda esperando nada sino que finaliza. Esa es la diferencia al haber usado *reprompt* (si lo usas le estás diciendo a la skill que esperas que el usuario vuelva a decir algo y por tanto que no cierre la sesión).

```
const HelloWorldIntentHandler = {
  canHandle(handlerInput) {
    return handlerInput.requestEnvelope.request.type === 'IntentRequest'
      && handlerInput.requestEnvelope.request.intent.name === 'HelloWorldIntent';
  },
  handle(handlerInput) {
    const speechText = '¡Hola Mundo!';

    return handlerInput.responseBuilder
      .speak(speechText)
      .withSimpleCard('¡Hola Mundo!', speechText)
      .getResponse();
  }
};
```

A continuación hay algunos otros manejadores para otras situaciones como **HelpIntentHandler**, **CancelAndStopIntentHandler**, **SessionEndedRequestHandler** y **ErrorHandler**, cada uno de ellos manejando una determinada petición proveniente del frontend y cuyo funcionamiento se puede intuir perfectamente por el nombre del manejador.

```
const HelpIntentHandler = {
  canHandle(handlerInput) {
    return handlerInput.requestEnvelope.request.type === 'IntentRequest'
      && handlerInput.requestEnvelope.request.intent.name === 'AMAZON.HelpIntent';
  },
  handle(handlerInput) {
```

```
    const speechText = 'You can say hello to me!';

    return handlerInput.responseBuilder
      .speak(speechText)
      .reprompt(speechText)
      .withSimpleCard('Hola mundo', speechText)
      .getResponse();
  }
};

const CancelAndStopIntentHandler = {
  canHandle(handlerInput) {
    return handlerInput.requestEnvelope.request.type === 'IntentRequest'
      && (handlerInput.requestEnvelope.request.intent.name === 'AMAZON.CancelIntent'
       || handlerInput.requestEnvelope.request.intent.name === 'AMAZON.StopIntent');
  },
  handle(handlerInput) {
    const speechText = '¡Adiós!';

    return handlerInput.responseBuilder
      .speak(speechText)
      .withSimpleCard('¡Adiós!', speechText)
      .withShouldEndSession(true)
      .getResponse();
  }
};

const SessionEndedRequestHandler = {
  canHandle(handlerInput) {
    return handlerInput.requestEnvelope.request.type === 'SessionEndedRequest';
  },
  handle(handlerInput) {
    //any cleanup logic goes here
    return handlerInput.responseBuilder.getResponse();
  }
};

const ErrorHandler = {
  canHandle() {
    return true;
  },
  handle(handlerInput, error) {
    console.log(`Error handled: ${error.message}`);

    return handlerInput.responseBuilder
      .speak('Sorry, I can\'t understand the command. Please say again.')
      .reprompt('Sorry, I can\'t understand the command. Please say again.')
      .getResponse();
```

```
},
};
```

A la luz de los distintos *handlers*, puede verse que el esquema es siempre el mismo. En primer lugar se hace una comprobación del tipo de petición, seguida de una comprobación del nombre del *intent*, con lo que comprueba si ese manejador puede o debe manejar esa petición:

```
canHandle(handlerInput) {
  return handlerInput.requestEnvelope.request.type === 'IntentRequest'
    && handlerInput.requestEnvelope.request.intent.name === 'HelloWorldIntent';
}
```

Y si en ambos casos encaja, el manejador maneja la petición devolviendo una respuesta.

```
handle(handlerInput) {
  const speechText = '¡Hola Mundo!';

  return handlerInput.responseBuilder
    .speak(speechText)
    .withSimpleCard('¡Hola Mundo!', speechText)
    .getResponse();
}
```

Por último, tenemos la creación del servidor (app) y de la skill (skill) propiamente dicha. Fíjate que en la construcción de la skill hay que pasarle a **addRequestHandlers** todos los manejadores que hayas programado para, podríamos decir, habilitarlos.

```
const app = express();
const skillBuilder = Alexa.SkillBuilders.custom();
const skill = skillBuilder
        .addRequestHandlers(
        LaunchRequestHandler,
        HelloWorldIntentHandler,
        HelpIntentHandler,
        CancelAndStopIntentHandler,
        SessionEndedRequestHandler,
        )
        .addErrorHandlers(ErrorHandler)
        .create();
const adapter = new ExpressAdapter(skill, true, true);

app.post('/', adapter.getRequestHandlers());
app.listen(8090);
```

```
console.log("Escuchando en puerto 8090");
```

Si programas alguno nuevo y no aparece pasado a esta función será como si no existiese. Por último ponemos al servidor a escuchar en el puerto 8090 que habíamos definido en APACHE como el receptor de las peticiones HTTPS y ya tenemos nuestro backend de ejemplo listo.

Ahora podrías ponerlo a funcionar como el servidor NodeJS que vimos antes, es decir, con el comando *nodejs*. Sin embargo esto es solo el esquema general que queremos utilizar para crear nuestro backend, pues nunca va a recibir peticiones del intent **HelloWorldIntent**, sino que lo hará de los intents que realmente hemos programado en el frontend, que si recuerdas son **EnciendeLEDIntent** y **ApagaLEDIntent**, que respectivamente encenderá y apagará el LED de nuestro Arduino.

Para ello reutilizamos el método de **HelloWorldIntentHandler** para crear **EnciendeLEDIntentHandler** y **ApagaLEDIntentHandler**.
En primer lugar simplemente modificamos la función para que responda y probarlo sin tener que preocuparnos por el momento del tema de interactuar con el Arduino:

```
const EnciendeLEDIntentHandler = {
 canHandle(handlerInput) {
   return handlerInput.requestEnvelope.request.type === 'IntentRequest'
    && handlerInput.requestEnvelope.request.intent.name === 'EnciendeLEDIntent';
 },
 handle(handlerInput) {
   const speechText = 'LED encendido';

   return handlerInput.responseBuilder
    .speak(speechText)
    .withSimpleCard('LED encendido', speechText)
    .getResponse();
 }
};
```

ApagaLEDIntentHandler es equivalente.
Recuerda que todo manejador que incluyas has de declararlo en la creación de la skill (observa que como hemos reutilizado **HelloWorldIntentHandler** para crear los de encender y apagar el LED y por ello ya no existe en nuestro código un **HelloWorldIntentHandler**, ha habido que quitarlo también de la creación de **skill**):

```
const skill = skillBuilder
       .addRequestHandlers(
```

```
    LaunchRequestHandler,
    EnciendeLEDIntentHandler,
    ApagaLEDIntentHandler,
    HelpIntentHandler,
    CancelAndStopIntentHandler,
    SessionEndedRequestHandler,
    )
    .addErrorHandlers(ErrorHandler)
    .create();
```

Con esto queda el siguiente script como **backend.js**:

```javascript
const Alexa = require('ask-sdk-core');

const express = require('express');
const { ExpressAdapter } = require('ask-sdk-express-adapter');

const LaunchRequestHandler = {
 canHandle(handlerInput) {
  return handlerInput.requestEnvelope.request.type === 'LaunchRequest';
 },
 handle(handlerInput) {
  const speechText = 'Nube escuchando';

  return handlerInput.responseBuilder
    .speak(speechText)
    .reprompt(speechText)
    .withSimpleCard('Nube escuchando', speechText)
    .getResponse();
 }
};

const EnciendeLEDIntentHandler = {
 canHandle(handlerInput) {
  return handlerInput.requestEnvelope.request.type === 'IntentRequest'
    && handlerInput.requestEnvelope.request.intent.name === 'EnciendeLEDIntent';
 },
 handle(handlerInput) {
  const speechText = 'LED encendido';

  return handlerInput.responseBuilder
    .speak(speechText)
    .withSimpleCard('LED encendido', speechText)
    .getResponse();
 }
};
```

```
const ApagaLEDIntentHandler = {
 canHandle(handlerInput) {
   return handlerInput.requestEnvelope.request.type === 'IntentRequest'
    && handlerInput.requestEnvelope.request.intent.name === 'ApagaLEDIntent';
 },
 handle(handlerInput) {
   const speechText = 'LED apagado';

   return handlerInput.responseBuilder
    .speak(speechText)
    .withSimpleCard('LED apagado', speechText)
    .getResponse();
 }
};

const HelpIntentHandler = {
 canHandle(handlerInput) {
   return handlerInput.requestEnvelope.request.type === 'IntentRequest'
    && handlerInput.requestEnvelope.request.intent.name === 'AMAZON.HelpIntent';
 },
 handle(handlerInput) {
   const speechText = 'Hola mundo';

   return handlerInput.responseBuilder
    .speak(speechText)
    .reprompt(speechText)
    .withSimpleCard('Hola mundo', speechText)
    .getResponse();
 }
};

const CancelAndStopIntentHandler = {
 canHandle(handlerInput) {
   return handlerInput.requestEnvelope.request.type === 'IntentRequest'
    && (handlerInput.requestEnvelope.request.intent.name === 'AMAZON.CancelIntent'
     || handlerInput.requestEnvelope.request.intent.name === 'AMAZON.StopIntent');
 },
 handle(handlerInput) {
   const speechText = 'Adiós';

   return handlerInput.responseBuilder
    .speak(speechText)
    .withSimpleCard('Adiós', speechText)
    .withShouldEndSession(true)
    .getResponse();
 }
};
```

```
const SessionEndedRequestHandler = {
 canHandle(handlerInput) {
  return handlerInput.requestEnvelope.request.type === 'SessionEndedRequest';
 },
 handle(handlerInput) {
  //any cleanup logic goes here
  return handlerInput.responseBuilder.getResponse();
 }
};

const ErrorHandler = {
 canHandle() {
  return true;
 },
 handle(handlerInput, error) {
  console.log(`Error handled: ${error.message}`);

  return handlerInput.responseBuilder
   .speak('Lo siento, no te he entendido.')
   .reprompt(' Lo siento, no te he entendido.')
   .getResponse();
 },
};


const app = express();
const skillBuilder = Alexa.SkillBuilders.custom();
const skill = skillBuilder
        .addRequestHandlers(
        LaunchRequestHandler,
        EnciendeLEDIntentHandler,
        ApagaLEDIntentHandler,
        HelpIntentHandler,
        CancelAndStopIntentHandler,
        SessionEndedRequestHandler,
        )
        .addErrorHandlers(ErrorHandler)
        .create();
const adapter = new ExpressAdapter(skill, true, true);

app.post('/', adapter.getRequestHandlers());
app.listen(8090);

console.log("Escuchando en puerto 8090");
```

De este modo disponemos ya de un backend capaz de procesar peticiones de una skill. Es el momento de testear si funciona.

Para ello en primer lugar dejaremos nuestro backend funcionando, escuchando en el puerto 8090:

$nodejs /var/www/nodejs/backend.js

Hasta aquí todo lo que hay que hacer en el backend. Ahora sigamos con el frontend. Para ello vamos a la consola de desarrollo y entramos en nuestra skill. Pulsa sobre el botón *Build Skill*. Esperamos a que finalice mostrándonos el mensaje *Build Successful*.

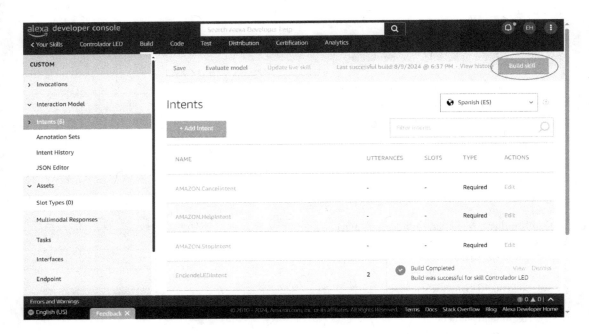

Una vez tenemos compilado el frontend podemos probarlo. Para ello vamos a la pestaña *Test* que nos permitirá introducir comandos tanto de forma escrita como utilizando el micrófono de nuestro PC (ojo si en el navegador aparece el micrófono tachado, que tendrás que habilitarlo). Las órdenes escritas se ponen en el campo donde aparece en gris claro el texto *"Type or click and hold the mic"*. Escribimos la frase invocación de nuestra skill, es decir *"abre controlador led"* (sin las comillas, y ojo, a mí me responde mejor si lo hago pulsando sobre el micrófono (has de mantenerlo pulsado mientras hablas) y diciéndolo, que escribiéndolo). Veremos que el sistema responde con el manejador correspondiente.

En caso de no obtener esta respuesta, tendrás que revisar el backend. En primer lugar tendrás que confirmar que realmente tienes arrancado **backend.js** mediante **nodejs** (lo que puedes verificar fácilmente, aparte de por los mensajes que obtengas por consola, porque el puerto 8090 esté abierto), y seguidamente deberás de comprobar que le lleguen las peticiones (lo que puedes comprobar sacando por consola lo que recibe **backend.js** en las distintas partes del código) y que los mensajes de respuesta sean adecuados. Un error común es que hayas puesto mal el endpoint en la configuración de la skill.

Si todo es correcto, es momento de lanzar una orden, como *"enciende led"*.

Una vez comprobado desde la consola de depuración, podemos probarlo desde algún dispositivo Echo del que dispongamos. En un procedimiento normal, desde la app Alexa del teléfono móvil, deberíamos de acceder a skills y activarla, pero como estamos en desarrollo y ya hemos cambiado desde la pestaña *Test* de la consola de desarrollo su estado de *Off* a *Development*, realmente ya debería de estar activa. Veámoslo.

Para ello accedemos al menú (en la app Alexa del móvil) y Seleccionamos *"Skills y juegos"*.

Bajamos hasta abajo del todo hasta encontrar el botón *"Mis Skills"*.

Al pulsarlo nos aparece una pantalla con 3 grupos: *"Activado"*, *"Atención"* y *"Desarrollador"*.

Pulsamos sobre el tercero y ahí tenemos esperando nuestra skill (aparece la descripción del ejemplo de "hola mundo". Ni caso, ya la cambiarás si quieres). Pulsamos sobre ella y vemos que la opción que nos da es la de *"Desactivar Skill"*, confirmando que la tenemos instalada.

Es decir, desde tu entorno Alexa (tu app en el móvil, los dispositivos Echo que tengas asignados a tu cuenta o cualquier otro dispositivo con Alexa integrado) puedes abrir la skill y pedir que encienda o apague el LED igual que hemos hecho en el entorno de depuración.

Llegados a este paso, ya tenemos una skill operativa, por lo que podemos avanzar un paso más e integrar nuestro dispositivo Arduino en todo este tinglado.

Integración del dispositivo

Para poder integrar un dispositivo en Alexa vemos que no es posible utilizando unicamente nuestra nube. Tras leer la documentación proporcionada por Amazon parece ser que para integrar dispositivos la Skill como tal ha de estar instalada en el AWS (Amazon Web Service), o dicho de otro modo, en la nube de Amazon.

Para ello, AWS ofrece una serie de posibilidades gratuitas que obviamente utilizaremos. Entre ellas la que más nos interesa es la que proporciona, de forma gratuita para siempre, 1 millón de solicitudes gratuitas al mes con hasta 3,2 millones de segundos de tiempo de informática al mes. Dado que va a ser para pruebas, con 1M de solicitudes mensuales tendremos de sobra. El problema quizá venga más por los segundos de tiempo de informática, para lo que podremos utilizar nuestra nube personal, de modo que AWS hable con la nube y sea esta la que le responda, realizando todo el procesamiento intermedio que sea necesario en nuestra nube en lugar de en AWS.

Para crear nuestra cuenta AWS, entramos en https://console.aws.amazon.com/console/home y pulsamos sobre *"Crear una cuenta de AWS"*.

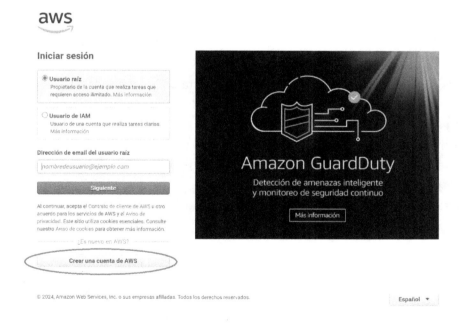

Pasamos a otro pantalla donde nos pide introducir y verificar nuestro correo. A continuación nos solicitará la contraseña para nuestra cuenta.

Seguidamente nos pedirá nuestros datos, solicitándonos si va a ser para uso personal o empresarial, y en la parte de la izquierda veremos también que permite, bajo ciertas restricciones, un uso gratuito.

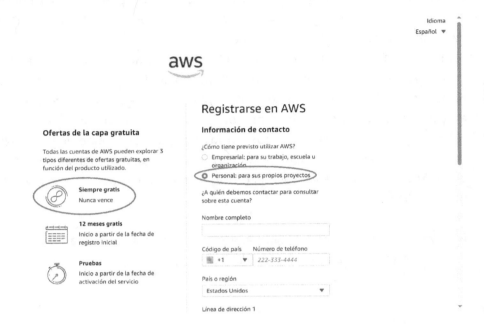

A continuación pasamos a una pantalla que no me gusta un pelo: donde nos pide una tarjeta bancaria. Realmente nosotros no vamos a hacer uso de nada que no sea gratuito, pero para evitar fraudes nos piden una tarjeta, por lo que te toca poner una.

Como he dicho no vamos a usar a lo largo de este libro nada que sea de pago, pero dado que hay que poner una tarjeta más te vale estar pendiente por si llegado el momento algo no sale como debiese y aparezca algún cargo (para tal fin se indica que hay un complemento que puedes utilizar, el Budget, que te avisa en el momento en que hay determinados cargos).

A continuación te solicitarán confirmar tu identidad mediante tu teléfono móvil (sí, desde luego con este registro te tienen pillado por todos lados).

Rellenas los datos, te mandan un SMS con un código y lo pones en la siguiente pantalla:

A continuación nos pregunta sobre el plan de soporte que deseamos (es decir, si quieres que te ayude alguien con los problemas que tengas con la plataforma), oferta que educadamente declinaremos ya que nuestra intención es no incurrir en costes. Para ello seleccionaremos el nivel *"Soporte de nivel Basic: gratis"*.

¡Y ya está! En tan solo doscientos mil sencillos pasos ya tienes creada tu cuenta AWS y podemos proceder con la integración del Arduino y Alexa.

La ventana de inicio de AWS tendrá el siguiente aspecto:

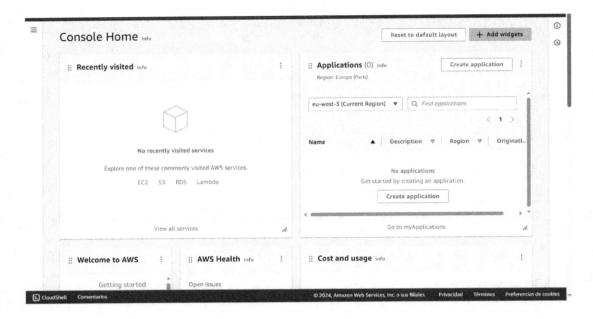

Para monitorizar los costes y así evitar incurrir en ellos o, si incurrimos, enterarnos enseguida y así evitar que la cosa se descontrole, bajamos un poco en la pantalla y, en el recuadro de *"Cost and usage"* pulsamos sobre *"Go to Billing and Cost Management"*.

En esa pantalla seleccionamos en el menú de la izquierda *"Nivel gratuito"* y en la parte central de ventana, *"Presupuestos"*.

Accedemos a la pantalla de creación de presupuestos (pulsando al botón *Crear un presupuesto*), donde indicaremos que queremos usar una plantilla, que será la de gasto cero, e introducimos las direcciones de correo donde queramos que nos envíe las notificaciones.

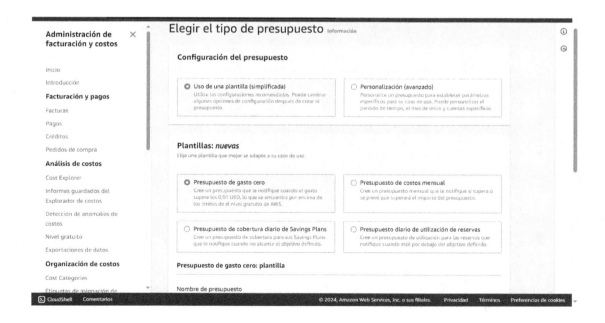

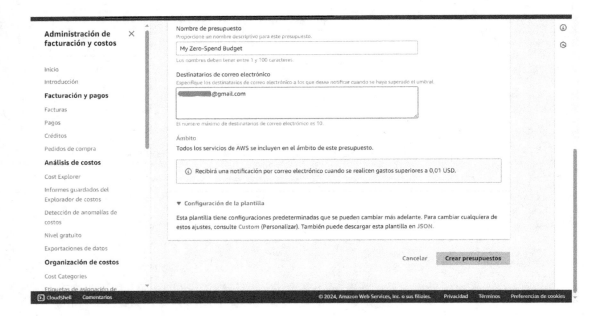

Finalmente pulsamos sobre *"Crear presupuestos"*.

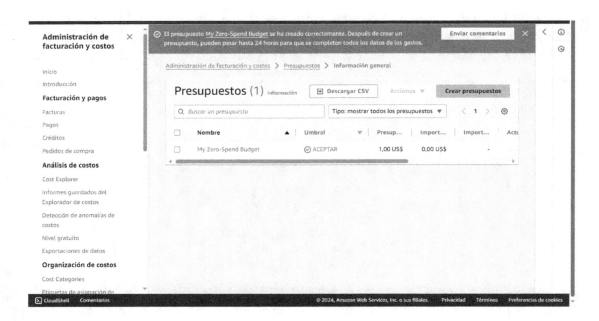

Y ya tenemos nuestra alerta creada en el caso de que gastemos más de la cuenta.

Una vez creada nuestra cuenta AWS, junto con nuestra cuenta de desarrollador de Amazon, llega el momento de crear nuestra Skill.

Volvemos a la consola de desarrollo (https://developer.amazon.com), entramos en *"Developer Console"* y en *"Alexa Skills Kit"*. Al igual que con el *"Controlador LED"*, ahora vamos a crear una nueva skill, *"Controlador Arduino"*. Pulsamos en *"Create Skill"* y la creamos.

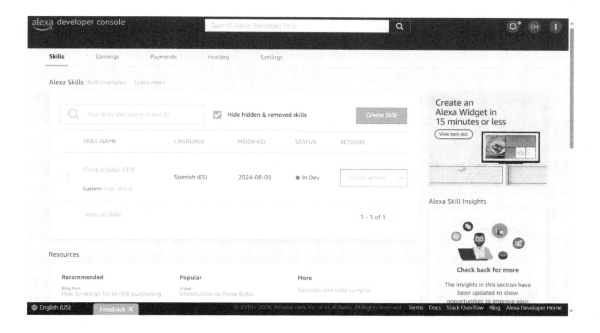

Sin embargo, en el segundo paso vamos a indicar que se trata de una skill para Smart Home.

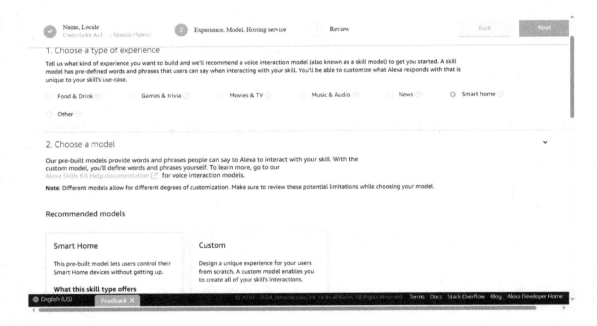

Esto nos va a permitir que determinadas cosas nos vengan ya predefinidas, con el consiguiente ahorro de tiempo en su desarrollo.

Para el servicio de hosting en este caso tan solo nos permite *"Provision your own"*, así que hay poco que decidir.

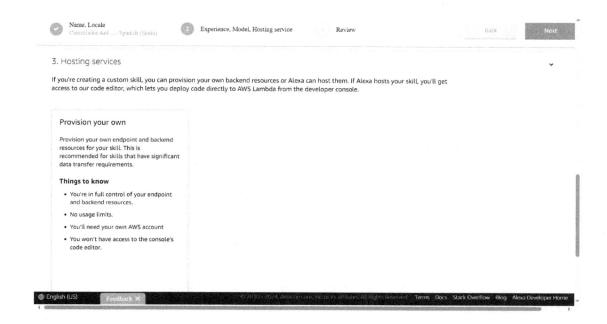

Pasamos a la página de resumen y por último pulsamos *"Create Skill"*.

A continuación entramos en la página de configuración.

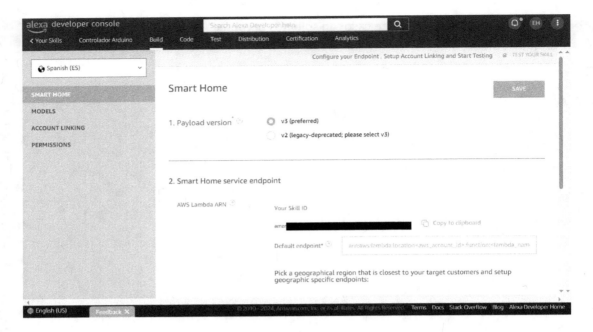

En primer lugar nos pide el tipo de payload (formato en el pasará los datos), que lo normal es dejar el recomendado. A continuación vemos el **Skill ID**, que es importante que guardemos (de hecho hasta nos presta el práctico enlace de *"Copy to clipboard"* de modo que nos sea sencillo pegarlo en el block de notas o cualquier otra aplicación para cuando creemos la función lambda en AWS enlazarlo con la Skill. También vemos que hay que ponerle el endpoint, es decir, la ruta para conectar con el backend, pero como aún no hemos creado la función lambda en AWS, no podemos rellenarlo aún y por tanto tampoco pulsar *Save*.

El siguiente paso es crear la función lambda. Vamos por pasos:

Paso 1: Crear un IAM (Identity and Access Management)

Esto es un rol, es decir, como un usuario que será el que ejecute la skill.
Para ello entramos en la consola de gestión AWS (https://console.aws.amazon.com/console/home). En la búsqueda introducimos *IAM* con lo que nos aparecerá la pantalla de configuración de IAMs. Entramos en ella y seleccionamos *Roles*.

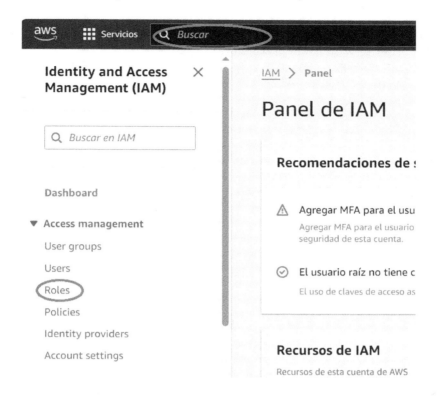

Pulsamos en *"Crear Rol"*.

En la pantalla que nos aparece seleccionamos en *"Tipo de entidad de confianza"* *"Servicio de AWS"*, y en *"Caso de uso"*, *"Lambda"*.

● **Servicio de AWS**
Permita que servicios de AWS como EC2, Lambda u otros realicen acciones en esta cuenta.

○ **Cuenta de AWS**
Permitir a las entidades de otras cuentas de AWS que le pertenezcan a usted o a un tercero realizar acciones en esta cuenta.

○ **Identidad web**
Permite a los usuarios federados por el proveedor de identidad web externo especificado asumir este rol para realizar acciones en esta cuenta.

○ **Federación SAML 2.0**
Permitir que los usuarios federados con SAML 2.0 a partir de un directorio corporativo realicen acciones en esta cuenta.

○ **Política de confianza personalizada**
Cree una política de confianza personalizada para permitir que otras personas realicen acciones en esta cuenta.

Caso de uso

Permita que un servicio de AWS, como EC2, Lambda u otros, realicen acciones en esta cuenta.

Servicio o caso de uso

Lambda ▼

Pulsamos *Siguiente* y pasamos a la pantalla de asignación de permisos para este usuario. En el filtro indicamos *"AWSLambdaBasicExecutionRole"*. Marcamos el checkbox y pulsamos *Siguiente*.

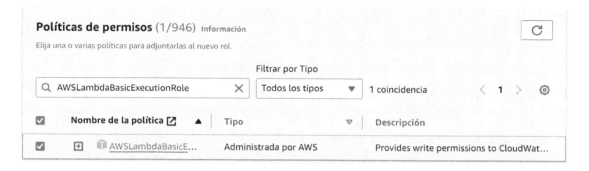

Pasamos a la pantalla de revisión y creación del rol, donde hemos de indicar el nombre del rol. Puedes poner el que quieras. En nuestro caso, dado que será el rol que tiene permisos solo para manejar funciones lambda y para practicar con Arduino, lo llamaremos lambda_arduino_role.

Detalles del rol

Nombre del rol
Ingrese un nombre significativo para identificar a este rol.

lambda_arduino_role

64 Caracteres máximos. Utilice caracteres alfanuméricos y '+ =,.@-_'.

Finalmente, al final de la página, pulsamos sobre *"Crear rol"*. Este paso es para crear al usuario que va a manejar las funciones lambda, por lo que cuando crees otra función lambda para una skill y dispositivos distintos no necesitas crear a otro usuario, sino que te sirve este mismo. Por supuesto sí, puedes crear un usuario distinto si es que te hace especial ilusión.

Paso 2: Crear la función Lambda

Ahora crearemos la función lambda asociada al rol que hemos creado en el paso anterior. Para ello en el buscador de AWS ponemos *lambda* y seleccionamos el primer servicio que nos aparece.

Ahora estamos en la pantalla de desarrollo de funciones lambda. Como no tenemos aún ninguna, nos aparece directamente un botón grande para crear nuestra primera función, la cual pulsamos.

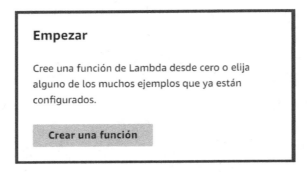

En estos momentos es cuando debemos indicar nuestra región, ya que aparecerá seguramente alguna incorrecta. En nuestro caso seleccionamos *España*. Si no estuviese disponible, al final de la lista tienes la opción de *Administrar regiones*, que te llevará al listado de regiones donde has de marcar las que quieras habilitar y pulsar *Habilitar*. Tardará un rato en estar disponible la región en la lista, ya que como verás te pondrá *Activando*.

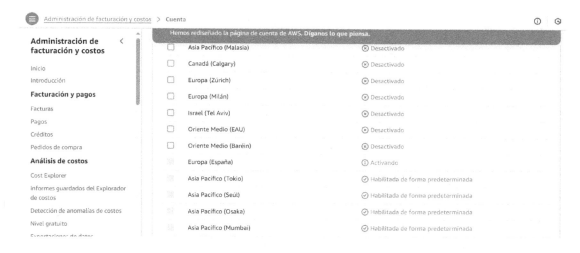

Una vez habilitada, ahora sí está disponible. En caso de que no quieras hacer el paso anterior realmente creo que da igual puesto que estás en el nivel gratuito, ¡pero no me hago responsable de maldades o cargos que AWS te realice!

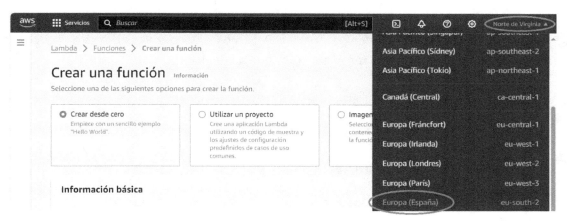

A continuación marcamos *"Crear desde cero"*, introducimos el nombre de la función, que en este caso será *arduino-controller-skill*, como lenguaje dejaremos NodeJS y arquitectura la que venga por defecto.

En *Permisos* será donde indiquemos el rol que hemos creado antes. De este modo nos aseguraremos que la función no tenga permisos que no debiera.

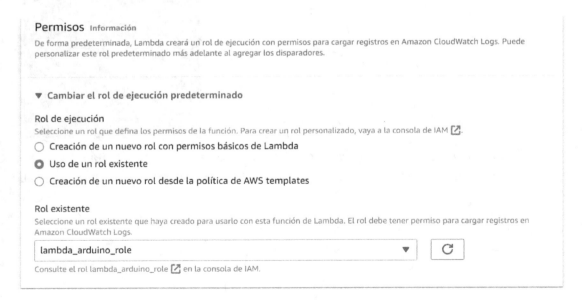

Finalmente, abajo de la página pulsamos sobre *"Crear una función"*.

Ahora estamos en la página de la función lambda creada. Hemos de asociar esa función con la skill, de modo que la skill pueda desencadenar la ejecución de la función. Para ello pulsamos sobre *"Agregar desencadenador"*.

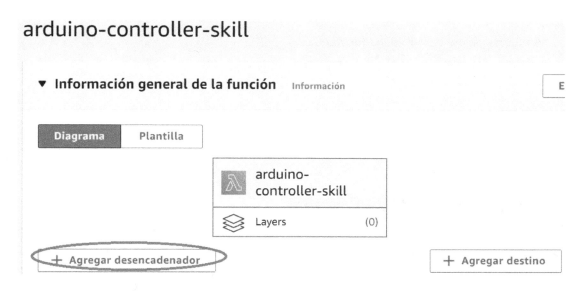

Al llegar a este punto pasa algo muy curioso, y es que para introducir como desencadenador *Alexa*, dicha opción solo está disponible en US East (N. Virginia), US West (Oregon) y EU (Ireland), por lo que ¿recuerdas cuando seleccionamos como región España? Pues no, hay que seleccionar una de estas tres. En mi caso seleccionaré *Irlanda*, simplemente por cercanía.

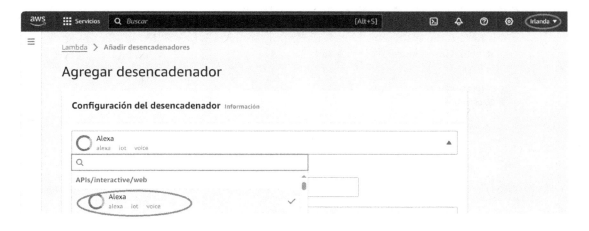

Ahora que ya podemos indicar en *"Configuración del desencadenador"* a *Alexa*, lo indicamos y en *"Tipo de producto"* indicamos *"Alexa Smart Home.* En *"Skill ID"* indicamos el ID que guardamos cuando creamos la skill en la consola de desarrollo de Alexa.

Finalmente pulsamos *Agregar* para añadir el desencadenador a nuestra función lambda. En caso de que te de un error, vuelve a repetir los pasos de crear la función y añadir el desencadenador.

Volvemos al diagrama de nuestra función donde vemos que se ha agregado Alexa como desencadenador.

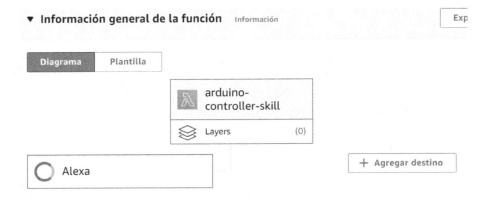

Paso 3: Introducir el código de la función

Una vez disponemos de la función con su desencadenador, es el momento de introducir el código de la misma. Para ello hemos de bajar un poco en la ventana hasta ver la zona de código (y pulsa sobre *Código* en caso de estar en alguna otra pestaña, probablemente la de *Configuración*:

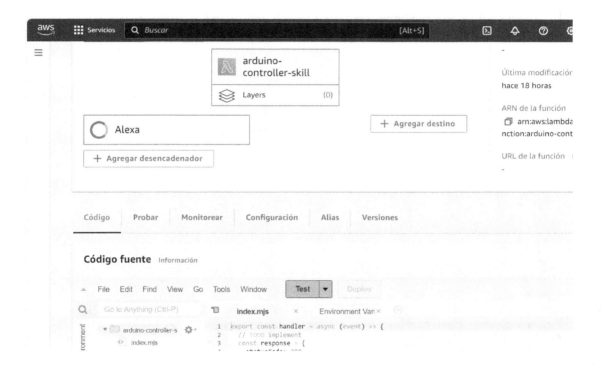

Como estamos en NodeJS, el código fuente está en el fichero **index.mjs**.

Para disponer de un código del que partir, utilizaremos el código que propone como ejemplo Amazon en su propia web, que es el siguiente (sustituye el código que hay en **index.mjs** por este):

// -*- coding: utf-8 -*-

```javascript
// Copyright 2021 Amazon.com, Inc. or its affiliates. All Rights Reserved.
//
// SPDX-License-Identifier: LicenseRef-.amazon.com.-AmznSL-1.0
// Licensed under the Amazon Software License (the "License")
// You may not use this file except in compliance with the License.
// A copy of the License is located at http://aws.amazon.com/asl/
//
// This file is distributed on an "AS IS" BASIS,
// WITHOUT WARRANTIES OR CONDITIONS OF ANY KIND, express or implied. See the License for the specific
// language governing permissions and limitations under the License.

exports.handler = function (request, context) {
    if (request.directive.header.namespace === 'Alexa.Discovery' && request.directive.header.name === 'Discover') {
        log("DEBUG:", "Discover request", JSON.stringify(request));
        handleDiscovery(request, context, "");
    }
    else if (request.directive.header.namespace === 'Alexa.PowerController') {
        if (request.directive.header.name === 'TurnOn' || request.directive.header.name === 'TurnOff') {
            log("DEBUG:", "TurnOn or TurnOff Request", JSON.stringify(request));
            handlePowerControl(request, context);
        }
    }
    else if (request.directive.header.namespace === 'Alexa.Authorization' && request.directive.header.name === 'AcceptGrant') {
        handleAuthorization(request, context)
    }

    function handleAuthorization(request, context) {
        // Send the AcceptGrant response
        var payload = {};
        var header = request.directive.header;
        header.name = "AcceptGrant.Response";
        log("DEBUG", "AcceptGrant Response: ", JSON.stringify({ header: header, payload: payload }));
        context.succeed({ event: { header: header, payload: payload } });
    }

    function handleDiscovery(request, context) {
        // Send the discovery response
        var payload = {
            "endpoints":
            [
                {
                    "endpointId": "sample-bulb-01",
                    "manufacturerName": "Smart Device Company",
                    "friendlyName": "Livingroom lamp",
                    "description": "Virtual smart light bulb",
```

```
        "displayCategories": ["LIGHT"],
        "additionalAttributes":  {
            "manufacturer" : "Sample Manufacturer",
            "model" : "Sample Model",
            "serialNumber": "U11112233456",
            "firmwareVersion" : "1.24.2546",
            "softwareVersion": "1.036",
            "customIdentifier": "Sample custom ID"
        },
        "cookie": {
            "key1": "arbitrary key/value pairs for skill to reference this endpoint.",
            "key2": "There can be multiple entries",
            "key3": "but they should only be used for reference purposes.",
            "key4": "This is not a suitable place to maintain current endpoint state."
        },
        "capabilities":
        [
            {
                "interface": "Alexa.PowerController",
                "version": "3",
                "type": "AlexaInterface",
                "properties": {
                    "supported": [{
                        "name": "powerState"
                    }],
                    "retrievable": true
                }
            },
            {
            "type": "AlexaInterface",
            "interface": "Alexa.EndpointHealth",
            "version": "3.2",
            "properties": {
                "supported": [{
                    "name": "connectivity"
                }],
                "retrievable": true
            }
        },
        {
            "type": "AlexaInterface",
            "interface": "Alexa",
            "version": "3"
        }
        ]
    }
    ]
};
```

```javascript
    var header = request.directive.header;
    header.name = "Discover.Response";
    log("DEBUG", "Discovery Response: ", JSON.stringify({ header: header, payload: payload }));
    context.succeed({ event: { header: header, payload: payload } });
}

function log(message, message1, message2) {
    console.log(message + message1 + message2);
}

function handlePowerControl(request, context) {
    // get device ID passed in during discovery
    var requestMethod = request.directive.header.name;
    var responseHeader = request.directive.header;
    responseHeader.namespace = "Alexa";
    responseHeader.name = "Response";
    responseHeader.messageId = responseHeader.messageId + "-R";
    // get user token pass in request
    var requestToken = request.directive.endpoint.scope.token;
    var powerResult;

    if (requestMethod === "TurnOn") {

        // Make the call to your device cloud for control
        // powerResult = stubControlFunctionToYourCloud(endpointId, token, request);
        powerResult = "ON";
    }
    else if (requestMethod === "TurnOff") {
        // Make the call to your device cloud for control and check for success
        // powerResult = stubControlFunctionToYourCloud(endpointId, token, request);
        powerResult = "OFF";
    }
    // Return the updated powerState.  Always include EndpointHealth in your Alexa.Response
    // Datetime format for timeOfSample is ISO 8601, `YYYY-MM-DDThh:mm:ssZ`.
    var contextResult = {
        "properties": [{
            "namespace": "Alexa.PowerController",
            "name": "powerState",
            "value": powerResult,
            "timeOfSample": "2022-09-03T16:20:50.52Z", //retrieve from result.
            "uncertaintyInMilliseconds": 50
        },
        {
            "namespace": "Alexa.EndpointHealth",
            "name": "connectivity",
            "value": {
            "value": "OK"
        },
```

```
    "timeOfSample": "2022-09-03T22:43:17.877738+00:00",
    "uncertaintyInMilliseconds": 0
    }]
  };
  var response = {
    context: contextResult,
    event: {
      header: responseHeader,
      endpoint: {
        scope: {
          type: "BearerToken",
          token: requestToken
        },
        endpointId: "sample-bulb-01"
      },
      payload: {}
    }
  };
  log("DEBUG", "Alexa.PowerController ", JSON.stringify(response));
  context.succeed(response);
 }
};
```

Este código es el utilizado para interactuar por ejemplo con una bombilla. Según el tipo de dispositivo con el que quieras interactuar deberás de implementar unos interfaces u otros. En este caso el interfaz clave es **Alexa.PowerController**, aunque se implementan otros interfaces que son **Alexa.EndpointHealth** y **Alexa**.

```
      "capabilities":
      [
        {
          "interface": "Alexa.PowerController",
          "version": "3",
          "type": "AlexaInterface",
          "properties": {
            "supported": [{
              "name": "powerState"
            }],
            "retrievable": true
          }
        },
        {
        "type": "AlexaInterface",
        "interface": "Alexa.EndpointHealth",
        "version": "3.2",
        "properties": {
          "supported": [{
```

```
        "name": "connectivity"
      }],
      "retrievable": true
    }
  },
  {
    "type": "AlexaInterface",
    "interface": "Alexa",
    "version": "3"
  }
]
```

¿Qué son los interfaces? Es una forma sencilla de decir "mi dispositivo puede comportarse como tal interfaz". En otras palabras, si yo soy un animal que implementa los interfaces león y pez significa que puedo comportarme como un león y también como un pez, con lo que todas las capacidades de esos animales puedo utilizarlas, es decir, podré rugir, pero también podré nadar. En este caso decimos que implementamos los interfaces Alexa, EndpointHealth y PowerController. La lista completa de interfaces la tienes en la siguiente ruta: https://developer.amazon.com/en-US/docs/alexa/device-apis/list-of-interfaces.html

¿Por qué no implementamos todos los interfaces de golpe y así podemos hacer cualquier cosa? Porque implementar un interfaz significa que puedes hacer todo lo que permite hacer ese interfaz, pero solo "que puedes hacerlo". Ahora hay que hacerlo, es decir, volviendo al ejemplo anterior he de codificar cómo se ruge y cómo se nada. A cada una de esas cosas "que puedes hacer" se le llama *Directivas*. Para no tener que codificar todas las directivas existentes en el mundo mundial lo suyo es que implementes unicamente los interfaces que vayas a utilizar.

En este caso, aparte de los interfaces genéricos Alexa y EndpointHealth (que nos permitirá crear directivas como la de descubrimiento del dispositivo, es decir, que Alexa lo detecte), implementamos el interfaz PowerController.

Este interfaz nos proporciona las directivas **TurnOn** y **TurnOff**, que en efecto serán las que utilicemos para encender y apagar el LED.

A continuación vemos cómo identificamos esas directivas dentro del manejador:

```
else if (request.directive.header.namespace === 'Alexa.PowerController') {
  if (request.directive.header.name === 'TurnOn' || request.directive.header.name === 'TurnOff') {
    log("DEBUG:", "TurnOn or TurnOff Request", JSON.stringify(request));
    handlePowerControl(request, context);
  }
}
```

Lo que se observa es que primero identificamos que se trate del interfaz **Alexa.PowerController** para, una vez identificado, ver si se trata de la directiva **TurnOn** o **TurnOff**, aunque en este caso trataremos ambas situaciones por igual, llamando en ambos casos a la función que va a manejar el sistema, esto es **hadlePowerControl()**. Veamos esa función:

```
function handlePowerControl(request, context) {
    // get device ID passed in during discovery
    var requestMethod = request.directive.header.name;
    var responseHeader = request.directive.header;
    responseHeader.namespace = "Alexa";
    responseHeader.name = "Response";
    responseHeader.messageId = responseHeader.messageId + "-R";
    // get user token pass in request
    var requestToken = request.directive.endpoint.scope.token;
    var powerResult;

    if (requestMethod === "TurnOn") {

        // Make the call to your device cloud for control
        // powerResult = stubControlFunctionToYourCloud(endpointId, token, request);
        powerResult = "ON";
    }
    else if (requestMethod === "TurnOff") {
        // Make the call to your device cloud for control and check for success
        // powerResult = stubControlFunctionToYourCloud(endpointId, token, request);
        powerResult = "OFF";
    }
    // Return the updated powerState.  Always include EndpointHealth in your Alexa.Response
    // Datetime format for timeOfSample is ISO 8601, `YYYY-MM-DDThh:mm:ssZ`.
    var contextResult = {
        "properties": [{
            "namespace": "Alexa.PowerController",
            "name": "powerState",
            "value": powerResult,
            "timeOfSample": "2022-09-03T16:20:50.52Z", //retrieve from result.
            "uncertaintyInMilliseconds": 50
        },
        {
            "namespace": "Alexa.EndpointHealth",
            "name": "connectivity",
            "value": {
            "value": "OK"
        },
            "timeOfSample": "2022-09-03T22:43:17.877738+00:00",
            "uncertaintyInMilliseconds": 0
```

```
        }]
    };
    var response = {
        context: contextResult,
        event: {
            header: responseHeader,
            endpoint: {
                scope: {
                    type: "BearerToken",
                    token: requestToken
                },
                endpointId: "sample-bulb-01"
            },
            payload: {}
        }
    };
    log("DEBUG", "Alexa.PowerController ", JSON.stringify(response));
    context.succeed(response);
}
```

Como podemos ver por el código, mira si hemos llamado a **TurnOn** o **TurnOff**, y llama a la función que corresponde en cada caso (que aquí aparece comentada dado que se trata de una simulación) para seguidamente devolver una respuesta a Alexa.

Finalmente pulsamos *Save* y *Deploy*. Actualmente están migrando a un nuevo editor, por lo que en caso de que ya se haya migrado cuando leas este libro, los botones aparecerán en lugares distintos, pero esencialmente serán los mismos aunque ya no estará el botón *Save* y habrá que pulsar *Deploy* directamente.

Paso 4: Testear la función

Para probar la función desde AWS vamos a realizar dos tipos de test: uno para verificar el descubrimiento del dispositivo y otro para verificar el encendido de la luz. Comencemos por el primero.

Para verificar si el descubrimiento (que la función lambda realmente descubra los dispositivos que tenemos asociados para que Alexa los identifique) es correcto, habrá que generar un evento. Para ello Pulsamos sobre *Test* en la misma ventana en la que estamos:

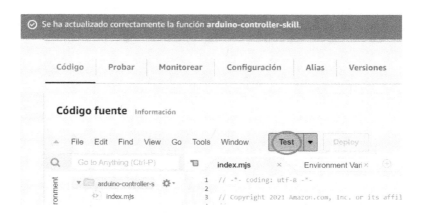

Seleccionamos *"Crear un nuevo evento"* y como nombre de evento pondremos *"DiscoveryTest"*.

Configurar un evento de prueba   ✕

Un evento de prueba es un objeto JSON que imita la estructura de las solicitudes emitidas por los servicios de AWS para invocar una función de Lambda. Se utiliza para ver el resultado de la invocación de la función.

Para invocar la función sin guardar un evento, configure el evento JSON, y luego elija Probar.

Acción de evento de prueba

◉ Crear un nuevo evento   ○ Editar evento guardado

Nombre del evento

DiscoveryTest

Un máximo de 25 caracteres compuestos por letras, números, puntos, guiones y guiones bajos.

Configuración de uso compartido de eventos

◉ Privado
Este evento solo está disponible en la consola de Lambda y para el creador del evento. Puede configurar un total de 10.
Más información 🔗

○ Compartible
Este evento está disponible para los usuarios de IAM de la misma cuenta que tienen permisos para obtener acceso y utilizar eventos compartibles. Más información 🔗

En la plantilla seleccionamos *alexa-smart-home-smart-home-discovery-request*, pero nos va a dar igual, pues el código que vamos a introducir va a ser el siguiente (pégalo en el editor):

```json
{
  "directive": {
    "header": {
      "namespace": "Alexa.Discovery",
      "name": "Discover",
      "payloadVersion": "3",
      "messageId": "1bd5d003-31b9-476f-ad03-71d471922820"
    },
    "payload": {
      "scope": {
        "type": "BearerToken",
        "token": "access-token-from-skill"
      }
    }
  }
}
```

Plantilla - *Opcional*

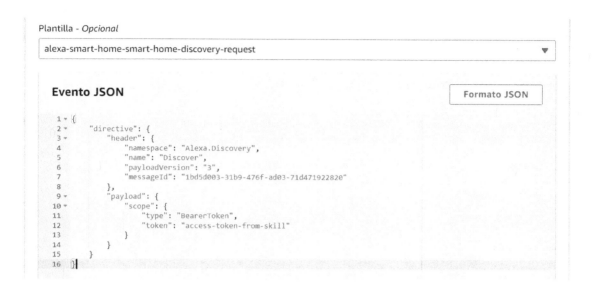

alexa-smart-home-smart-home-discovery-request

Evento JSON

Formato JSON

```
1  {
2      "directive": {
3          "header": {
4              "namespace": "Alexa.Discovery",
5              "name": "Discover",
6              "payloadVersion": "3",
7              "messageId": "1bd5d003-31b9-476f-ad03-71d471922820"
8          },
9          "payload": {
10             "scope": {
11                 "type": "BearerToken",
12                 "token": "access-token-from-skill"
13             }
14         }
15     }
16 }
```

Y pulsamos sobre el botón *Guardar*.

Ahora vamos a crear el de encendido al que llamaremos *PowerOnTest*. Para ello volvemos a hacer los mismos pasos (ojo cuando pulses *Test*, hazlo sobre la flecha que tiene al lado el botón y selecciona la primera opción ya que de lo contrario ejecutará el test creado anteriormente, o si es ya el nuevo editor, pulsando sobre el signo + que habrá junto a *TEST EVENTS*) pero indicando que la plantilla sea *alexa-smart-home-control-turn-on-request* (si es el editor nuevo no te permitirá buscar, pero da igual porque vas a pegar el código que hay a continuación) y el código será el siguiente:

```
{
 "directive": {
  "header": {
   "namespace": "Alexa.PowerController",
   "name": "TurnOn",
   "messageId": "1bd5d003-31b9-476f-ad03-71d471922820",
   "correlationToken": "1bd5d003-31b9-476f-ad03-71d471922820",
   "payloadVersion": "3"
  },
  "endpoint": {
   "scope": {
    "type": "BearerToken",
    "token": "access-token-from-skill"
   },
   "endpointId": "sample-light-01",
   "cookie": {}
  },
```

```
  "payload": {}
 }
}
```

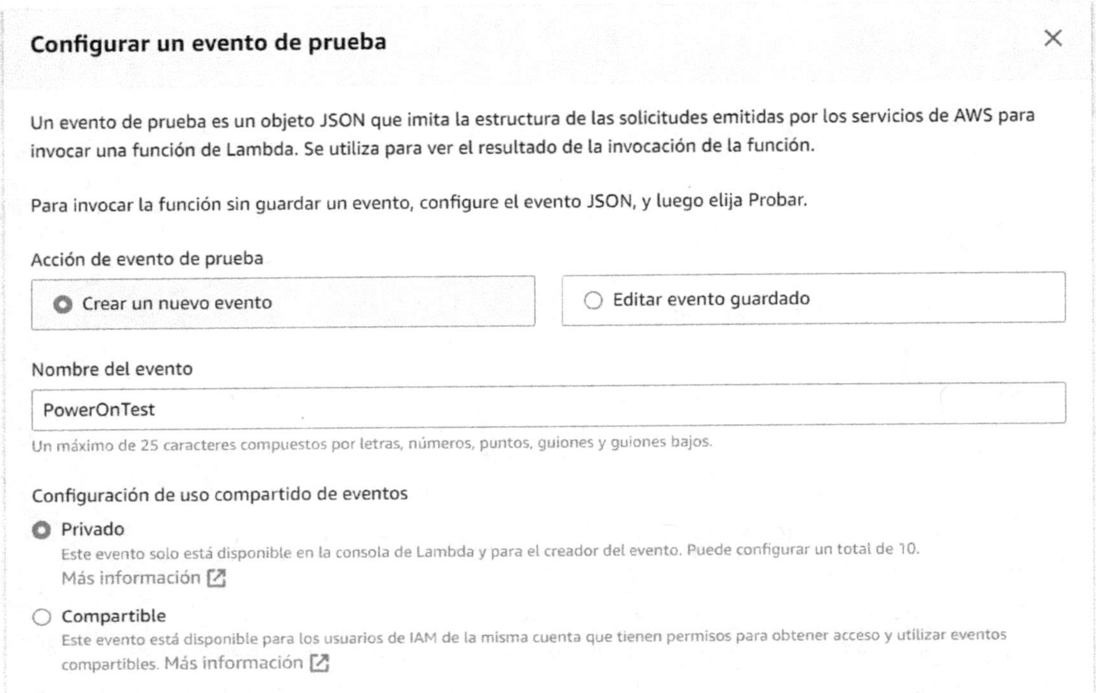

Configurar un evento de prueba   ✕

Un evento de prueba es un objeto JSON que imita la estructura de las solicitudes emitidas por los servicios de AWS para invocar una función de Lambda. Se utiliza para ver el resultado de la invocación de la función.

Para invocar la función sin guardar un evento, configure el evento JSON, y luego elija Probar.

Acción de evento de prueba

● Crear un nuevo evento	○ Editar evento guardado

Nombre del evento

PowerOnTest

Un máximo de 25 caracteres compuestos por letras, números, puntos, guiones y guiones bajos.

Configuración de uso compartido de eventos

● **Privado**
Este evento solo está disponible en la consola de Lambda y para el creador del evento. Puede configurar un total de 10.
Más información ☑

○ **Compartible**
Este evento está disponible para los usuarios de IAM de la misma cuenta que tienen permisos para obtener acceso y utilizar eventos compartibles. Más información ☑

Plantilla - *Opcional*

alexa-smart-home-smart-home-control-turn-on-request ▼

Evento JSON

Formato JSON

```json
1 {
2    "directive": {
3       "header": {
4          "namespace": "Alexa.PowerController",
5          "name": "TurnOn",
6          "messageId": "1bd5d003-31b9-476f-ad03-71d471922820",
7          "correlationToken": "1bd5d003-31b9-476f-ad03-71d471922820",
8          "payloadVersion": "3"
9       },
10      "endpoint": {
11         "scope": {
12            "type": "BearerToken",
13            "token": "access-token-from-skill"
14         },
15         "endpointId": "sample-light-01",
16         "cookie": {}
17      },
18      "payload": {}
19   }
20 }
```

Cancelar   Invocar   Guardar

Pulsamos *Guardar* y procedemos a probar nuestra función.

En primer lugar probaremos el *DiscoveryTest*. Para ello pulsamos sobre la flecha de *Test*, seleccionamos *DiscoveryTest* y pulsamos sobre *Test*.

En este caso veremos que da un error respecto a los exports.

Código fuente Información

File Edit Find View Go Tools Window   **Test** ▼   Deploy

Go to Anything (Ctrl-P)   index.mjs ×   Environment Vari ×   **Execution result** ×

▼ arduino-controller-s ⚙▾   ▼ Execution results   Status: Failed
    index.mjs   **Test Event Name**
                                 DiscoveryTest

                                 Response
                                 {
                                   "errorType": "ReferenceError",
                                   "errorMessage": "exports is not defined in ES module scope",
                                   "trace": [
                                     "ReferenceError: exports is not defined in ES module scope",
                                     "   at file:///var/task/index.mjs:14:1",
                                     "   at ModuleJob.run (node:internal/modules/esm/module_job:222:25)",
                                     "   at async ModuleLoader.import (node:internal/modules/esm/loader:316:24)",
                                     "   at async _tryAwaitImport (file:///var/runtime/index.mjs:1008:16)",

Eso es debido a que estamos utilizando módulos CommonJS en lugar de ECMAScript. Tampoco te compliques. Basta con cambiar la extensión del fichero index.mjs a index.js. Haz click con el botón derecho del ratón sobre el nombre del fichero, selecciona *Rename* y modifícalo.

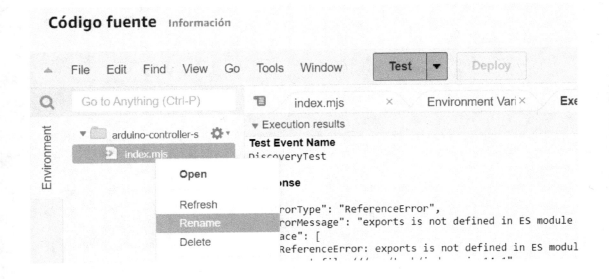

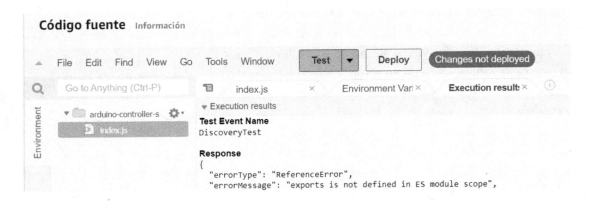

Seguidamente pulsamos sobre *Deploy* (de lo contrario no de tendrá en cuenta el cambio de nombre del fichero y volverá a darte error) y *Test* para volver a probarlo.

Y ahora sí, vemos que el resultado es satisfactorio.

Si nos fijamos en la respuesta, vemos que da la información que hemos programado enviar cuando nos pidan descubrir nuestros dispositivos (la función **handleDiscovery** de nuestro código), concretamente la bombilla sample-bulb-01 con los interfaces de los que hemos hablado antes, que básicamente nos permiten encender y apagar el dispositivo (las directivas de las que hemos hablado hace un rato).

```
Response
{
 "event": {
  "header": {
   "namespace": "Alexa.Discovery",
   "name": "Discover.Response",
   "payloadVersion": "3",
   "messageId": "1bd5d003-31b9-476f-ad03-71d471922820"
  },
  "payload": {
   "endpoints": [
    {
     "endpointId": "sample-bulb-01",
     "manufacturerName": "Smart Device Company",
     "friendlyName": "Livingroom lamp",
     "description": "Virtual smart light bulb",
     "displayCategories": [
      "LIGHT"
     ],
     "additionalAttributes": {
      "manufacturer": "Sample Manufacturer",
      "model": "Sample Model",
      "serialNumber": "U11112233456",
      "firmwareVersion": "1.24.2546",
      "softwareVersion": "1.036",
      "customIdentifier": "Sample custom ID"
     },
     "cookie": {
      "key1": "arbitrary key/value pairs for skill to reference this endpoint.",
```

```
        "key2": "There can be multiple entries",
        "key3": "but they should only be used for reference purposes.",
        "key4": "This is not a suitable place to maintain current endpoint state."
      },
      "capabilities": [
        {
          "interface": "Alexa.PowerController",
          "version": "3",
          "type": "AlexaInterface",
          "properties": {
            "supported": [
              {
                "name": "powerState"
              }
            ],
            "retrievable": true
          }
        },
        {
          "type": "AlexaInterface",
          "interface": "Alexa.EndpointHealth",
          "version": "3.2",
          "properties": {
            "supported": [
              {
                "name": "connectivity"
              }
            ],
            "retrievable": true
          }
        },
        {
          "type": "AlexaInterface",
          "interface": "Alexa",
          "version": "3"
        }
      ]
    }
  ]
  }
 }
}
```

Si ahora ejecutamos el otro test (PowerOnTest), vemos que el resultado de nuevo es el *"ON"* que habíamos programado (en la función **handlePowerControl** de nuestro código):

Test Event Name
PowerOnTest

Response

```json
{
  "context": {
    "properties": [
      {
        "namespace": "Alexa.PowerController",
        "name": "powerState",
        "value": "ON",
        "timeOfSample": "2022-09-03T16:20:50.52Z",
        "uncertaintyInMilliseconds": 50
      },
      {
        "namespace": "Alexa.EndpointHealth",
        "name": "connectivity",
        "value": {
          "value": "OK"
        },
        "timeOfSample": "2022-09-03T22:43:17.877738+00:00",
        "uncertaintyInMilliseconds": 0
      }
    ]
  },
  "event": {
    "header": {
      "namespace": "Alexa",
      "name": "Response",
      "messageId": "1bd5d003-31b9-476f-ad03-71d471922820-R",
      "correlationToken": "1bd5d003-31b9-476f-ad03-71d471922820",
      "payloadVersion": "3"
    },
    "endpoint": {
      "scope": {
        "type": "BearerToken",
        "token": "access-token-from-skill"
      },
      "endpointId": "sample-bulb-01"
    },
    "payload": {}
  }
}
```

Paso 5: Copiar el nombre de recurso

Esto es lo que se llama el ARN (Amazon Resource Name), nombre del recurso. ¿Qué quiere decir? Se refiere a cómo encontrar la función lambda. Dicho de otro modo, cuando cualquier agente externo busque ejecutar la función lambda, deberá de conocer su ARN para poder llamarla. Es igual que cuando quieren llamarte por teléfono han de conocer tu número de teléfono.

¿Y esto lo necesitamos en algún momento? Por supuesto, ya que de lo contrario no estaría perdiendo el tiempo explicándotelo. Hemos habilitado que desde Alexa puedan desencadenar la función lambda (lo que hemos hecho antes de los desencadenadores (triggers en inglés), ya tú sabes), pero ahora hemos de decirle a nuestra skill (la que creábamos en la consola de desarrollo, no en AWS (en AWS lo que hemos creado es la función lambda)) cómo llegar a la función lambda.

Una skill cuando es invocada llama a su endpoint, por lo que une los puntos: en efecto, hemos de indicar el ARN de nuestra función lambda como endpoint para nuestra skill.

Para obtener el ARN de la función pulsamos sobre el botón copiar que hay junto al ARN.

Y con esto hemos completado los pasos de la creación de la función lambda. Ahora es cuando tomamos el ARN de nuestra función lambda y lo ponemos como endpoint de nuestra skill. Para hacerlo hemos de dirigirnos nuevamente a la skill, que la tenemos accesible dentro de la ruta de la consola de desarrollo de Alexa: https://developer.amazon.com/alexa/console/ask Nos aparecerá el listado de nuestras skills. Seleccionamos "*Controlador Arduino*" y dentro de su configuración pegamos el ARN dentro del campo "*Default endpoint*".

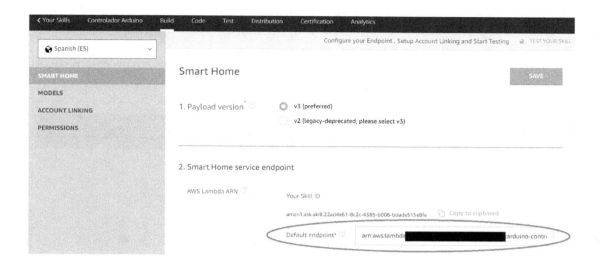

Pulsamos el botón *Save*.

Una vez hecho esto hemos de enlazar el usuario de Alexa con el de nuestro sistema. En este caso utilizaremos el servidor de autorización de Amazon (LWA – Login With Amazon).

Lo primero es crear el perfil de seguridad para la skill. Entramos en la consola de Login With Amazon: https://developer.amazon.com/loginwithamazon/console/site/lwa/overview.html

Pulsamos sobre *"Create a New Security Profile"*.

Introducimos el nombre que queramos darle al perfil, una descripción, la URL de nuestra política de privacidad (si es que la tenemos) así como un logo del producto en caso de que lo tuviésemos.

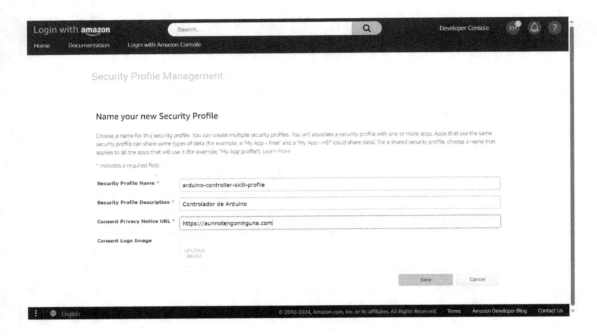

Pulsa *Save* y acabas de crear tu perfil. Esto te proporcionará un *"Client ID"* y un *"Client Secret"*.

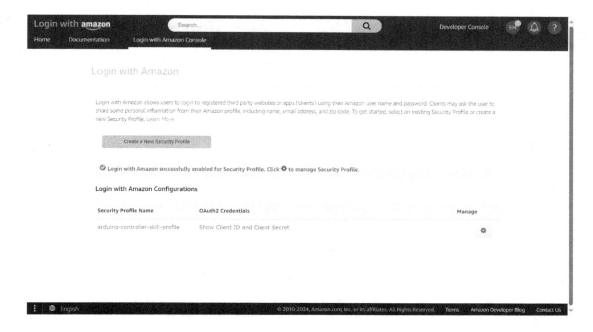

Pulsa sobre *"Sow Client ID and Client Secret"* para copiar ambos valores y, como en la recetas de cocina, resérvalos para más adelante.

A continuación vamos a enlazar nuestra skill con este perfil y este servidor de seguridad. Entramos en la consola de desarrollo de Alexa: https://developer.amazon.com/alexa/console/ask y en la lista de skills elegimos la acción *Edit* de nuestra skill.

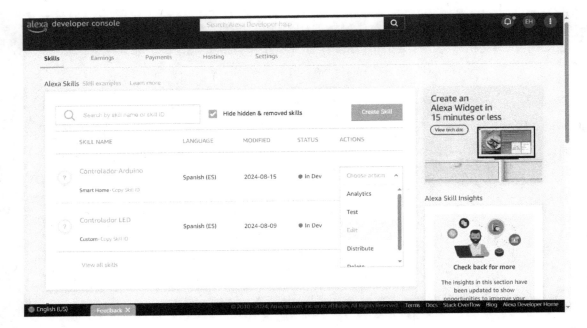

Vamos a la opción de la derecha de *"Account Linking"*:

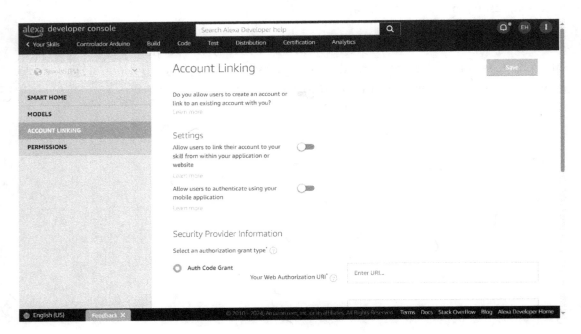

Y en los campos de *"Auth Code Grant"* rellenamos lo siguiente:

- *Your Web Authorization URI**: https://www.amazon.com/ap/oa

- *Access Token URI**: https://api.amazon.com/auth/o2/token
- *Your Client ID**: El *"Client ID"* que copiaste del perfil que creaste.
- *Your Secret**: El *"Client Secret"* que copiaste del perfil que creaste.
- *Your Authentication Scheme**: Seleccionamos *"HTTP Basic"*.
- *Scope**: Pulsamos sobre *"Add scope"* e introducimos *"profile:user_id"*.

Pulsamos el botón *Save* y, cuando nos da la confirmación, vamos al final de la página y copiamos las URL de redireccionamiento al block de notas ya que las tendremos que introducir a continuación pues serían las que harán que, una vez finalizada la autenticación, se redirija al usuario de nuevo a la aplicación Alexa.

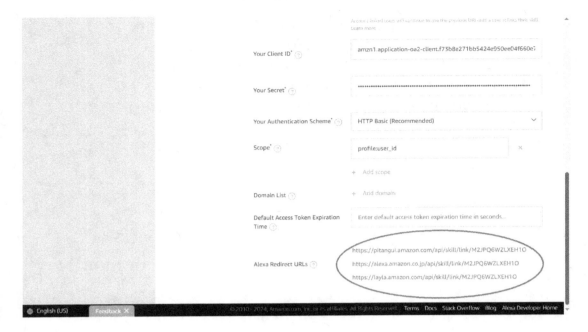

Por último volvemos a la consola de LWA: https://developer.amazon.com/loginwithamazon/console/site/lwa/overview.html

Ahora nos mostrará un perfil, que será el que hemos creado hace un momento. Dentro de *Manage* seleccionamos *"Web Settings"*.

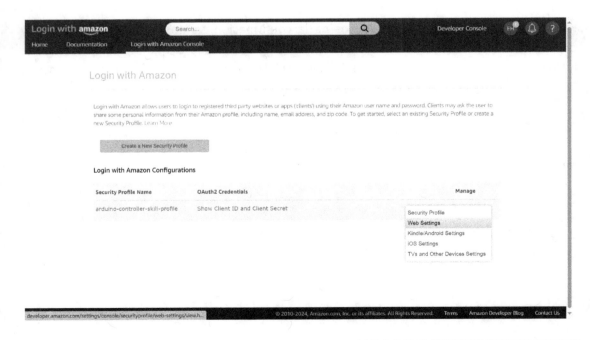

Pulsamos el botón *Edit*.

En *"Allowed Return URLs"* pulsamos *"Add another"* dos veces para tener tres campos donde pegar las tres URLs que hemos copiado en el paso anterior.

Por último pulsamos *"Save"* y ya tenemos creado el enlace de cuentas con nuestro perfil de seguridad.

En estos pasos hemos de tener en cuenta que lo que hacemos es que Amazon se autentica a sí mismo. Si tuviésemos una empresa con una nube privada, tendríamos que tener nuestro propio servidor de autenticación que proporcione un token de modo que la skill pueda acceder a los recursos de nuestra nube de forma segura.

Aunque no te lo creas ya hemos terminado. Es el momento de instalar nuestra skill en nuestra cuenta de Alexa y probar nuestra asombrosa y tremendamente útil skill.

Los pasos son los mismos que con la anterior skill. Entramos con el móvil a nuestra app de Alexa, vamos al apartado *"Skills y juegos",* nos desplazamos al final de la pantalla, pulsamos en *"Mis skills"* y vamos al apartado *Desarrolador*. Ahí vemos nuestra skill, pero con un matiz distinto al caso anterior, pues nos indica que es necesario vincular la cuenta. Esto es debido al *"Account linking"* que hemos realizado anteriormente, donde, al tratarse de una skill que ha de acceder a una nube externa, ha de vincular las cuentas.

Entramos en la skill y pulsamos sobre *"Permitir su uso"*. Sigue las instrucciones que te van apareciendo por pantalla para permitir el enlace de las cuentas.

A continuación va a buscar dispositivos vinculados a esa skill, y va a encontrar nuestro dispositivo, que si bien está así indicado en la función Lambda, aún no se corresponde con ningún dispositivo físico.

¿Con qué nombre nos va a aparecer? Recuerda la siguiente línea de código dentro de tu función lambda respondiendo a las peticiones *Discover*:

"friendlyName": "Livingroom lamp"

Es decir, nos va a aparecer como *"Livingroom lamp"*.

Puedes desde la app Alexa entrar al dispositivo y encenderlo y apagarlo (que ya sabes, no hará nada, pero tú serás feliz porque has creado un dispositivo que interactúa con Alexa, aunque no exista).

Por último, podemos ver los logs dentro de AWS para ver que realmente estamos interactuando. Para ello entramos a la consola de AWS: https://console.aws.amazon.com/console/home

En la barra de búsqueda buscamos *CloudWatch*. Accedemos a *Registros* y dentro de él a *"Grupos de registros"*.

Pulsamos sobre el enlace de nuestra función lambda y accedemos a sus registros:

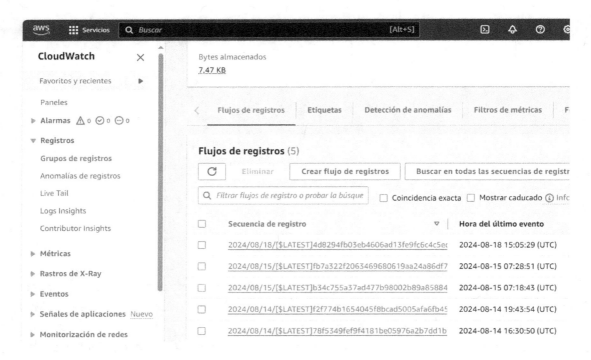

Pulsamos sobre cualquiera de ellos y podemos ver las peticiones y respuestas:

Paso 6: Modificar el dispositivo reconocido para que sea el que nos interesa

Ok, ya tenemos el esqueleto de lo que queremos hacer funcionando. Ahora vamos a modificarlo para que haga las siguientes dos cosas:

1. Llamar a nuestro dispositivo por su nombre: ArduinoLED
2. Enviar peticiones de encender LED y apagar LED, devolviendo la respuesta.

El primer paso va a ser inmediato. Para el segundo has de tener en cuenta que la función Lambda no hablará con el Arduino, sino con la Raspberry, que es nuestra nube, por lo que deberá de ser esta la que a su vez envíe las órdenes al Arduino.

Pues lo dicho, comencemos por el principio. Los cambios que queremos realizar no son sobre la skill, pues las órdenes que queremos dar con Alexa no cambian. Todo lo que queremos hacer ha de ser en la función Lambda. Por ello volvemos a la consola de AWS

(aws.amazon.com) e iniciamos sesión en la consola con el usuario raiz. Entramos en el servicio Lambda y seleccionamos la función arduino-controller-skill. Bajamos hasta ver el código y seleccionamos el fichero *index.js*

Como vamos a comenzar por indicar un nombre más adecuado, hemos de ir a la función que maneja el descubrimiento del dispositivo, esto es, *handleDiscovery*.

```
if (request.directive.header.namespace === 'Alexa.Discovery' && request.directive.header.name === 'Discover')
{
    log("DEBUG:", "Discover request",  JSON.stringify(request));
    handleDiscovery(request, context, "");
}
```

Dentro de esta función se devuelve la información de los dispositivos descubiertos, en este caso tan solo el de uno, *sample-bulb-01*. En nombre que nos muestra la app de Alexa es el que indiquemos dentro del campo *friendlyName*.

```
function handleDiscovery(request, context) {
    // Send the discovery response
    var payload = {
        "endpoints":
        [
            {
                "endpointId": "sample-bulb-01",
                "manufacturerName": "Smart Device Company",
                "friendlyName": "Livingroom lamp",
                "description": "Virtual smart light bulb",
                "displayCategories": ["LIGHT"],
                "additionalAttributes":  {
                    "manufacturer" : "Sample Manufacturer",
                    "model" : "Sample Model",
                    "serialNumber": "U11112233456",
                    "firmwareVersion" : "1.24.2546",
                    "softwareVersion": "1.036",
                    "customIdentifier": "Sample custom ID"
                },
```

Por tanto, basta con cambiar *"Livingroom lamp"* a *"Arduino LED"*.

```
function handleDiscovery(request, context) {
    // Send the discovery response
    var payload = {
        "endpoints":
        [
```

```
{
    "endpointId": "sample-bulb-01",
    "manufacturerName": "Smart Device Company",
    "friendlyName": "Arduino LED",
    "description": "Virtual smart light bulb",
    "displayCategories": ["LIGHT"],
    "additionalAttributes": {
        "manufacturer" : "Sample Manufacturer",
        "model" : "Sample Model",
        "serialNumber": "U11112233456",
        "firmwareVersion" : "1.24.2546",
        "softwareVersion": "1.036",
        "customIdentifier": "Sample custom ID"
    },
```

Lo cambiamos y pulsamos el botón *Deploy*. En el siguiente descubrimiento de dispositivos, Alexa actualizará el dispositivo, pero si quieres acelerar las cosas basta conque desactives y vuelvas a activar la skill dentro de la app.

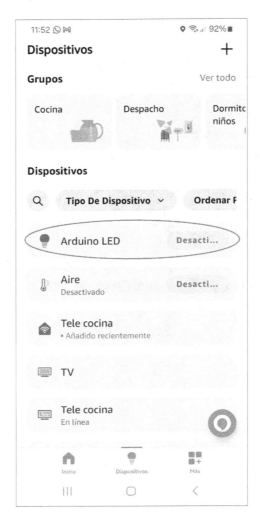

Ahora que ya hemos hecho lo más fácil y nos sentimos reconfortados de que con tan poco trabajo hayamos conseguido uno de los hitos, vamos con la segunda parte, que en esta ocasión sí va a costarnos un poquito más.

Hasta ahora, aunque nos hemos hartado de hablar del Arduino, realmente lo tenemos fuera de nuestro esquema. La función lambda responde directamente, sin preguntar a nadie. Esa es una conducta inadmisible, pues lo que queremos es que envíe la orden al Arduino.
¿Y eso podemos hacerlo directamente? La verdad es que sí. Nada nos impide que nuestro flamante Arduino se conecte directamente a Internet igual que hemos hecho antes con la Raspberry. Necesitar necesitarías lo mismo que con la Raspberry, es decir, tener un IP pública

o un nombre fijo mediante DDNS (esto último es lo que hemos hecho con la Raspberry) así como abrir los puertos necesarios en el router.

El problema de esta solución es que no es escalable, ya que si solo tienes un Arduino pues vale, pero si empiezas a añadir equipos, ¿te vas a dedicar a abrir puertos concretos para cada uno de esos equipos en el router? Es una locura. Mucho mejor tener tu nube intermedia mediante la Raspberry, que todos tus equipos hablen con ella, y sea ella la que hable con la función Lambda.

Y ahora viene la segunda pregunta, ¿y cómo sabe la Raspberry con qué equipo ha de hablar? Pues guardando un registro de los equipos que tiene conectados.

Esto último, dado que lo haremos en un entorno de pruebas, no nos va a preocupar, pero si lo escalases y tuvieses varios usuarios cada uno con su dispositivo, lo que tendrías que hacer es que cada uno tuviese su cuenta y se autenticase con ella. ¿Recuerdas todo el proceso de autenticación que hicimos antes? No tenía mucho sentido en nuestro caso, ya que siempre es un único usuario, y de hecho la función lambda en su respuesta al Discover devuelve siempre el mismo resultado, pero si fuese una empresa real con dispositivos adquiridos por miles de usuarios, esa respuesta debería de venir condicionada por la cuenta de usuario de cada cliente, es decir, si me instalo la app del Roomba, no quiero que al meterlo en Alexa me aparezcan los Roombas de todo el mundo, solo el mío, lo que se consigue haciendo que solo devuelva aquellos dispositivos relacionados con mi cuenta de usuario.

Tras esta elocuente disertación sobre vida y milagros de las cuentas de usuario, volvamos al tema que nos ocupa, que es hacer que la función lambda contacte con la Rasperry para que esta a su vez contacte con el Arduino y finalmente, utilizando solo toda la infraestructura de Amazon, Internet, un router, una Raspberry, un Arduino y todo el sofisticado entramado de comunicaciones de operador que tengas contratado, logres que se encienda el LED del Arduino.

En el caso del descubrimiento tuvimos que manipular la función *handleDiscovery*. En este caso habrá que manipular la función *handlePowerControl*. Lo que nos interesa de esta función es toda la primera parte, ya que a partir de ahí lo que hace es elaborar la respuesta a dar a Alexa que no vamos a modificar.

```
function handlePowerControl(request, context) {
    // get device ID passed in during discovery
    var requestMethod = request.directive.header.name;
    var responseHeader = request.directive.header;
    responseHeader.namespace = "Alexa";
    responseHeader.name = "Response";
    responseHeader.messageId = responseHeader.messageId + "-R";
```

```
    // get user token pass in request
    var requestToken = request.directive.endpoint.scope.token;
    var powerResult;

    if (requestMethod === "TurnOn") {

        // Make the call to your device cloud for control
        // powerResult = stubControlFunctionToYourCloud(endpointId, token, request);
        powerResult = "ON";

    }
    else if (requestMethod === "TurnOff") {
        // Make the call to your device cloud for control and check for success
        // powerResult = stubControlFunctionToYourCloud(endpointId, token, request);
        powerResult = "OFF";

    }
```

Si nos fijamos en la función aparecen dos líneas comentadas que como en todo buen ejemplo nos dan la pista de lo que tendríamos que modificar para que la operativa fuera real y no una simulación como hemos estado haciendo hasta ahora. En esa función *stubControlFunctionToYourCloud*, lo que se indica es el punto en el que comunicaríamos (lo digo en condicional ya que por el momento está comentada) con nuestra nube, que haría lo que tuviese que hacer dad la orden que ha recibido y respondería con el resultado. Como puedes ver esto es para toda orden, que en nuestro caso se traduce en las peticiones tanto de encender como de apagar el LED.

Ya sabemos dónde tenemos que actuar en la función lambda. Ahora toca actuar sobre la nube para que responda a la petición que haga la función lambda. En la skill anterior nos ceñimos a NodeJS ya que estábamos creando una función lambda. En este caso la función lambda está en AWS, por lo que en nuestra nube (la Raspberry) podemos utilizar el lenguaje que queramos. ¿Y qué debemos de programar en la Raspberry? Sencillo, un programa que escuche en algún puerto que abramos en el router y que cuando reciba la petición de encender o la de apagar lo traslade al Arduino.

No obstante, ya que tenemos instalado todo para ejecutar programas en NodeJS, vamos a utilizar ese lenguaje.

El funcionamiento del programa a crear en la Raspberry va a ser muy sencillo (lo puedes sofisticar muchísimo más, pero esto solo pretende ser un sencillo ejemplo):

- Escuchamos en el puerto al que va a conectarse el Arduino hasta que se conecta.

- Una vez conectado el Arduino, quedamos a la espera de recibir peticiones desde Alexa, que trasladaremos a la conexión que tenemos con Arduino.

No es nada del otro mundo si lo queremos hacer sencillo, es decir, sin comprobaciones ninguna, ni creación de hilos ni nada que haga de este un gran código, sino lo básico para que nos funcione el sistema.

Lamentablemente las funciones lambda no permiten la utilización de sockets TCP directamente, por lo que vamos a utilizar una petición GET de HTTP dirigida al puerto destinado para Alexa en nuestra nube. Al ser una petición GET no bastará con ver el valor que recibimos, sino que necesitaremos procesar el dato recibido para encontrar el código de activación o desactivación.

El código será el siguiente:

```
var net = require('net');
//Creamos el servidor
var server = net.createServer();
//Cuando recibamos el evento de conexión entrante, lo manejaremos con la función handleConnection
server.on('connection', handleConnection);
//Nos ponemos a escuchar en el puerto 4441
server.listen(4441, function() {
  console.log('Servidor esperando a Arduino en puerto', server.address()["port"]);
});

//Función que maneja una conexión realizada por el Arduino
function handleConnection(conn) {
  var remoteAddress = conn.remoteAddress + ':' + conn.remotePort;
  console.log('Arduino conectado.');
  //Pongo manejadores para los distintos eventos
  conn.on('data', onConnData);
  conn.once('close', onConnClose);
  conn.on('error', onConnError);
  function onConnData(d) {
    console.log('Recibido dato desde %s: %j', remoteAddress, d);
  }
  function onConnClose() {
    console.log('Conexión con %s cerrada', remoteAddress);
  }
  function onConnError(err) {
    console.log('Error en la conexión con %s: %s', remoteAddress, err.message);
  }
  //Y ahora viene la segunda parte que es, con la conexión a Arduino activa, escuchar las peticiones de Alexa
  var server2 = net.createServer();
  server2.on('connection',handleConnectionAlexa);
  server2.listen(4442,function(){
```

```
console.log('Esperando peticiones de Alexa en el puerto',server2.address()["port"]);
});

function handleConnectionAlexa(conn2){
  var remoteAddress = conn2.remoteAddress + ':' + conn2.remotePort;
  console.log('Alexa conectada.');
  //Pongo manejadores para los distintos eventos
  conn2.on('data', onConnDataAlexa);
  conn2.once('close', onConnCloseAlexa);
  conn2.on('error', onConnErrorAlexa);
  function onConnDataAlexa(d) {
    console.log('Recibido dato desde %s: %s', remoteAddress, d);
    if(d.indexOf('GET /1')>=0){
      //Lo traslado al Arduino
      console.log('Activar LED');
      conn.write('1');
    }else if (d.indexOf('GET /0')>=0){
      console.log('Desactivar LED');
      conn.write('0');
    }
  }
  function onConnCloseAlexa() {
    console.log('Conexión con %s cerrada', remoteAddress);
  }
  function onConnErrorAlexa(err) {
    console.log('Error en la conexión con %s: %s', remoteAddress, err.message);
  }

}

}
```

Está suficientemente explicado con los comentarios del código, pero en esencia lo que hacemos es:

- Creamos un servidor que escuche en el puerto 4441. Este servidor será el que estará esperando a que se conecte el Arduino.

```
var net = require('net');
//Creamos el servidor
var server = net.createServer();
//Cuando recibamos el evento de conexión entrante, lo manejaremos con la función handleConnection
server.on('connection', handleConnection);
//Nos ponemos a escuchar en el puerto 4441
server.listen(4441, function() {
  console.log('Servidor esperando a Arduino en puerto', server.address()["port"]);
```

```
});
```

- Una vez se ha conectado el Arduino, se llama a la función *handleConnection*, que es la que maneja esa conexión. El manejo de la conexión principalmente consiste en crear un nuevo servidor abriendo el puerto 4442 que en esta ocasión aguarde hasta que llegue una conexión por parte de Alexa.

```
var server2 = net.createServer();
server2.on('connection',handleConnectionAlexa);
server2.listen(4442,function(){
  console.log('Esperando peticiones de Alexa en el puerto',server2.address()["port"]);
});
```

- Al recibir una conexión al puerto 4442, que será proveniente de Alexa, gestionamos esa conexión con la función *handleConnectionAlexa*. Dicha función dispondrá por un lado de la conexión con Arduino mediante la variable *conn*, y de la conexión con Alexa mediante la variable *conn2*. Enlazamos el evento de recibir datos desde la conexión conn2 (es decir, Alexa), y lo único que hacemos es enviar dicho dato, mediante la función *onConnDataAlexa*, al Arduino. Únicamente hemos de tener la precaución de que recibiremos una petición GET desde Alexa, no un '1' o un '0', por lo que hemos de procesar esa petición para saber si realmente se refiere a un '1' o a un '0'. ¿Cómo hacemos eso? Muy sencillo: La petición GET, dado que la haremos a http://TU_URL:4442/0 o http://TU_URL:442/1, hará que nos llegue un mensaje que contendrá "GET /0" o "GET /1", por lo que basta conque busquemos cuál de las dos cadenas aparecen en el texto recibido, lo que realizaremos mediante la función *indexOf* que tiene la variable donde almacenamos el texto recibido.

```
function handleConnectionAlexa(conn2){
  var remoteAddress = conn2.remoteAddress + ':' + conn2.remotePort;
  console.log('Alexa conectada.');
  //Pongo manejadores para los distintos eventos
  conn2.on('data', onConnDataAlexa);
  conn2.once('close', onConnCloseAlexa);
  conn2.on('error', onConnErrorAlexa);
  function onConnDataAlexa(d) {
    console.log('Recibido dato desde %s: %s', remoteAddress, d);
    if(d.indexOf('GET /1')>=0){
      //Lo traslado al Arduino
      console.log('Activar LED');
      conn.write('1');
    }else if (d.indexOf('GET /0')>=0){
      console.log('Desactivar LED');
```

```
      conn.write('0');
    }
  }
  function onConnCloseAlexa() {
    console.log('Conexión con %s cerrada', remoteAddress);
  }
  function onConnErrorAlexa(err) {
    console.log('Error en la conexión con %s: %s', remoteAddress, err.message);
  }


}
```

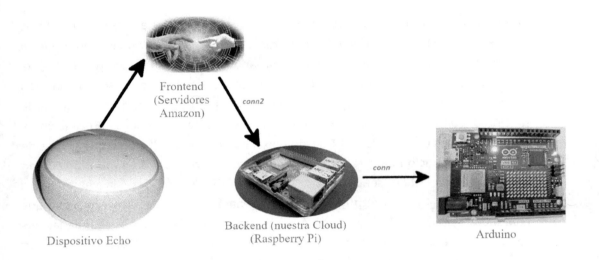

Dispositivo Echo — Frontend (Servidores Amazon) — conn2 — Backend (nuestra Cloud) (Raspberry Pi) — conn — Arduino

Este código lo podemos guardar dentro de la Raspberry con el nombre *server.js* dentro de la carpeta */var/www/nodejs*. Ahora es el turno de escribir el código de Arduino.

En Arduino el código es muy sencillo. Tan solo abrimos una conexión TCP con la Raspberry y nos quedamos a la espera de recibir datos. El código es el siguiente:

```
#include <WiFiS3.h>

const char* WIFI_SSID = "EL_NOMBRE_DE_TU_WIFI"; //Pon aquí el SSID de tu WiFi para que se conecte
Arduino
const char* WIFI_PASSWORD = "EL_PASSWORD_DE_TU_WIFI"; //Y el password de la WiFi
const char* TCP_SERVER_ADDR = "proyectosarduinoadv.hopto.org"; //El nombre público que tiene tu nube en
Internet, como ya vimos en proyectos anteriores
const int TCP_SERVER_PORT = 4441; //El puerto que hemos habilitado en server.js para que se conecte el
Arduino
```

```
WiFiClient TCP_client;

void setup() {
  Serial.begin(9600);

  Serial.println("Arduino iniciándose...");

  // Revisamos que el módulo WiFi esté presente y sin errores
  if (WiFi.status() == WL_NO_MODULE) {
    Serial.println("Error módulo WiFi");
    // Bloqueamos el programa pues no tiene sentido continuar
    while (true)
      ;
  }

  //Revisamos que el firmware esté en su última versión
  String fv = WiFi.firmwareVersion();
  if (fv < WIFI_FIRMWARE_LATEST_VERSION) {
    Serial.println("Firmware no está en la última versión, por lo que si no te funciona actualízalo.");
  }

  Serial.print("Conectando a la red...");
  Serial.println(WIFI_SSID);
  while (WiFi.begin(WIFI_SSID, WIFI_PASSWORD) != WL_CONNECTED) {
    delay(10000);
  }

  Serial.print("Conectado a la red ");
  Serial.println(WIFI_SSID);

  // Una vez conectado a la Wifi, conectamos con nuestro servidor de la nube (la Raspberry)
  if (TCP_client.connect(TCP_SERVER_ADDR, TCP_SERVER_PORT)) {
    Serial.println("Conectado a la nube");
  } else {
    Serial.println("Error conectando con el servidor en la nube.");
  }
}

void loop() {
  // Obtenemos los datos que nos lleguen desde la nube y actuamos en consecuencia
  if (TCP_client.available()) {
    char c = TCP_client.read();
    Serial.print(c);
    if(c=='1')
      //Si recibo el caracter '1', enciendo el LED
      digitalWrite(LED_BUILTIN, HIGH);
    else if(c=='0')
      //Si recibo el caracter '0', apago el LED
      digitalWrite(LED_BUILTIN, LOW);
  }

  //Revisamos si la conexión sigue activa
  if (!TCP_client.connected()) {
    Serial.println("Arduino desconectado de la nube.");
```

```
TCP_client.stop();

//Si nos hemos desconectado, intentamos volver a conectar
if (TCP_client.connect(TCP_SERVER_ADDR, TCP_SERVER_PORT)) {
  Serial.println("Reconectado con la nube");
} else {
  Serial.println("Error reconectando con el servidor en la nube");
  delay(1000);
}
}
}
```

Como puedes ver, el código es autoexplicativo, y si se extiende es por las diversas comprobaciones que hace. Durante *setup* lo único que hacemos es conectar con la WiFi y, una vez conectado, con el servidor montado en la Raspberry (nuestra nube).

```
while (WiFi.begin(WIFI_SSID, WIFI_PASSWORD) != WL_CONNECTED) {
  delay(10000);
}
if (TCP_client.connect(TCP_SERVER_ADDR, TCP_SERVER_PORT)) {
  Serial.println("Conectado a la nube");
} else {
  Serial.println("Error conectando con el servidor en la nube.");
}
```

Tras obtener la conexión con el servidor, entramos en la función *loop*, que realmente su función es esperar a recibir datos y, si recibe el carácter '1' enciende el LED mientras que si recibe el carácter '0', lo apaga.

```
if (TCP_client.available()) {
  char c = TCP_client.read();
  Serial.print(c);
  if(c=='1')
    //Si recibo el caracter '1', enciendo el LED
    digitalWrite(LED_BUILTIN, HIGH);
  else if(c=='0')
    //Si recibo el caracter '0', apago el LED
    digitalWrite(LED_BUILTIN, LOW);
}
```

Ahora queda un pequeño detalle, y es que has de recordar abrir el puerto 4441 en tu router, que dirija la conexión de ese puerto al puerto 4441 de la Raspberry, de igual modo que hicimos con el puerto 443 cuando hicimos la primera skill. En este caso la relación a configurar en tu router sería (ojo siempre que la IP sea la que le has puesto a la Raspberry):

4441 ⇔ 192.168.1.66:4441

De este modo, toda comunicación referida al puerto 4441 de nuestro nombre público (proyectosarduinoadv.hopto.org, nombre con el que identificamos nuestro router en Internet), lo redireccionará al puerto 4441 de la IP 192.168.1.66, suponiendo que sea esa IP la que tiene la Raspberry en nuestra red de área local. Si tiene otra, pues pon la que tenga.

Dado que el siguiente paso será cambiar la función lambda para que hable con nuestra nube, puedes aprovechar para configurar el redireccionamiento del puerto 4442:

4442 ⇔ 192.168.1.66:4442

Es el momento de probar el Arduino. Ejecuta el servidor en la Raspberry:

$ nodejs server.js

Sube el código al Arduino, y tendrá que aparecerte en la pantalla de la Raspberry lo siguiente:

Servidor esperando a Arduino en puerto 4441
Arduino conectado.
Esperando peticiones de Alexa en el puerto 4442

Una vez tenemos esta parte, es el momento de cambiar la función lambda para que pueda comunicarse adecuadamente con nuestra nube.
Para ello volvemos a la consola de AWS, y nos fijamos en la siguiente porción de código dentro del fichero *index.js*:

```
if (requestMethod === "TurnOn") {

    // Make the call to your device cloud for control
    // powerResult = stubControlFunctionToYourCloud(endpointId, token, request);
    powerResult = "ON";
}
```

Esta porción de código es la que se ejecuta cuando la función lambda recibe la indicación de que encienda el LED, por lo que vamos a modificar esta porción de código para que conecte con la nube, envíe el carácter '1', y cierre la conexión.

Dado que utilizaremos peticiones GET, hemos de realizar una petición al puerto 4442 de nuestro nombre público (proyectosarduinoadv.hopto.org) pero añadiendo '/1', con lo que la

petición GET para encender el LED será "http://proyectosarduinoadv.hopto.org:4442/1" y
para apagarlo "http://proyectosarduinoadv.hopto.org:4442/0".

De este modo, nos quedan las siguientes porciones de código para encender y apagar el LED:

```
if (requestMethod === "TurnOn") {
    //Creo la conexión con la nube, envío un '1' y cierro la conexión
    log("DEBUG: ", "Conectado a la nube y enviando ", "1");
    var http = require('http');
    http.get('http://proyectosarduinoadv.hopto.org:4442/1');
    //Devuelvo como resultado que he encendido el LED (realmente no estoy esperando a recibir ninguna
comprobación)
    powerResult = "ON";
}
else if (requestMethod === "TurnOff") {
    //Creo la conexión con la nube, envío un '0' y cierro la conexión
    log("DEBUG: ", "Conectado a la nube y enviando ", "0");
    var http = require('http');
    http.get('http://proyectosarduinoadv.hopto.org:4442/0');
    //Devuelvo como resultado que he apagado el LED (realmente no estoy esperando a recibir ninguna
comprobación)
    powerResult = "OFF";
}
```

Modifica el código de esta manera en tu función lambda, pulsa *DEPLOY*, y ya puedes probar a
decirle a Alexa "Alexa, enciende Arduino LED" y "Alexa, apaga Arduino LED". Ten en cuenta
que para que esto funcione, *server.js* ha de estar en ejecución en la Raspberry.

Se muestra a continuación el texto que *server.js* vuelca en la consola al recibir las peticiones
de encender y apagar. Concretamente se ha puesto en ejecución *server.js*, se ha encendido el
Arduino (lo que aparece detectado en la consola de la Raspberry), seguidamente se ha pedido
a un altavoz echo que encienda Arduino LED y por último se ha pedido que lo apague:

$ nodejs server.js
Servidor esperando a Arduino en puerto 4441
Arduino conectado.
Esperando peticiones de Alexa en el puerto 4442
Alexa conectada.
Recibido dato desde ::ffff:x.xxx.xxx.x:xxxxx: GET /1 HTTP/1.1
Host: proyectosarduinoadv.hopto.org:4442
Connection: keep-alive

Activar LED

Conexión con ::ffff:x.xxx.xxx.x:xxxxx cerrada

Alexa conectada.

Recibido dato desde ::ffff:x.xxx.xxx.x:xxxxx: GET /0 HTTP/1.1

Host: proyectosarduinoadv.hopto.org:4442

Connection: keep-alive

Desactivar LED

Conexión con ::ffff:x.xxx.xxx.x:xxxxx cerrada

Y ya está. Recapitulando, dispones de un Arduino conectado en tu casa, reconocido por Alexa como un dispositivo, y puedes pedir a Alexa que encienda o apague el LED mediante las órdenes "Alexa, enciende Arduino LED" y "Alexa, apaga Arduino LED". Con ello, Alexa reconoce la petición mediante su skill, la envía a la función lambda que la procesa, la función lambda genera una petición GET a tu nube (que es la Raspberry) con "/1" o "/0" según corresponda encender o apagar el LED y la nube envía al Arduino mediante la conexión WiFi de este un '1' o un '0' para que este encienda o apague su LED. He de reconocer que en ocasiones las peticiones HTTP desde la función lambda no funcionan lo bien que deberían, pero ahí ya entramos en el mundo de la programación en NodeJS y los eventos síncronos y asíncronos (que además también varían de una versión de NodeJS a otra) que quedan fuera del alcance de este libro pero que por supuesto te invito a que aprendas.

Madre mía lo que nos ha costado para encender y apagar un LED, pero no te quedes con eso, quédate conque ahora ya dispones de toda la arquitectura necesaria para elaborar prácticamente cualquier aplicación que se te ocurra que implique el manejo mediante comandos de voz de Alexa de un dispositivo conectado.

Y ahora que ya hemos hecho lo más complicado, que nos hemos coronado como adalides de la programación y que estamos en la cima de nuestra carrera, vamos a ver que hay otras formas muchísimo más sencillas de hacer lo mismo. No, no te acuerdes aún de mi familia, que es más sencillo pero a costa de perder cierto control, pues básicamente se basan en que la nube ya no va a ser tuya sino de un tercero, con las restricciones y pagos que quiera ponerte.

Como última observación recuerda que en AWS, aunque estás con un plan gratuito, has tenido que introducir los datos de una tarjeta de crédito, por lo que más vale prevenir que curar, y cuando dejes de experimentar con la plataforma, si no vas a usarlo y por tanto no vas a estar pendiente de la cuenta, te aconsejo que la borres para evitar cargos inesperados. Tan solo un detalle: Si anulas tu cuenta de AWS después no te dejará volver a abrirla con la misma dirección de email. Posiblemente escribiendo a atención al cliente al final la abran, pero cuidado con esto por si tienes especial cariño a la unión de tu cuenta AWS con tu dirección de email.

Proyecto 8 – Uso de plataformas externas

En el proyecto anterior hemos realizado de la forma más laboriosa posible una integración de Arduino con el sistema de control de voz Alexa. En este proyecto vamos a utilizar plataformas que ya están listas para usar, sin necesidad de disponer de una nube propia ni de disponer de nuestra cuenta en AWS.

El objetivo será el mismo que antes, es decir, encender y apagar el LED integrado en el Arduino, pero como podrás comprobar el esfuerzo va a ser mucho menor. Lo haremos de 2 maneras distintas para que, en función de tus gustos y necesidades para otros proyectos, utilices la forma que mejor se te adapte:

- Plataforma Arduino Cloud.
- Librería FauxmoESP.

Se ha escogido estos dos modos alternativos dada la versatilidad que ofrecen, ya que la primera al formar parte del propio ecosistema generado por Arduino tiene una integración total en estos sistemas y el segundo método hace uso de una herramienta ya existente que, aunque para una funcionalidad muy limitada, simplifica enormemente el trabajo.

Proyecto 8.1 – Uso de plataforma Arduino Cloud

Con el auge que han tenido los dispositivos IoT, donde precisamente Arduino ha sido uno de sus grandes exponentes, no podía pasar mucho tiempo sin que esta plataforma ofreciese su propia nube para proyectos conectados. De este modo ha nacido Arduino Cloud, plataforma que, dado el auge que a su vez ha tenido el sistema Alexa de Amazon, ofrece una forma sencilla de integrar tus diseños con esta plataforma a través de su Cloud.

Ahora viene la gran pega: no todas las placas de Arduino son compatibles con su Cloud. En esencia son compatibles las placas Arduino MKR, Portenta, IoT, RP2024, ESP32 y, como no podái ser de otra manera, el nuevo y flamante Arduino Uno R4 WiFi. Si dispones de una placa que desconoces si es compatible puedes verificarlo en la web (https://store.arduino.cc/en-es/collections/iot-cloud-compatible) así como en la propia caja del producto, donde vendrá indicado "Compatible with Arduino Cloud". También son compatibles en cierto modo otras placas que dispongan de ESP32 y similar.

En nuestro caso de nuevo utilizaremos nuestro Arduino Uno R4 WiFi.

Y la otra gran pega: como la nube ahora es de otro, aunque tiene un servicio básico gratuito, si quieres aprovechar todo su potencial te tocará pagar (para empezar en el momento en que tengas más de dos dispositivos en la nube). Puedes consultar los planes existentes en la web https://cloud.arduino.cc/plans
En nuestro caso, dado que se trata de un ejemplo sencillo de demostración, nos basta con el plan gratuito.

Para poder utilizar el servicio de Arduino Cloud, lo primero que deberás es generar tu propia cuenta como usuario de Arduino a través del siguiente enlace: https://login.arduino.cc/login

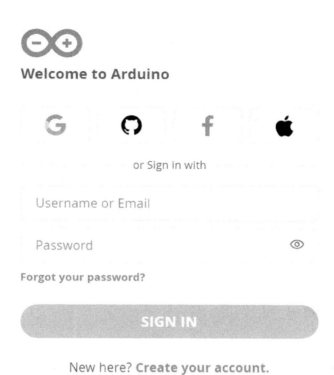

Pulsa sobre *"Create your account"* y sigue el proceso. Te pedirá el email, clave que quieres ponerle a tu cuenta y nombre de usuario. Es de los registros más sencillos que existen en la historia de las cuentas de usuario, por lo que no vamos a entrar aquí en detalle paso por paso. Crea una y seguimos con el siguiente paso.

Una vez hemos entrado pulsa sobre *CLOUD*, con lo que accederemos al apartado de la nube.

La pantalla de bienvenida es muy sencilla.

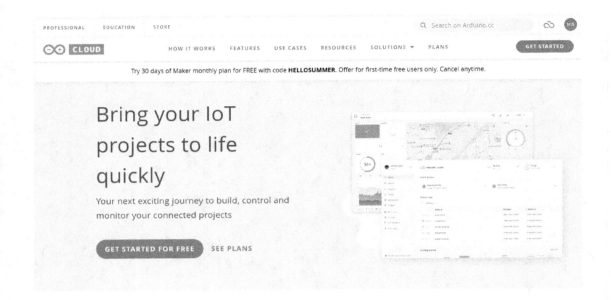

Pulsamos en *"GET STARTED FOR FREE"* y ahora sí entramos en la web de desarrollo de aplicaciones en la nube.

Dado que aún no hemos creado nada, observarás que nos indica arriba a la derecha que tenemos 0 dispositivos y 0 *"cosas"*. Para que nos entendamos, *Devices* se refiere a dispositivos físicos, una placa configurada dentro del sistema, mientras que *Things* podemos entenderlo como un proyecto en sí, que a su vez se asociará a un *Device*.

Lo primero por tanto deberá de ser el dar de alta un dispositivo (*Device*) dentro de la plataforma. Para ello seleccionamos en el menú de la izquierda *Devices* y en la pantalla que nos aparece, *"ADD DEVICE"*.

Nos indicará la forma en la que queremos añadirlo. En este caso vamos a hacerlo sencillo, ya que disponemos de un genuino Arduino, por lo elegimos la opción recomendada.

Es posible que te solicite instalar el último agente de Arduino Cloud para manejar adecuadamente tu placa de Arduino. Si es así, pulsa *INSTALL.*

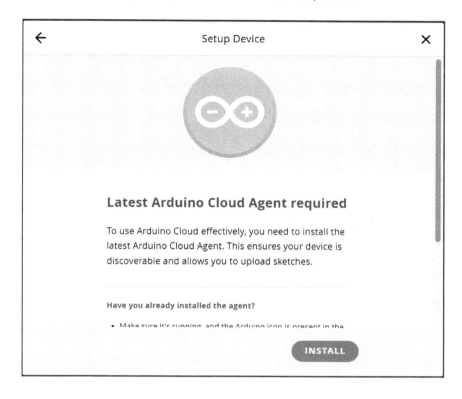

Te llevará a una página de descarga del agente. Pulsa *DOWNLOAD*.

Install the Arduino Cloud Agent

The Arduino Cloud Agent is a plugin that you install on your computer, that enables serial communication between your board and the Arduino Cloud.

DOWNLOAD

How to install

1. Open the downloaded file

2. Follow the wizard

3. Check for system tray icon

Te descargará un fichero ejecutable. Ejecútalo y sigue las instrucciones para su instalación (es la típica instalación de ir pulsando *Siguiente* en cada paso hasta que acaba, así que esa labor te la dejo a ti solito.

Tras instalar el agente te saldrá un mensaje de confirmación en el navegador.

Your Agent is ready. **You can now close this tab.**

Cierra la pestaña y regresa a la pestaña anterior del navegador, que te mostrará un mensaje de pánico absoluto.

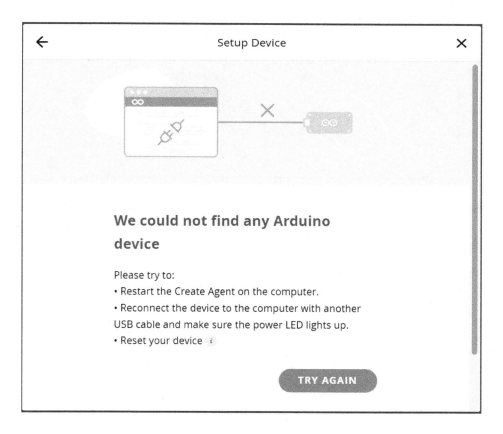

Bien pensado tiene todo el sentido, ya que aún no has conectado el Arduino al PC. Conéctalo y pulsa *"TRY AGAIN"*.

Si todo va bien, reconocerá el dispositivo y nos solicitará configurarlo.

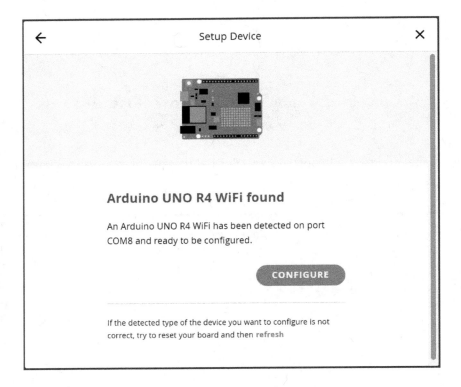

Pulsa *CONFIGURE* y comenzará la configuración automática del dispositivo.

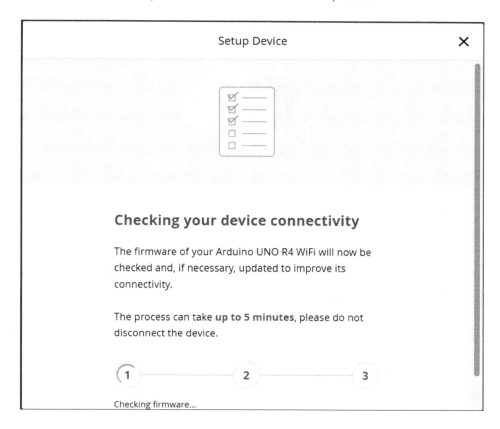

Nos solicitará un nombre para el dispositivo. En nuestro caso lo llamaremos simplemente *Arduino*.

Una vez finalizada la configuración del Arduino para trabajar con la nube, nos felicitará.

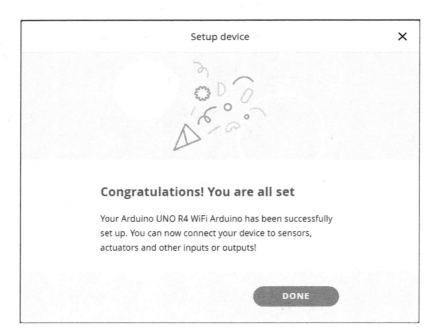

Pulsamos *DONE* y ya tenemos el dispositivo listo.

Seguidamente nos mostrará la página de detalle del dispositivo.

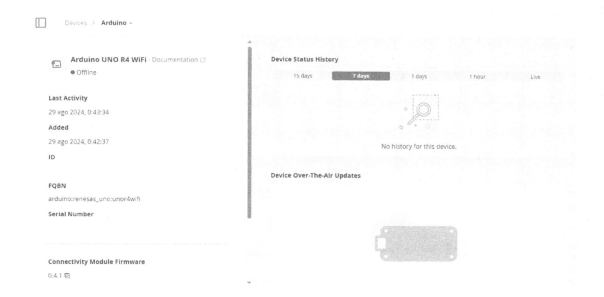

Si arriba a la derecha pulsamos sobre *Devices*, volveremos a la página principal en la que estábamos.

Ahora que ya tenemos el dispositivo, hemos de crear la cosa (*Thing*), que será la representación de nuestro dispositivo en la nube, es decir, aunque el dispositivo sea como sea, podremos configurar cómo queremos que se vea en la nube. Entramos en *Things* en el menú de la izquiera y pulsamos sobre el botón *"CREATE THING"*.

Con ello llegamos a la pantalla de configuración de la Thing. Esencialmente configuraremos 3 cosas:

1. El dispositivo físico al que estará enlazado.
2. Las credenciales de red para que se conecte a la WiFi y pueda acceder a la nube.
3. Las variables sobre las que actuaremos, de modo que dichas variables serán las que podrán ser leídas o escritas por la nube.

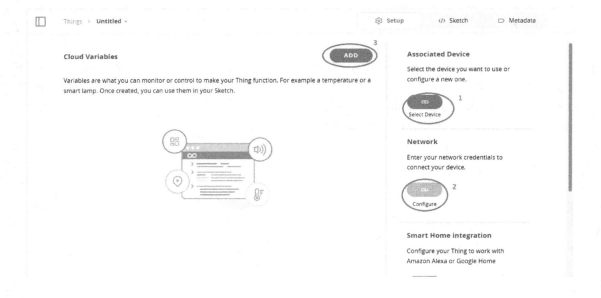

Pulsando sobre *"Select Device"* nos saldrán los dispositivos con los que podemos enlazar la Thing.

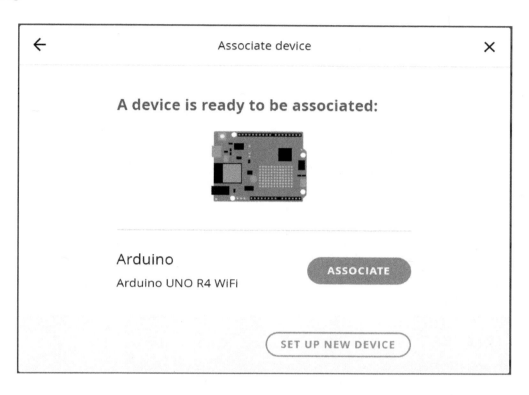

En este caso solo nos aparecerá el Arduino que hemos registrado hace un momento, por lo que pulsamos *ASSOCIATE*.

Seguidamente pulsamos *Configure* dentro de *Network*, con lo que nos llevará a la pantalla donde hemos de poner el nombre y el password de nuestra WiFi.

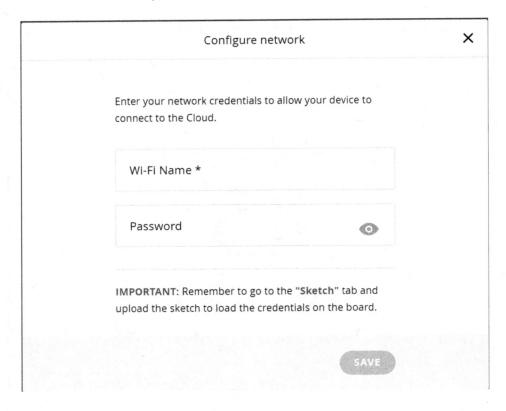

Rellenas ambos campos con la información de tu WiFi y pulsas *SAVE*.

Finalmente declararemos una variable llamada LED, que será del tipo *Light* (para que te aparezca, en la lista desplegable has de marcar *"Light and color"* y cuya declaración será *LED* del tipo *CloudLight*.

Pulsamos *"ADD VARIABLE"* para guardarla. Hay una cosa interesante, y es que si te fijas aparece el símbolo de Alexa y de Google Home junto al tipo de la variable. Eso significa que es compatible con ambas plataformas y a lo cuál le daremos uso más adelante.

Ya tenemos el dispositivo registrado y su representación en la nube realizada. El siguiente paso es crear el programa (sketch) que controle el sistema. No obstante, antes de nada vamos a darle un nombre a nuestra Thing, para lo que pulsamos sobre el menú superior desplegable y seleccionamos *Rename*.

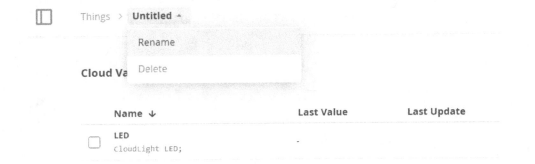

En mi caso la voy a llamar también *Arduino*. A continuación pulsamos sobre *Sketch* en la parte superior derecha y vemos el sketch sobre el que podemos trabajar.

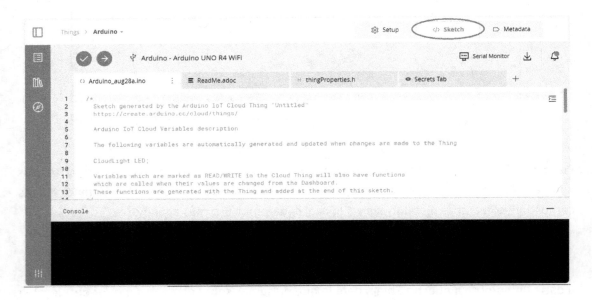

Revisando el sketch que nos proporciona, es un código bastante entendible:

```
/*
 Sketch generated by the Arduino IoT Cloud Thing "Untitled"
 https://create.arduino.cc/cloud/things/

 Arduino IoT Cloud Variables description

 The following variables are automatically generated and updated when changes are made to the Thing
```

```
  CloudLight LED;

  Variables which are marked as READ/WRITE in the Cloud Thing will also have functions
  which are called when their values are changed from the Dashboard.
  These functions are generated with the Thing and added at the end of this sketch.
*/

#include "thingProperties.h"

void setup() {
  // Initialize serial and wait for port to open:
  Serial.begin(9600);
  // This delay gives the chance to wait for a Serial Monitor without blocking if none is found
  delay(1500);

  // Defined in thingProperties.h
  initProperties();

  // Connect to Arduino IoT Cloud
  ArduinoCloud.begin(ArduinoIoTPreferredConnection);

  /*
    The following function allows you to obtain more information
    related to the state of network and IoT Cloud connection and errors
    the higher number the more granular information you'll get.
    The default is 0 (only errors).
    Maximum is 4
  */
  setDebugMessageLevel(2);
  ArduinoCloud.printDebugInfo();
}

void loop() {
  ArduinoCloud.update();
  // Your code here



}



/*
  Since LED is READ_WRITE variable, onLEDChange() is
  executed every time a new value is received from IoT Cloud.
*/
void onLEDChange()  {
```

```
    // Add your code here to act upon LED change
}
```

Las dos primeras partes son las ya conocidas funciones *setup* y *loop*, mientras que aparece una tercera, *onLEDChange*, que según nos inidica por los comentarios se ejecutará cada vez que el valor de esa variable cambie.

Ahora es el momento de recordar qué era lo que queríamos hacer: queremos poder encender y apagar remotamente el LED integrado del Arduino. Para ello lo que tendremos que hacer es configurar como pin de salida el del LED integrado y, cada vez que cambie el estado de la variable LED, escribir un *HIGH* o *LOW* en el pin correspondiente al LED integrado, lo que nos deja el siguiente código (eliminaré los comentarios para no hacerlo muy extenso y marcaré en negrita las líneas añadidas):

```
#include "thingProperties.h"

void setup() {
  Serial.begin(9600);
  delay(1500);
  initProperties();
  ArduinoCloud.begin(ArduinoIoTPreferredConnection);
  setDebugMessageLevel(2);
  ArduinoCloud.printDebugInfo();
  pinMode(LED_BUILTIN, OUTPUT);
}

void loop() {
  ArduinoCloud.update();
}

void onLEDChange()  {
  digitalWrite(LED_BUILTIN,LED);
}
```

Como era de esperar, nos limitamos a configurar el pin asociado al LED como de salida así como a escribir el valor de la variable *LED* en el pin asociado al LED integrado cada vez que dicha variable sea modificada. Una vez preparado el sketch, igual que hacemos con el IDE de nuestro PC, pulsamos el botón *Upload* para cargarlo en el Arduino.

Tras verificar el código, lo sube al Arduino, lo que nos mostrará en la parte inferior de la pantalla, en la pestaña de la consola.

```
Console  ✅  Done Uploading Arduino_aug28a

[============================ ] 96% (25/26 pages)write(addr=0x34,size=0x1000)
writeBuffer(scr_addr=0x34, dst_addr=0x19000, size=0x1000)

[=============================] 100% (26/26 pages)
Done in 6.631 seconds
reset()
Ok
```

Tras este paso vemos también que nos aparece la opción de cambiar el modo de subir el código, en lugar mediante cable, mediante la propia WiFi, con lo que se llama OTA (Over The Air). Esto está muy bien porque una vez hagamos una aplicación, el Arduino puede quedar instalado vete a saber dónde, y poder actualizar el sketch directamente por la WiFi sin tener que conectar ningún cable al USB puede ser una buen ventaja.

Pero claro, el negocio es el negocio, y con nuestro plan gratuito no se permite, sino que como mínimo necesitamos pagar el paquete de entrada, que actualmente es algo menos de 2€ al mes.

Bueno, en aras de seguir siendo unos ratas, seguimos con nuestro plan gratuito y, ahora que ya tenemos el sketch cargado en el Arduino, llega el momento de crear un pequeño panel (dashboard) que nos permita interactuar con él.

La gracia de estos paneles es que están realizados mediante widgets que enlazas con tus *things*, de modo que desde un mismo panel puedes controlar varios dispositivos ya que a su vez se enlazan con las variables que tienes configuradas en tus sketches. Estos widgets serán accesibles vía interfaz web o mediante un app para el móvil.

Para comenzar su realización volvemos a la página principal, accedemos al apartado *Dashboards* y pulsamos sobre "*CREATE DASHBOARD*".

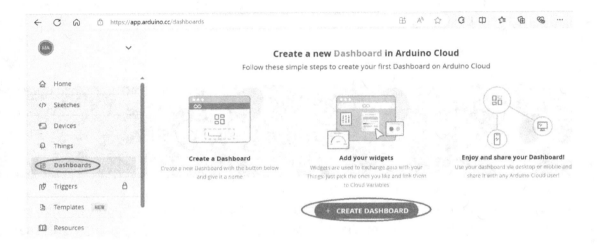

Esto nos lleva a una página de diseño de nuestro panel.

La interfaz es muy simple, con los siguientes elementos:
1. Botón de añadir widget, que enlazarás con las variables de las *things*.
2. Conmutador de visualización, para comprobar visulamente la apariencia del panel, bien en escritorio de PC, bien en el móvil.
3. Botón con el que cambiar el nombre del panel.

Como lo único que tenemos es un LED que podemos encender o apagar, pulsamos *ADD* para crear un widget que enlace con la variable que controla el LED. Lo dicho, pulsa *ADD*.

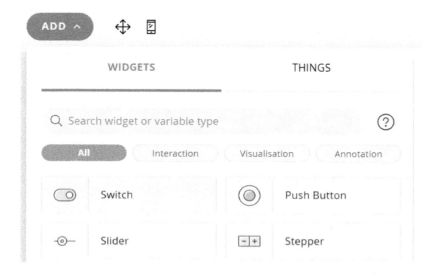

Te saldrán muchos tipos de widgets. En nuestro caso, lo que encaja con lo que buscamos es un interruptor, por lo que seleccionamos *Switch*. Nos aparece el icono del widget con el nombre y el enlace a la variable que queremos enlazar a dicho widget. En nombre pondremos *"Arduino LED",* y pulsamos sobre el icono de *"Link Variable"* para seleccionar la variable con la que vamos a asociar dicho interruptor.

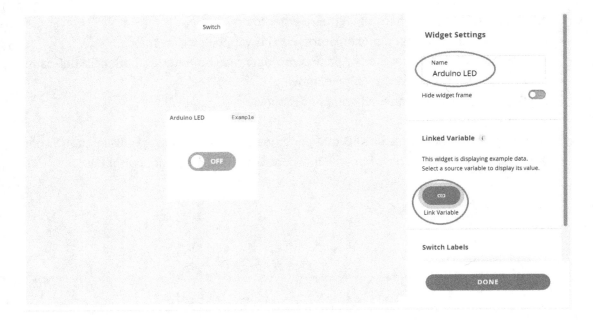

No hay muchas opciones, como podemos ver en la siguiente pantalla.

Únicamente tenemos una cosa (Arduino) y una variable dentro de esa cosa (LED). La seleccionamos y pulsamos sobre *"LINK VARIABLE"*. Volvemos a la pantalla del widget, donde hemos de pulsar *DONE*.

Y ya tenemos nuestro panel, al que además hemos cambiado el nombre a *"Arduino Controller"*. Si ahora pulsas sobre el widget, verás que el interruptor cambia a *ON* y que el LED se enciende. En caso de que no te deje pulsar el botón, selecciona el modo de visualización (el ojo) en lugar del de edición (el lápiz).

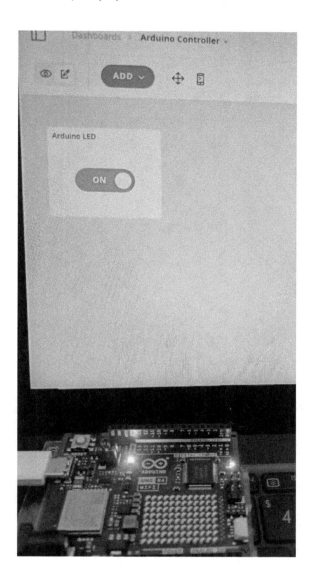

Tienes todo un repertorio de widgets para que escojas el que mejor se adapte a tus necesidades en función de la aplicación que estés desarrollando. Puedes explorar todos ellos en la web de Arduino https://docs.arduino.cc/arduino-cloud/cloud-interface/dashboard-widgets/

Por otra parte esto está muy bien, pero está aún mejor poder controlar el Arduino desde el móvil. Para ello hemos de descargar la app de Arduino, *"Arduino IoT Cloud Remote"* desde la Play Store de Google o la Apple App Store de Apple. Instálatela, inicia sesión con tu usuario y te aparecerán los paneles que hayas creado.

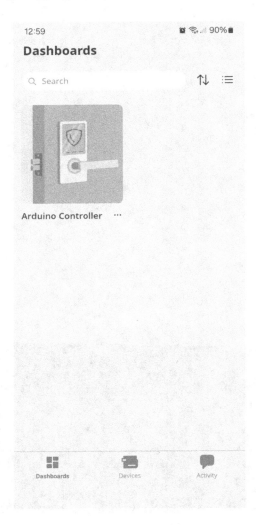

Pulsas sobre el panel y accederás al contenido del mismo, llegando al mismo punto en el que estábamos a través del navegador del PC.

¡Enhorabuena, acabas de obtener nuevamente un Arduino controlado remotamente y con mucho menos esfuerzo que en el proyecto anterior! ¿En serio lo crees? Bueno, es una verdad a medias, porque en el proyecto anterior no es que encendiésemos remotamente el LED, sino que lo hacíamos mediante la voz utilizando Alexa, por lo que aquí aún nos faltaría un paso. Pues vamos a ello.

Para no tener interferencias, lo primero de todo desactiva en tu sistema Alexa la skill *"Controlador Arduino"* (sigue los mismos pasos en la app de Alexa que usaste para activarla, pero ahora en el botón pondrá *DESACTIVAR"*) y eliminar el dispositivo *"Arduino LED"*, entrando en el dispositivo, pulsando en el icono de ajustes que hay arriba a la derecha y pulsando sobre la papelera (que también aparecerá arriba a la derecha).

La forma de proceder va a ser muy similar a la del proyecto anterior, ya que lo hemos de hacer es instalar en Alexa la skill de Arduino. ¿Qué diferencia hay con el proyecto anterior? Pues que la skill nos la dan hecha (es la de Arduino), y además no hay que hacer ninguna función lambda, ya que de eso se encarga internamente Arduino para conectar con su *"Arduino Cloud".*

Por tanto el primer paso va a ser instalarnos la skill de Arduino en nuestra app de Alexa. Coge el móvil y vamos allá. Vamos a la app de Alexa, a *Skills*, en la búsqueda ponemos *Arduino* y nos aparecerá la primera de la lista con el icono de Arduino.

La seleccionamos, pulsamos *"PERMITIR SU USO"*.

Nos llevará a la web de Arduino para enlazar las cuentas, introduce tus credenciales de acceso de la web de Arduino y pulsa *"SIGN IN"*.

Una vez hecho, accederá a la nube de Arduino al igual que hacía con nuestra Raspberry cuando la nube era la nuestra, buscará los dispositivos conectados y los integrará en Alexa. Ahora, dentro de la lista de dispositivos de la App de Alexa, tendrás un nuevo dispositivo, *LED*, disponible, que corresponderá a la variable que creaste en la *thing*. Llegados a este punto ya sí puedes directamente decir cosas como *"Alexa, enciende LED"* o *"Alexa, apaga LED"* y verás a tu Arduino responder.

Como puedes ver, nada tiene que ver con el panel que habíamos creado antes (de hecho si borras el dashboard verás que no cambia la integración en Alexa), pues en lo que se centra la integración con Alexa es en las variables que tienes en la nube disponibles integrables con Alexa. Para entender esto mejor, volvamos a nuestra web de Arduino Cloud, dentro de *Things* y dentro de dicho apartado, nuestra *Thing*, *Arduino*.

En la imagen anterior puedes ver tres cosas:

1. El nombre de la variable que has compartido en la nube, que se llama *LED*, curiosamente igual que el dispositivo que te ha detectado Alexa.
2. Iconos indicando que esa variable es compatible con Alexa y con Google Home.
3. Botón de integración como Smart Home, es decir, integrar la variable en Alexa o Google Home.

Cierto es que ya está detectada, pero podemos formalizarlo con el botón marcado como "3" en la imagen anterior y además así configurarlo a nuestro gusto. Lo pulsamos y nos aparece lo siguiente:

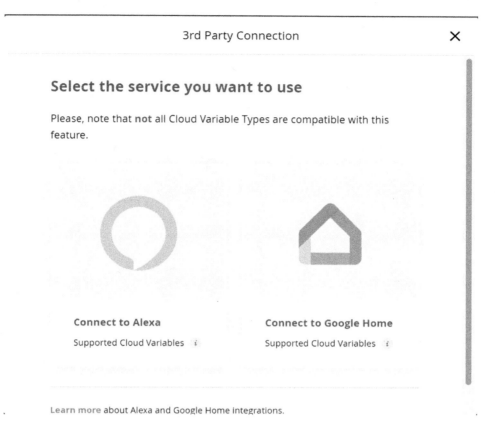

En nuestro caso vamos a integrarlo en Alexa, por lo que seleccionamos la imagen de la izquierda.

Nos da unas instrucciones muy interesantes que realmente ya hemos hecho.

Pulsamos "*GOT IT*". Ahora ya podemos ver que la variable ha quedado con, a su derecha, el icono de Alexa activo. A través de dicho icono también puedes editar la variable, por ejemplo para cambiarle el nombre (aunque yo te aconsejo que eso mejor lo hagas desde la app de Alexa).

Ahora sí, acabas de hacer lo mismo que en el proyecto anterior pero con infinitamente menos trabajo. Por supuesto la flexibilidad es mucho menor y según lo que quieras hacer puedes necesitar realizar algún pago, pero para pequeños experimentos es mucho más sencillo y cubre de sobra nuestras necesidades.

Proyecto 8.2 – Uso de librería FauxmoESP

En este caso no vamos a utilizar una plataforma externa como tal, sino que vamos a aprovecharnos de algunas ventajas que tienen determinados dispositivos con la plataforma Alexa. Concretamente vamos a aprovechar la capacidad de descubrimiento de dispositivos directa (no requiere ni instalar skill) que tienen las famosas bombillas Philips HUE.

El sistema Philips HUE se aprovecha de un protocolo de descubrimiento que utiliza Alexa para determinados dispositivos. Se trata del Simple Service Discovery Protocol (SSDP), mediante el que un hub del sistema Philips es decubierto dentro de la red local e identifica a las bombillas que tiene conectadas. En este caso concreto es destacable que realmente las bombillas no llegan a ser descubiertas por Alexa, sino que se fía de lo que le dice el hub.

Pues bien, la librería FauxmoESP convierte nuestra placa ESP en un hub de cara a Alexa, es decir, cuando Alexa mande las peticiones de descubrimiento, nuestro ESP responderá diciendo las bombillas que tiene conectadas.

Ahora tú te preguntas: vale, muy bien, pero ¿y si lo que tengo conectado no es una bombilla? Pues realmente da igual, lo que ocurre es que vas a tener un sistema muy sencillo de implementar, que no requiere que te abras cuenta en ningún sitio y que va a responder a las órdenes que respondería una bombilla. Si le conecto un LED que llamo bombilla1 y digo *"Alexa, enciende bombilla1"*, este sistema hará que el LED se encienda, y si lo que conecto es un transbordador espacial que se activa mediante el ESP, cuando diga *"Alexa, enciende bombilla1"* podré programar el ESP para que mande las órdenes adecuadas al transbordador para que inicie su fascinante viaje.

Sencillo, muy sencillo y sin necesitar abrirte una cuenta en ningún sitio.

Para realizar este proyecto haremos uso de una placa de 38 pines que monta un ESP-WROOM-32.

La librería FauxmoESP y su documentación puedes encontrarla en https://github.com/vintlabs/fauxmoESP, y dentro de la propia web de Arduino las instrucciones para instalarla: https://www.arduino.cc/reference/en/libraries/fauxmoesp/

Para instalarla, abrimos el gestor de librerías pulsando en su icono a la derecha y, en la barra de búsqueda, escribimos *fauxmoesp*.

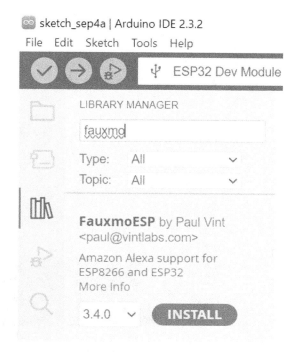

Nos aparecerá la librería y pulsamos *INSTALL*, con lo que quedará instalada la librería.

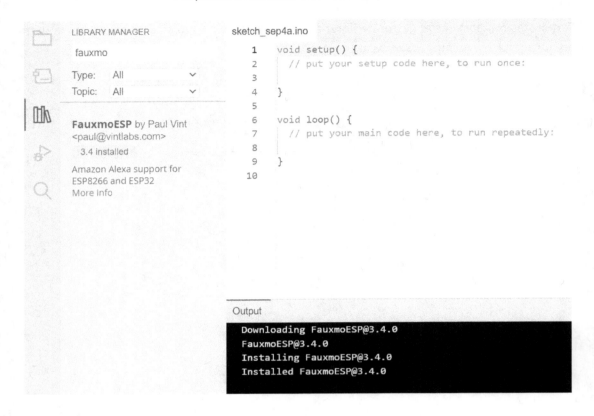

Una vez realizado este paso podemos buscar el ejemplo básico que tendremos incorporado al menú una vez hayamos instalado la librería:

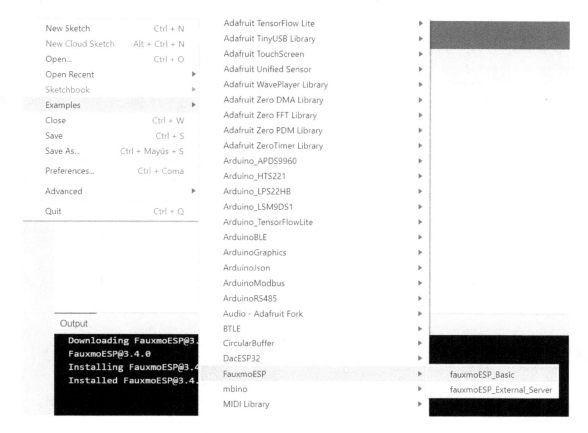

Abrimos el ejemplo *fauxmoESP_Basic* y lo guardamos con otro nombre, pues sobre este código es sobre el que desarrollaremos nuestra aplicación.

Lo primero que vemos es que, a diferencia de lo que estamos acostumbrados, hay dos ficheros y no uno. Está el "*.ino*", que contiene nuestro código, pero aparte está un fichero llamado *credentials.sample.h*

```
fauxmoESP_WROOM.ino     credentials.sample.h
    1    #define WIFI_SSID "..."
    2    #define WIFI_PASS "..."
    3
```

Este segundo fichero contiene las credenciales de nuestra WiFi, por lo que sustituiremos los tres puntos que hay entre las comillas de *WIFI_SSID* y *WIFI_PASS* por el nombre de nuestra red WiFi y el password, quedando algo del siguiente estilo.

```
fauxmoESP_WROOM.ino    credentials.sample.h
1    #define WIFI_SSID "RedMiaSuperSegura"
2    #define WIFI_PASS "123456789"
3
```

Ahora hay que quitar lo de *sample* del nombre del archivo, por lo que cierra el sketch, ve a la carpeta donde hayas guardado el sketch, y cambia el nombre del fichero de *credentials.sample.h* a *credentials.h*.

Vuelve a abrir el sketch haciendo doble click sobre el fichero *.ino* y verás que se actualiza el nombre de *credentials.sample.h* a *credentials.h*.

```
fauxmoESP_WROOM.ino    credentials.h
1    #define WIFI_SSID "RedMiaSuperSegura"
2    #define WIFI_PASS "123456789"
3
```

Ya tenemos nuestra red configurada. Ahora toca configurar el sketch para que haga lo que queramos, pero antes de nada entendamos su funcionamiento.

El primer bloque que nos interesa es el de definición de dispositivos:

```
#define SERIAL_BAUDRATE     115200

#define LED_YELLOW          4
#define LED_GREEN           5
#define LED_BLUE            0
#define LED_PINK            2
#define LED_WHITE           15

#define ID_YELLOW           "yellow lamp"
#define ID_GREEN            "green lamp"
#define ID_BLUE             "blue lamp"
#define ID_PINK             "pink lamp"
#define ID_WHITE            "white lamp"
```

En primer lugar define la velocidad de comunicación con el SerialPlotter, lo cual nos va a venir muy bien para depurar errores, pero lo verdaderamente interesante viene después, ya que si te fijas hay dos bloques, uno con definiciones llamadas *LED_XXX* que se corresponden con pines de la placa, y otro con definiciones llamadas *ID_XXX*, donde *XXX* se corresponden en ambos bloques, es decir, hay un *LED_YELLOW* y un *ID_YELLOW*. ¿Por qué? Muy sencillo, porque el segundo bloque identifica las "bombillas" que tendrá nuestro hub (el ESP32) conectadas, mientras que el primer bloque identifica los pines sobre los que actuaremos al recibir instrucciones para la definición *ID_XXX* correspondiente. Por poner un ejemplo, y dando por hecho que poner a HIGH un pin hace que el LED se encienda, programaremos que cuando digamos a Alexa "Alexa, enciende yellow lamp", estableceremos en *HIGH* el pin 4, correspondiente a la definición *LED_YELLOW*.

Seguidamente hay una función que establecerá la conexión WiFi y que no tenemos que modificar.

```
void wifiSetup() {

  // Set WIFI module to STA mode
  WiFi.mode(WIFI_STA);

  // Connect
  Serial.printf("[WIFI] Connecting to %s ", WIFI_SSID);
  WiFi.begin(WIFI_SSID, WIFI_PASS);

  // Wait
  while (WiFi.status() != WL_CONNECTED) {
    Serial.print(".");
    delay(100);
  }
  Serial.println();

  // Connected!
  Serial.printf("[WIFI] STATION Mode, SSID: %s, IP address: %s\n", WiFi.SSID().c_str(),
WiFi.localIP().toString().c_str());

}
```

A continuación está la función *setup*, que aquí es la madre del cordero, pues establece esa correspondencia de la que hablábamos antes.

```
void setup() {

    // Init serial port and clean garbage
    Serial.begin(SERIAL_BAUDRATE);
    Serial.println();
    Serial.println();

    // LEDs
    pinMode(LED_YELLOW, OUTPUT);
    pinMode(LED_GREEN, OUTPUT);
    pinMode(LED_BLUE, OUTPUT);
    pinMode(LED_PINK, OUTPUT);
    pinMode(LED_WHITE, OUTPUT);
    digitalWrite(LED_YELLOW, LOW);
    digitalWrite(LED_GREEN, LOW);
    digitalWrite(LED_BLUE, LOW);
    digitalWrite(LED_PINK, LOW);
    digitalWrite(LED_WHITE, LOW);

    // Wifi
    wifiSetup();

    // By default, fauxmoESP creates it's own webserver on the defined port
    // The TCP port must be 80 for gen3 devices (default is 1901)
    // This has to be done before the call to enable()
    fauxmo.createServer(true); // not needed, this is the default value
    fauxmo.setPort(80); // This is required for gen3 devices

    // You have to call enable(true) once you have a WiFi connection
    // You can enable or disable the library at any moment
    // Disabling it will prevent the devices from being discovered and switched
    fauxmo.enable(true);

    // You can use different ways to invoke alexa to modify the devices state:
```

```
// "Alexa, turn yellow lamp on"

// "Alexa, turn on yellow lamp

// "Alexa, set yellow lamp to fifty" (50 means 50% of brightness, note, this example does not use this
functionality)


// Add virtual devices

fauxmo.addDevice(ID_YELLOW);

fauxmo.addDevice(ID_GREEN);

fauxmo.addDevice(ID_BLUE);

fauxmo.addDevice(ID_PINK);

fauxmo.addDevice(ID_WHITE);


fauxmo.onSetState([](unsigned char device_id, const char * device_name, bool state, unsigned char value) {


    // Callback when a command from Alexa is received.

    // You can use device_id or device_name to choose the element to perform an action onto (relay,
LED,...)

    // State is a boolean (ON/OFF) and value a number from 0 to 255 (if you say "set kitchen light to 50%"
you will receive a 128 here).

    // Just remember not to delay too much here, this is a callback, exit as soon as possible.

    // If you have to do something more involved here set a flag and process it in your main loop.


    Serial.printf("[MAIN] Device #%d (%s) state: %s value: %d\n", device_id, device_name, state ? "ON" :
"OFF", value);


    // Checking for device_id is simpler if you are certain about the order they are loaded and it does not
change.
    // Otherwise comparing the device_name is safer.


    if (strcmp(device_name, ID_YELLOW)==0) {

        digitalWrite(LED_YELLOW, state ? HIGH : LOW);

    } else if (strcmp(device_name, ID_GREEN)==0) {

        digitalWrite(LED_GREEN, state ? HIGH : LOW);

    } else if (strcmp(device_name, ID_BLUE)==0) {

        digitalWrite(LED_BLUE, state ? HIGH : LOW);

    } else if (strcmp(device_name, ID_PINK)==0) {

        digitalWrite(LED_PINK, state ? HIGH : LOW);

    } else if (strcmp(device_name, ID_WHITE)==0) {

        digitalWrite(LED_WHITE, state ? HIGH : LOW);
```

```
    }

  });

}
```

Inicialmente configura los pines declarados anteriormente como de salida y los pone a *LOW*.

```
pinMode(LED_YELLOW, OUTPUT);
pinMode(LED_GREEN, OUTPUT);
pinMode(LED_BLUE, OUTPUT);
pinMode(LED_PINK, OUTPUT);
pinMode(LED_WHITE, OUTPUT);
digitalWrite(LED_YELLOW, LOW);
digitalWrite(LED_GREEN, LOW);
digitalWrite(LED_BLUE, LOW);
digitalWrite(LED_PINK, LOW);
digitalWrite(LED_WHITE, LOW);
```

Después configura la WiFi y el servidor fauxmo, es decir, el que responderá a los mensajes de descubrimiento y a las distintas órdenes de Alexa. Esto para nosotros pasa sin pena ni gloria pues no es necesario que configuremos nada.

```
wifiSetup();
fauxmo.createServer(true);
fauxmo.setPort(80);
fauxmo.enable(true);
```

Ahora nuestra ESP podría responder a Alexa en sus descubrimientos indicando las "bombillas" que tiene conectadas, pero lo echas en falta, ¿verdad? Efectivamente, aún no hemos dicho qué "bombillas" tiene conectadas, lo que hacemos a continuación:

```
fauxmo.addDevice(ID_YELLOW);
fauxmo.addDevice(ID_GREEN);
fauxmo.addDevice(ID_BLUE);
fauxmo.addDevice(ID_PINK);
fauxmo.addDevice(ID_WHITE);
```

Para terminar la función *setup* declaramos una función del servidor fauxmo que es a la que se llama siempre que una orden de Alexa implica una variación en el estado de un dispositivo (en otras palabras, la función a la que se llamará cuando le digamos a Alexa que encienda o apague una "bombilla").

```
fauxmo.onSetState([](unsigned char device_id, const char * device_name, bool state, unsigned char value) {
    Serial.printf("[MAIN] Device #%d (%s) state: %s value: %d\n", device_id, device_name, state ? "ON" :
"OFF", value);
    if (strcmp(device_name, ID_YELLOW)==0) {
      digitalWrite(LED_YELLOW, state ? HIGH : LOW);
    } else if (strcmp(device_name, ID_GREEN)==0) {
      digitalWrite(LED_GREEN, state ? HIGH : LOW);
    } else if (strcmp(device_name, ID_BLUE)==0) {
      digitalWrite(LED_BLUE, state ? HIGH : LOW);
    } else if (strcmp(device_name, ID_PINK)==0) {
      digitalWrite(LED_PINK, state ? HIGH : LOW);
    } else if (strcmp(device_name, ID_WHITE)==0) {
      digitalWrite(LED_WHITE, state ? HIGH : LOW);
    }
});
```

Si te fijas el código es muy muy simple. Sencillamente vamos comparando el dispositivo al que se llama en la orden que le hemos dado a Alexa, que habrá guardado en *device_name*, con los *ID_XXX* que tenemos guardados, es decir, los dispositivos que anteriormente hemos indicado al servidor fauxmo que anunciase en el proceso de descubrimiento. Una vez encontramos el dispositivo al que hemos llamado, establecemos su pin correspondiente al valor *HIGH* o *LOW* según *state* sea *true* o *false*.

Por poner un ejemplo, si decimos "Alexa, enciende yellow lamp", se llamará a esta función con *device_name* conteniendo "yellow lamp" y con *state* conteniendo *true*.

Es posible que te llame la atención la tercera variable que se recibe: *value*. Esta variable tomará un valor entre 0 y 255 dependiendo de la orden que le hayas dado a Alexa y pretende contemplar la "intensidad de la bombilla", pudiendo actuar en consecuencia frente a órdenes del estilo "Alexa, activa yellow lamp al 50%". Esto tiene una implicación directa por ejemplo si utilizas uno de los pines PWM.

Por último tenemos la función *loop*, que básicamente mira todo el tiempo si se produce algún evento para manejarlo (para enterarse si hay un cambio de estado y entonces llamar a la función *onSetState* declarada en *setup*) y borrar periódicamente la pila de datos para evitar que se llene. En cualquier caso nos da igual porque en general esta función no hay que tocarla (sí, has oído bien, debe de ser tu primer sketch en el que no has de tocar la función *loop*).

```
void loop() {
  fauxmo.handle();
  static unsigned long last = millis();
  if (millis() - last > 5000) {
    last = millis();
    Serial.printf("[MAIN] Free heap: %d bytes\n", ESP.getFreeHeap());
  }
}
```

Y eso es todo. Bastante sencillo de entender, ¿verdad? Para técnicas más avanzadas te invito a que visites los enlaces indicados al inicio para obtener toda la documentación de la librería. Por nuestra parte, vamos a realizar nuestro ya famoso proyecto de encender y apagar un LED lanzando órdenes de voz a Alexa, solo que en este caso, en lugar de utilizar el LED interno, conectaremos uno externo a un pin PWM para así poder experimentar también con ese tercer parámetro. Vamos allá.

Lo primero es la construcción física. No tiene nada del otro mundo: ponemos nuestra placa en una protoboard, conectamos a un pin PWM (elegiré el GPIO4 (el séptimo de la derecha contando desde el extremo del USB) igual que podría haber elegido cualquier otro) una resistencia de 220Ω, a esta un LED y la otra patilla del LED al pin GND (primer pin de la derecha comenzando desde el extremo opuesto al USB).

Una vez tenemos el circuito físico, llega el momento de modificar nuestro programa. Lo primero es elegir una configuración de placa que corresponda con la que tenemos conectada, por lo que seleccionaremos la ESP32 Dev Module.

Seguidamente parémonos a pensar: ¿cuántas "bombillas" tenemos y cómo queremos llamarlas? Es sencillo, tenemos un único LED conectado al circuito y lo llamaremos en aras de la apología y exaltación de la masculinidad: "lucecita".

Los cambios son sencillos:

- Identificar el pin del LED.
- Identificar el nombre con el que queremos que se reconozca el dispositivo.
- Configurar los pines.
- Añadir solo los dispositivos conectados.
- Actuar ante órdenes dirigidas a ese dispositivo.

Para identificar el pin del LED, modificamos el siguiente bloque de código que identificaba el pin físico de varias "bombillas":

```
#define LED_YELLOW        4
#define LED_GREEN         5
#define LED_BLUE          0
#define LED_PINK          2
#define LED_WHITE         15
```

Por este, que solo identifica el de nuestro LED:

```
#define LED_lucecita      4
```

Para identificar el nombre con el que queremos que se reconozca, modificaremos el siguiente bloque de código que nombraba a varios dispositivos:

```
#define ID_YELLOW         "yellow lamp"
#define ID_GREEN          "green lamp"
#define ID_BLUE           "blue lamp"
#define ID_PINK           "pink lamp"
#define ID_WHITE          "white lamp"
```

Por este, que solo nombra al que tenemos:

```
#define ID_lucecita       "lucecita"
```

La configuración de los pines también ha de variarse, de esto:

```
pinMode(LED_YELLOW, OUTPUT);
pinMode(LED_GREEN, OUTPUT);
pinMode(LED_BLUE, OUTPUT);
pinMode(LED_PINK, OUTPUT);
pinMode(LED_WHITE, OUTPUT);
digitalWrite(LED_YELLOW, LOW);
digitalWrite(LED_GREEN, LOW);
digitalWrite(LED_BLUE, LOW);
digitalWrite(LED_PINK, LOW);
digitalWrite(LED_WHITE, LOW);
```

A esto:

```
pinMode(LED_lucecita, OUTPUT);
digitalWrite(LED_lucecita, LOW);
```

Seguidamente hemos de limitar los dispositivos a decir a Alexa que tenemos conectados a únicamente los que hay (lucecita). Por ello modificamos esto:

```
fauxmo.addDevice(ID_YELLOW);
fauxmo.addDevice(ID_GREEN);
fauxmo.addDevice(ID_BLUE);
fauxmo.addDevice(ID_PINK);
fauxmo.addDevice(ID_WHITE);
```

A esto:

```
fauxmo.addDevice(ID_lucecita);
```

Por último hemos de identificar las órdenes dirigidas a este dispositivo, actuando en consecuencia. Para ello modificamos la siguiente porción de código:

```
if (strcmp(device_name, ID_YELLOW)==0) {
  digitalWrite(LED_YELLOW, state ? HIGH : LOW);
} else if (strcmp(device_name, ID_GREEN)==0) {
  digitalWrite(LED_GREEN, state ? HIGH : LOW);
} else if (strcmp(device_name, ID_BLUE)==0) {
  digitalWrite(LED_BLUE, state ? HIGH : LOW);
} else if (strcmp(device_name, ID_PINK)==0) {
  digitalWrite(LED_PINK, state ? HIGH : LOW);
} else if (strcmp(device_name, ID_WHITE)==0) {
  digitalWrite(LED_WHITE, state ? HIGH : LOW);
}
```

De esta manera:

```
if (strcmp(device_name, ID_lucecita)==0) {
  digitalWrite(LED_lucecita, state ? HIGH : LOW);
}
```

Con ello hemos configurado el programa para que reconozca ante Alexa al dispositivo *"lucecita"* y que cuando pidamos encender o apagar *"lucecita"* a Alexa, el ESP ponga a HIGH o LOW el pin al que el LED está conectado y, en consecuencia, se encienda o se apague. Y sí, en efecto, el resto del programa no es necesario tocarlo.

Si ahora buscas dispositivos (basta con decir *"Alexa, encuentra dispositivos"*), bien desde la app de Alexa, bien desde la aplicación del PC (en este caso, como mi hijo me tiene el teléfono secuestrado para hacer videollamadas con sus amigos, muy a mi pesar he tenido que utilizar la segunda opción. Si pones en google "Alexa Windows" te aparecerán varios enlaces con la aplicación para descargar, ya que en Microsoft Store, dependiendo de tu región, no te aparecerá), te aparecerá nuestra querida *lucecita*.

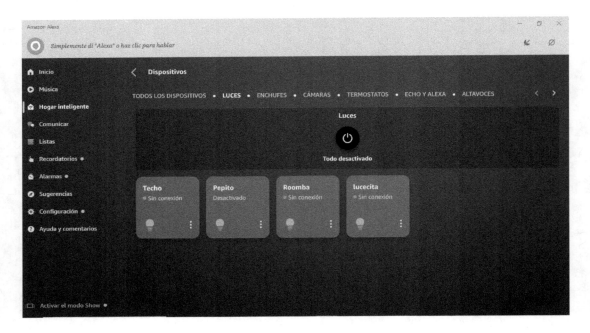

Aunque aparezca como *"Sin conexión"*, verás que está activo, respondiendo a *"Alexa, enciende lucecita"* y *"Alexa, apaga lucecita"*.

Por último, vamos a aprovechar el hecho de que podemos poner un porcentaje de luminosidad. Para ello utilizaremos la variable *value* que recibimos en la función *fauxmo.onSetState*.

Al ser el GPIO4 de la placa un pin PWM permite que establezcamos su valor mediante *analogWrite* de modo que podamos darle un valor entre 0 y 255 para que establezca una tensión media escalada en función del valor establecido. Recuerda que al ser un pin PWM y no un pin analógico, no es que proporcione una tensión determinada constante, sino que alterna tensión máxima y mínima según los ciclos adecuados para que, en media, la tensión sea la que buscamos. Dado que *analogWrite* recibe como parámetro un valor entre 0 y 255, podemos utilizar el parámetro *value* recibido directamente.

Basta con modificar la siguiente línea de código:

```
digitalWrite(LED_lucecita, state ? HIGH : LOW);
```

Por esta:

```
if(state)
  analogWrite(LED_lucecita,value);
else
  analogWrite(LED_lucecita,0);
```

Ahora sí, puedes dar órdenes del estilo *"Alexa, enciende lucecita al 10%"* y verás como el LED se enciende con mayor o menor intensidad según el valor proporcionado. No es necesario hacer nada en la aplicación Alexa pues el dispositivo ya estaba reconocido. Lo único, obviamente, es volver a subir el sketch a la placa.

Adjunto el código completo por si tuvieses cualquier problema.

```
#include <Arduino.h>
#ifdef ESP32
    #include <WiFi.h>
#else
    #include <ESP8266WiFi.h>
#endif
#include "fauxmoESP.h"
#include "credentials.h"
fauxmoESP fauxmo;
#define SERIAL_BAUDRATE     115200
#define LED_lucecita        4
#define ID_lucecita         "lucecita"

void wifiSetup() {
  WiFi.mode(WIFI_STA);
  Serial.printf("[WIFI] Connecting to %s ", WIFI_SSID);
  WiFi.begin(WIFI_SSID, WIFI_PASS);
  while (WiFi.status() != WL_CONNECTED) {
    Serial.print(".");
    delay(100);
  }
  Serial.println();
  Serial.printf("[WIFI] STATION Mode, SSID: %s, IP address: %s\n", WiFi.SSID().c_str(),
WiFi.localIP().toString().c_str());
}

void setup() {
  Serial.begin(SERIAL_BAUDRATE);
  Serial.println();
  Serial.println();
```

```
  pinMode(LED_lucecita, OUTPUT);
  digitalWrite(LED_lucecita, LOW);
  wifiSetup();
  fauxmo.createServer(true); // not needed, this is the default value
  fauxmo.setPort(80); // This is required for gen3 devices
  fauxmo.enable(true);
  fauxmo.addDevice(ID_lucecita);
  fauxmo.onSetState([](unsigned char device_id, const char * device_name, bool state, unsigned char value) {
    Serial.printf("[MAIN] Device #%d (%s) state: %s value: %d\n", device_id, device_name, state ? "ON" :
"OFF", value);
    if (strcmp(device_name, ID_lucecita)==0) {
      if(state)
        analogWrite(LED_lucecita,value);
      else
        analogWrite(LED_lucecita,0);
    }
  });
}

void loop() {
  fauxmo.handle();
  static unsigned long last = millis();
  if (millis() - last > 5000) {
    last = millis();
    Serial.printf("[MAIN] Free heap: %d bytes\n", ESP.getFreeHeap());
  }
}
```

Para terminar te dejo una captura de cómo se ve el manejo de este dispositivo en la app de Alexa del móvil:

Con esto finaliza este capítulo donde, como habrás podido comprobar, existen varias formas para poder hacer interactuar tus dispositivos. Ahora es cuestión de la aplicación que quieras desarrollar así como el tiempo y dinero que desees invertir lo que decidirá cuál de las distintas opciones es la adecuada para tu proyecto. Sí, llega tu momento. ¡Adelante!

Proyecto 9 – Coche teledirigido controlado por WiFi y Alexa

Este proyecto como tal se podría entender como un bonus de los proyectos anteriores.

En este caso no vamos a prender nada nuevo, sino que vamos a coger lo aprendido en los proyectos anteriores y aplicarlo a un caso concreto. El caso en cuestión será un coche teledirigido de juguete al que conectaremos un Arduino y lo manejaremos utilizando un interfaz en el teléfono móvil y aplicando alguna orden mediante el reconocimiento de voz de Alexa. Vamos allá.

Conexión de los motores a Arduino

Para ello podemos ir a cualquier página de electrónica y comprar algún kit motorizado para conectar un microcontrolador… o podemos hacer algo más artesanal y mucho más barato, que consiste en irte a la tienda de todo a cien más cercana y comprar algún coche teledirigido, el más barato que haya. Después es cuestión de abrirlo y buscar lo siguiente:

- Conectores de tensión y masa.
- Conectores del motor de tracción.
- Conectores del motor de giro.

Una vez encontrados, tunéalo acoplándole tu fabuloso Arduino (es mejor usar tornillos de plástico que de metal para no dañar la placa) y una protoboard para las conexiones y chips auxiliares que necesites.

En mi caso encontré el siguiente:

Al que como ves he acoplado el Arduino y una protoboard (a la que ya tengo conectado un chip para que puedas verlo. Ya que lo destripaba, le he añadido un detector frontal de choque y un servomotor en el techo por si le puedo sacar algún partido.

A los conectores que mencionaba al principio les he dado también continuidad hacia el exterior para conectarlos al Arduino o la protoboard.

También es importante dejar algo de espacio en la parte inferior de la placa, para evitar romper soldaduras y proporcionar más aireación, lo que puedes lograr con unos topecillos elevadores o directamente con la base que viene con el Arduino R4 WiFi.

A continuación puede verse el coche abierto, con los cables conectados a los puntos estratégicos:

1. Cable de tensión. El Vcc del circuito de las pilas, en este caso tomado del interruptor, para que así solo tenga tensión cuando activas el interruptor situado bajo el coche. Cable blanco en el exterior del coche.
2. Punto de masa. Cable negro en el exterior del coche.
3. Cables del motor de tracción, que en el exterior son los cables marrón y rojo.
4. Cables del motor de giro, que en el exterior son los cables azul y verde.
5. Cables de detección de choque, que en el exterior son los cables amarillo y naranja (aunque aquí no los vamos a usar).
6. Cables del servomotor, que en el exterior son el conector triple que lleva un cable naranja, otro rojo y otro marrón.

Con esta base ya podemos crear infinidad de proyectos, y la plataforma nos ha salido muy pero que muy baratita (12€ creo que me costó).

Ahora hay que conectarlos.

El pin Vin del Arduino permite voltajes de 6 a 24V. Afortunadamente este vehículo funciona con 4 pilas AA en serie, que al ser de 1,5V generan 6V, con lo que podemos introducir directamente esa tensión al Arduino. Lo haremos a través de la protoboard de modo que podamos utilizar Vcc y GND para otras partes del circuito.

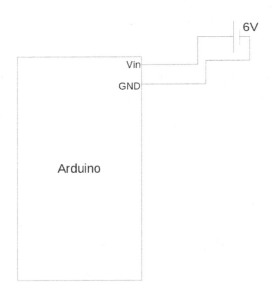

Ahora vamos a conectar la tracción. El motor que se ocupa de ello es el trasero, que tenemos en el exterior del vehículo localizado en los cables marrón y rojo.

Para llevar a cabo la conexión del motor hemos de tener en cuenta que se trata de un elemento que requiere mucha corriente, por lo que no es aconsejable conectarlo directamente al Arduino, sino que en su lugar lo apropiado es utilizar un circuito (driver) diseñado para manejar estos dispositivos. El candidato claro es el circuito integrado L293D (que es igual que la versión L293 solo que con los diodos incorporados, que de otra manera tendrías que ponerlos aparte). Este integrado te permite manejar dos motores de forma bidireccional o cuatro de forma unidireccional.

En nuestro caso la aplicación es claramente la primera.

Ya sabes cómo va esto de los integrados. El punto está marcando el pin 1, y a partir de ahí cuentas en el sentido inverso de las agujas del reloj el resto de pines en orden creciente. En esta imagen el pin 1 será por tanto el de abajo a la izquierda mientras que el pin 16 será el arriba a la izquierda.

Según el datasheet de este integrado, para manejar un motor de forma bidireccional hemos de realizar las siguientes conexiones:

- 4, 5, 12 y 13 a masa.
- 16 (Vcc1, el que da energía al integrado) y 1 (EN – enabled) a Vcc.
- 8 (Vcc2, el que da energía a los motores) a Vcc.
- 3 y 6 conectado a los dos conectores del motor (cables rojo y marrón en mi caso).
- 2 (1A) y 7 (2A) conectados a salidas digitales de Arduino.

El funcionamiento será que si en los pines 2 y 7 establezco LOW y HIGH respectivamente el motor girará en un sentido, mientras que si establezco HIGH y LOW respectivamente, girará en el otro. Para frenar el motor, ambos pines los de he poner en el mismo estado (es indiferente si HIGH o LOW).

Procedemos a realizar las conexiones, quedándonos así el circuito, donde en este caso los pines 2 y 7 los hemos conectado a las salidas digitales 2 y 3 de Arduino.

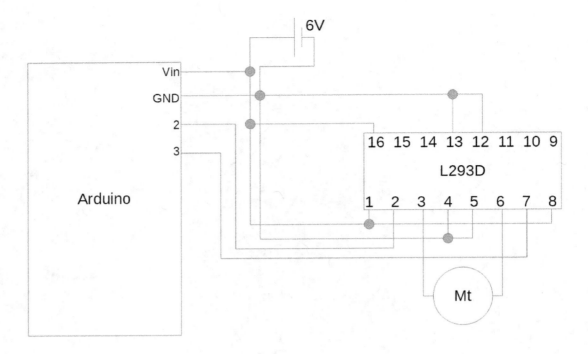

Es exagerado cómo se llena todo de cables en cuanto conectas cuatro cosas.

Ahora vamos a ver si funciona bien, así que vamos a hacer un pequeño programa en Arduino que ponga al motor a girar en un sentido durante 5 segundos, luego en el otro sentido durante 5 segundos y finalmente detenga al motor.

```
#define M1_1 2 //Control 1 del motor 1
#define M1_2 3 //Control 2 del motor 1

void setup() {
pinMode(M1_1,OUTPUT);
pinMode(M1_2,OUTPUT);
digitalWrite(M1_1,LOW);
digitalWrite(M1_2,LOW);
//Giro en un sentido (al ponerlo a funcionar vemos que esto hace que vaya hacia atrás)
digitalWrite(M1_1,HIGH);
digitalWrite(M1_2,LOW);
delay(5000);
//Giro en el otro (al ponerlo a funcionar vemos que esto hace que vaya hacia delante)
digitalWrite(M1_1,LOW);
digitalWrite(M1_2,HIGH);
delay(5000);
//Detengo
digitalWrite(M1_1,LOW);
digitalWrite(M1_2,LOW);
}

void loop() {
```

}

Cuando lo compiles y lo subas al Arduino es posible que observes que el motor no hace nada. ¡Eso es porque no han activado el interruptor del coche y los pines por donde llega la Vcc al motor están sin tensión! Por precaución te aconsejo que desenchufes el USB del Arduino al PC antes de conectar el interruptor del coche y, una vez desconectado, simplemente pulsa el botón reset del Arduino para que el programa se inicie.

Es posible que notes que el motor va un poco lento. Es normal dado que la potencia la estás compartiendo con el Arduino. Afortunadamente el L293D cuenta en su pin 8 con esa Vcc2 para el motor que no tiene por qué ser la misma que la del resto del circuito, por lo que puedes intercalarle un portapilas con pilas adicionales, es decir, en lugar de conectar directamente el pin 8 a Vcc, la conexión que harás será de Vcc al polo negativo del portapilas y conectando el polo positivo del portapilas a Vcc2.

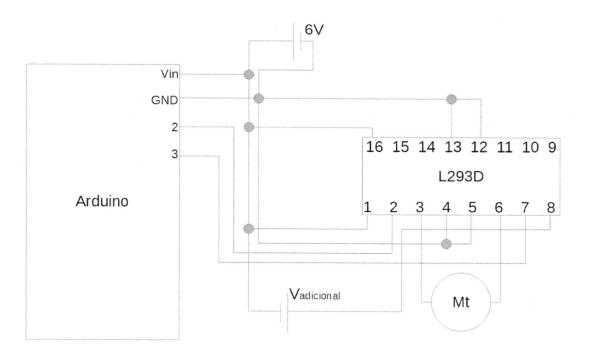

Ahora llega el momento de conectar el otro motor, el que produce el giro a derecha e izquierda. La jugada es la misma, solo que en este caso utilizaremos los pines del otro motor, es decir, conectaremos los pines 14 y 11 a los cables del motor delantero (azul y verde) y los pines 15 y 10 (4A y 3A) a los pines 4 y 5 del Arduino. El pin 9, que habilita las salidas 3 y 4 del integrado, tendremos que conectarlo a Vcc.

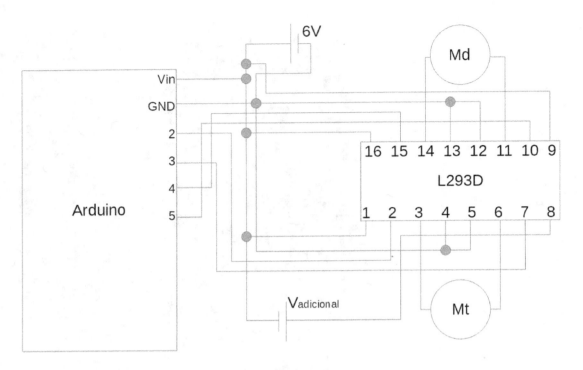

De nuevo generamos un pequeño programa de test, limitándonos a girar las ruedas delanteras hacia un lado y luego hacia el otro para probar que todo esté correcto.

```
#define M2_1 4 //Control 1 del motor 2
#define M2_2 5 //Control 2 del motor 2

void setup() {
  pinMode(M2_1,OUTPUT);
  pinMode(M2_2,OUTPUT);
  digitalWrite(M2_1,LOW);
  digitalWrite(M2_2,LOW);
  //Giro en un sentido (al ponerlo a funcionar vemos que esto hace que vaya hacia la derecha)
  digitalWrite(M2_1,HIGH);
  digitalWrite(M2_2,LOW);
  delay(1000);
  //Giro en el otro (al ponerlo a funcionar vemos que esto hace que vaya hacia la izquierda)
  digitalWrite(M2_1,LOW);
  digitalWrite(M2_2,HIGH);
  delay(1000);
  //Detengo
  digitalWrite(M2_1,LOW);
  digitalWrite(M2_2,LOW);
}

void loop() {

}
```

Perfecto. Vemos que gira a la derecha durante un segundo, luego a la izquierda durante otro segundo y finalmente se detiene.

En estos momentos ya tenemos control completo sobre los motores del coche. Es el momento de probar remotamente que funcione.

Para ello haremos uso de la nube de Arduino y generaremos un panel para, desde el móvil, controlar el coche.

Por supuesto es utilizar la WiFi y empiezan los problemas, ya que el Arduino usará mucha más corriente de las pilas, con lo que ya no será válido el circuito que tenemos pues se desconectará de la WiFi cada dos por tres. Para solucionarlo separaremos las tensiones de la electrónica de la de los motores. Esto lo haremos sustituyendo el portapilas de 2 pilas AA por otro de 4 pilas AAA, de modo que de esas 4 pilas salga la tensión de los motores (es decir, el pin 8 del integrado) y el resto se alimentará de las pilas que lleva el coche bajo él. Se muestran algunas imágenes de cómo queda. Para hacerlo más robusto habría que sutituir el celo (apaño rápido para verlo funcionar cuanto antes) por atornillar el portapilas a alguna zona del coche.

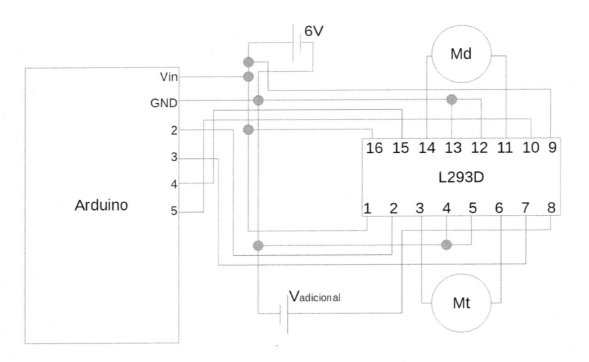

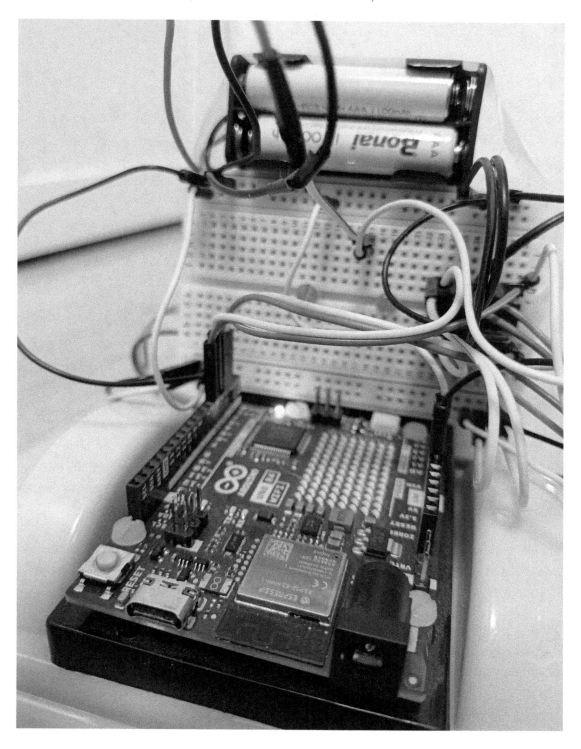

El otro tema a tener en cuenta es que los paneles de Arduino no son multitouch, es decir, no puedo pulsar a la vez derecha y adelante para que avance hacia la derecha, por lo que hay que buscar algún otro tipo de interfaz que no sea el evidente.

Para ello creamos una nueva *Thing* y la enlazamos con el dispositivo Arduino que ya tenemos dado de alta en Arduino Cloud. Nos saldrá un aviso indicando que desenlazaremos el dispositivo de la otra *thing* que habíamos creado anteriormente, lo que confirmaremos.

La *thing* puede llamarse como quieras. En mi caso la he llamado *"Coche"*. Pondremos nuestras credenciales para la WiFi y crearemos tres variables: forward y backward, ambas booleanas, y direction que será un entero.

¿Por qué esa distinción? Por lo que comentábamos antes. El panel no nos va a permitir pulsar a la vez dos acciones, como por ejemplo derecha y hacia delante. Por ello utilizaremos pulsadores para ir hacia adelante y hacia atrás (de ahí que sean booleanos) y con un selector indicaremos la dirección, estableciendo previamente en la variable *direction* la dirección hacia la que deseamos que se mueva.

Recuerda establecer también la configuración de la WiFi. Finalmente modificamos el código del siguiente modo, que si te fijas se reduce a utilizar los códigos creados anteriormente para mover el coche:

```
/*
Sketch generated by the Arduino IoT Cloud Thing "Untitled"
https://create.arduino.cc/cloud/things/1c1f882a-5de4-4f67-b493-8fb8868743ee

Arduino IoT Cloud Variables description

The following variables are automatically generated and updated when changes are made to the Thing

int direction;
bool backward;
bool forward;

Variables which are marked as READ/WRITE in the Cloud Thing will also have functions
which are called when their values are changed from the Dashboard.
These functions are generated with the Thing and added at the end of this sketch.
*/

#include "thingProperties.h"

#define M1_1 2  //Control 1 del motor 1
#define M1_2 3  //Control 2 del motor 1
#define M2_1 4  //Control 1 del motor 2
#define M2_2 5  //Control 2 del motor 2

void setup() {
  // Initialize serial and wait for port to open:
```

```
  Serial.begin(9600);
  // This delay gives the chance to wait for a Serial Monitor without blocking if none is found
  delay(1500);

  // Defined in thingProperties.h
  initProperties();

  // Connect to Arduino IoT Cloud
  ArduinoCloud.begin(ArduinoIoTPreferredConnection);

  /*
     The following function allows you to obtain more information
     related to the state of network and IoT Cloud connection and errors
     the higher number the more granular information you'll get.
     The default is 0 (only errors).
     Maximum is 4
  */
  setDebugMessageLevel(2);
  ArduinoCloud.printDebugInfo();

  //Inicializo tracción y dirección
  pinMode(M1_1,OUTPUT);
  pinMode(M1_2,OUTPUT);
  pinMode(M2_1,OUTPUT);
  pinMode(M2_2,OUTPUT);
  digitalWrite(M1_1,LOW);
  digitalWrite(M1_2,LOW);
  digitalWrite(M2_1,LOW);
  digitalWrite(M2_2,LOW);
  forward=false;
  backward=false;
  direction=0;

}

void loop() {
  ArduinoCloud.update();
  // Your code here

}


/*
  Since Forward is READ_WRITE variable, onForwardChange() is
  executed every time a new value is received from IoT Cloud.
*/
void onForwardChange() {
  // Add your code here to act upon Forward change
  if(forward){
   Serial.println("Adelante_ON");
   digitalWrite(M1_1,LOW);
   digitalWrite(M1_2,HIGH);
  }else{
   Serial.println("Adelante_OFF");
   digitalWrite(M1_1,LOW);
```

```
    digitalWrite(M1_2,LOW);
  }
}

/*
 Since Backward is READ_WRITE variable, onBackwardChange() is
 executed every time a new value is received from IoT Cloud.
*/
void onBackwardChange() {
 // Add your code here to act upon Backward change
 if(backward){
  Serial.println("Atrás_ON");
  digitalWrite(M1_1,HIGH);
  digitalWrite(M1_2,LOW);
 }else{
  Serial.println("Atrás_OFF");
  digitalWrite(M1_1,LOW);
  digitalWrite(M1_2,LOW);
 }
}

/*
 Since Direction is READ_WRITE variable, onDirectionChange() is
 executed every time a new value is received from IoT Cloud.
*/
void onDirectionChange() {
 // Add your code here to act upon Direction change
 switch (direction){
  case 0: //Izquierda
   digitalWrite(M2_1,LOW);
   digitalWrite(M2_2,HIGH);
   break;
  case 2: //Derecha
   digitalWrite(M2_1,HIGH);
   digitalWrite(M2_2,LOW);
   break;
  default: //Recto
   digitalWrite(M2_1,LOW);
   digitalWrite(M2_2,LOW);
 }
}
```

Lo cargamos en el dispositivo y procedemos a crear el panel. Dado que queremos que se vea en el teléfono, utilizamos el layout de móvil:

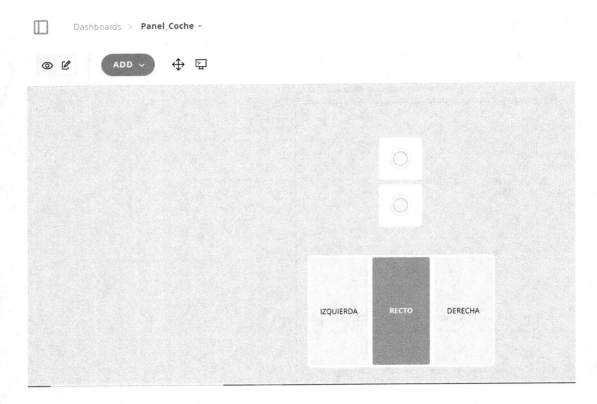

En ella metemos dos pulsadores, enlazando uno con la variable *forward* y el otro con la variable *backward* y un selector de valor, enlazado con la variable *direction* y donde estableceremos un 0 si queremos que vaya a la izquierda, 1 si queremos que vaya recto y 2 si queremos que vaya hacia la derecha. Si repasas el código anterior verás que todo cuadra.

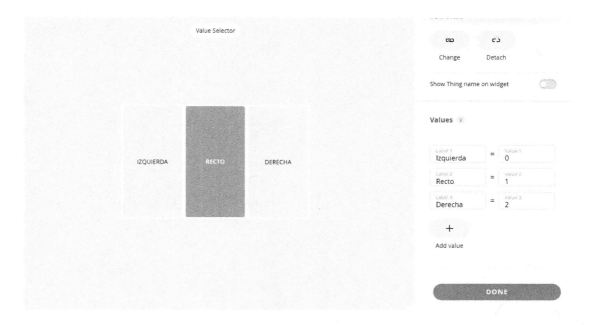

¡Y ya está! Abrimos la app de Arduino Cloud en el móvil y dentro de paneles veremos que está el panel que acabamos de crear, con el que podremos manejar el coche.

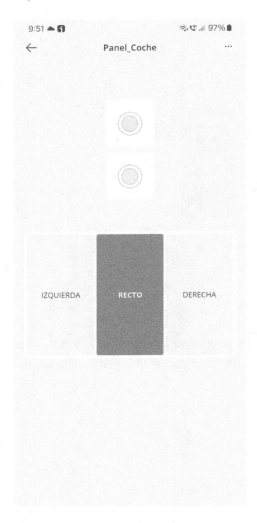

Pero claro, llega el momento en el que piensas "¿pero no íbamos a utilizar Alexa?". Muy cierto, pero teniendo en cuenta que bastante retardo hay ya por usar la nube, imagina el tiempo de respuesta si le das órdenes a través de Alexa. No, con Alexa haremos algo mucho mejor: la utilizaremos para dar instrucciones concretas que generen toda una secuencia de acciones.

Porque sí, ahí tenemos a nuestro maravilloso "robot" equipado con el flamante Arduino, tan mono, tan bonito... ¿y si lo convertimos en un kamikaze? Claro que sí, una solo orden a Alexa tipo "Alexa, activa Encontrar y destruir" y nuestra máquina de matar buscará al objetivo más cercano y se lanzará a por él.

En primer lugar hemos de preparar la electrónica. Para ello necesitaremos un servomotor, como el que tengo instalado en el techo del coche, y un sensor de distancia, como el utilizado en uno de los proyectos anteriores.

Conexión del servomotor

El servomotor dispone de 3 pines: tensión, masa y PWM. Habitualmente los colores son rojo, marrón y naranja respectivamente. Por tanto, el cable de tensión lo conectaremos a Vcc, el de masa a la masa y el PWM lo tendremos que conectar a un pin digital del Arduino pero ojo, ha de ser un pin que soporte PWM (tienen el simbolito "~" pintado junto al número de pin). En este caso elegiremos el pin 6.

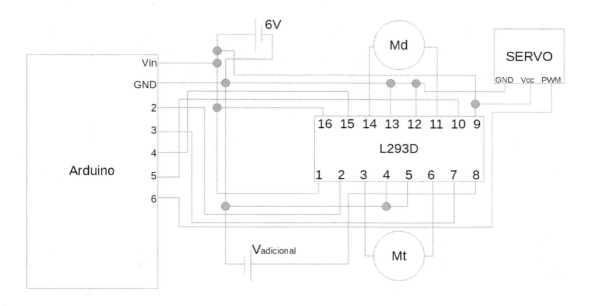

Conexión del medidor de distancia ultrasónico

El sensor de ultrasonido ya sabemos cómo funciona. Los pines de Vcc y Masa se conectan respectivamente a los 5V y a la masa (mucho ojo en este caso, ya que con el servomotor había algo más de márgen y hemos podido conectarlo directamente a la salida de tensión de la batería, pero en este caso no es así al ser pura electrónica, y por ello hemos de conectarlo a una tensión regulada, es decir, al pin 5V del Arduino. Por otra parte, los pines Trigger y Echo los conectaremos a los pines 7 y 8 respectivamente.

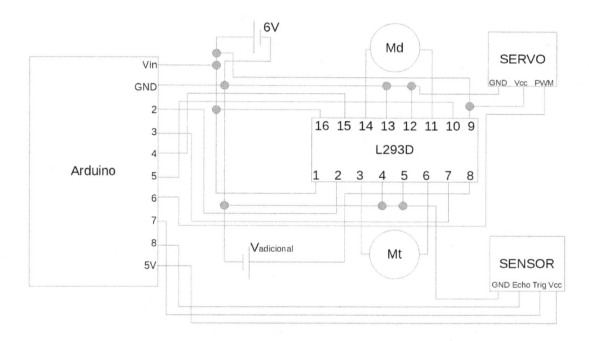

Programación del circuito

Una vez lista la electrónica hemos de programarla. La lógica será establecer un ángulo máximo (2α) de modo que el servo mueva al sensor de distancia la mitad de dicho ángulo hacia la derecha y la otra mitad hacia la izquierda. Tras encontrar la dirección en la que está el elemento más cercano hemos de girar lo necesario y entonces lanzarnos a por él.

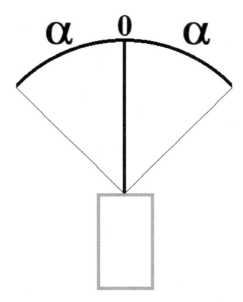

La pregunta ahora es cómo saber cuánto girar. Sencillo, hasta que el sensor de distancia muestre que el objeto más cercano está alineado con nosotros, es decir, en el cero grados.

Bien, empecemos configurando el servo. En primer lugar asegúrate de tener instalada la librería que permite controlar este tipo de motores (librería *Servo*):

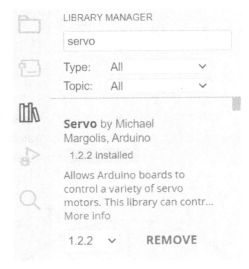

El funcionamiento del servomotor es especialmente sencillo y consiste en dos pasos:

1. Asignar el objeto Servo al pin del Arduino donde está conectado el pin PWM del Servo.

2. Escribir en dicho objeto un valor entre 0 y 180, que tiene una correspondencia exacta con los grados, con lo que si tomamos el cero cuando está apuntando al sensor de ultrasonidos al frente, tenemos un alfa máximo de 90º según el gráfico anterior.

Vamos a probarlo escribiendo un pequeño programa que simplemente mueva de -90 a 90º para finalmente colocarse en 0º.

```cpp
#include <Servo.h>

Servo servo; // Creamos el objeto asociado al servo
bool once;

void setup() {
  servo.attach(6);  // Indicamos el pin del Arduino al que está conectado el pin PWM del servo
  once=false;
  Serial.begin(9600);
}

void loop() {
  Serial.print("once=");Serial.println(once);
  if(!once){
   //Primero nos colocamos en -90º
   //En los movimientos se ha de tener el cuenta el hacerlo sin brusquedades, de ahí el delay
   int pos=servo.read();
   Serial.print("pos_inicial=");Serial.println(pos);
```

```
Serial.println("Voy a pos=0");
while(pos>0){
 Serial.print("pos=");Serial.println(pos);
 servo.write(pos);
 delay(15);
 pos--;
}
//Ahora avanzo hasta +90º
Serial.println("Voy a pos=180");
while(pos<180){
 Serial.print("pos=");Serial.println(pos);
 servo.write(pos);
 delay(15);
 pos++;
}
//Por último me coloco en 0º
Serial.println("Voy a pos=90");
while(pos>90){
 Serial.print("pos=");Serial.println(pos);
 servo.write(pos);
 delay(15);
 pos--;
}
once=true;
 }
}
```

Ahora podemos observar varias cosas: En primer lugar, el cero grados puede no corresponderse exactamente con mirar hacia adelante, por lo que habrá que aplicarle algún factor de corrección. En segundo lugar, 90º es excesivo para nuestra aplicación, por lo que limitaremos a los grados que deseemos ese "mirar hacia los lados". En mi caso, compruebo experimentalmente que en cero grados he de aplicar un factor de corrección de 15º y, siguiendo la notación de los grados que queremos mirar hacia cada lado, estableceremos un parámetro alfa, que en mi caso estableceré en 45.

```
#include <Servo.h>

#define alfa 45 // Grados que deseamos girar a cada lado
#define err 15 // Grados a corregir para que en cero grados mire hacia adelante

Servo servo; // Creamos el objeto asociado al servo
bool once;

void setup() {
 servo.attach(6); // Indicamos el pin del Arduino al que está conectado el pin PWM del servo
 once=false;
 Serial.begin(9600);
}

// Posiciona el servo contando conque de frente son 0° y teniendo en cuenta la variable err
void posiciona_sensor(int pos){
```

```
  servo.write(90+pos+err);
}

void loop() {
 if(!once){
  //Primero nos colocamos en cero grados
  //En los movimientos se ha de tener el cuenta el hacerlo sin brusquedades, de ahí el delay
  int pos=0;
  Serial.print("Voy a pos=0");
  posiciona_sensor(pos);
  delay(1000);
  //Ahora avanzo hasta -alfa
  Serial.print("Voy a pos=-");Serial.println(alfa);
  while(pos>-alfa){
   posiciona_sensor(pos);
   delay(15);
   pos--;
  }
  //Ahora avanzo hasta alfa
  Serial.print("Voy a pos=");Serial.println(alfa);
  while(pos<alfa){
   posiciona_sensor(pos);
   delay(15);
   pos++;
  }
  //Por último me coloco en 0º
  Serial.println("Voy a pos=0");
  pos=0;
  posiciona_sensor(pos);
  once=true;
 }
}
```

En este caso ya simulamos el comportamiento que vamos a necesitar, es decir, mirar hacia un lado, mirar hacia el otro y volver al frente.

Se ha creado una función, *posiciona_sensor()*, que se encarga de convertir los grados que le pasamos como parámetro al valor que realmente hay que pasarle al servo aplicando que mirar hacia el frente para nosotros va a ser 0º y que hay que aplicarle un factor de corrección *err*.

Con esto tenemos ya todo los necesario para programar nuestro kamikaze. El funcionamiento es simple: miro a mi alrededor (de -alfa a alfa grados) y encuentro lo que tengo más cerca. Si lo que tengo más cerca está frente a mí (con un pequeño margen de beta grados), me lanzo a por él. Si no, giro el coche hasta tenerlo frente a mí y... me lanzo a por él.

El margen beta al final es necesario, ya que será muy complicado que esté exactamente a cero grados frente a mí, pero si está a pongamos 5 grados a derecha o izquierda, también me vale, por lo que giraré el coche hasta que el objeto más cercano esté dentro de mi rango ±5º. Es decir, la búsqueda del objeto más cercano la haré de -alfa a +alfa, mientras que el asumir que el objeto está frente a mí será cuando el objeto más cercano esté dentro del margen ±beta grados. No obstante, experimentalmente observamos que un valor más adecuado para beta es 15 grados.

Muestro a continuación un posible código que implemente la funcionalidad kamikaze:

```cpp
#include <Servo.h>

#define alfa   45 // Servo: Grados que deseamos girar a cada lado
#define beta   15 // Servo: Grados en los que se considera que el objeto ya está enfrentado
#define step   5 // Servo: Grados a vanzar en cada paso (no aporta mucho medir grado a grado)
#define pin_servo 6 // Servo: Pin del ARDUINO al que está conectado
#define Trigger  7 // Sensor: Pin digital 7 conectado al puerto Trigger del sensor
#define Echo   8 // Sensor: Pin digital 8 conectado al puerto Echo del sensor

#define gamma   30 // Proporción del error en grados que hemos de accionar el motor
#define M1_1 2 //Control 1 del motor 1
#define M1_2 3 //Control 2 del motor 1
#define M2_1 4 //Control 1 del motor 2
#define M2_2 5 //Control 2 del motor 2
#define PARA   0
#define AVANZA  1
#define RETROCEDE 2
#define RECTO   0
#define DERECHA  1
#define IZQUIERDA 2

Servo servo; // Creamos el objeto asociado al servo
int pos_actual=-1; //Posición actual del servo
int pos_found;  //Posición donde se ha encontrado el objeto

//Variables de control del motor
int direction;
bool backward;
bool forward;

//Inicializa el servo
void setup_servo(){
 servo.attach(6); // Indicamos el pin del Arduino al que está conectado el pin PWM del servo
}

//Inicializa el sensor de ultrasonidos
void setup_sensor(){
 pinMode(Trigger, OUTPUT); //En el puerto conectado al Trigger enviaré la orden de emitir pulso, por lo que
de cara a Arduino es una salida.
 pinMode(Echo, INPUT); //En el puerto conectado a Echo recibiré el eco del pulso, por lo que de cara a
Arduino es una entrada.
 digitalWrite(Trigger, LOW); //Inicializamos Trigger a LOW (0V)
}

//Inicializa el motor
void setup_motor(){
 //Inicializo tracción y dirección
```

```
pinMode(M1_1,OUTPUT);
pinMode(M1_2,OUTPUT);
pinMode(M2_1,OUTPUT);
pinMode(M2_2,OUTPUT);
digitalWrite(M1_1,LOW);
digitalWrite(M1_2,LOW);
digitalWrite(M2_1,LOW);
digitalWrite(M2_2,LOW);
forward=false;
backward=false;
direction=0;
}

//Acciona la tracción del motor
//traction: 0 parar, 1 adelante, 2 atrás
//direction: 0 frente, 1 derecha, 2 izquierda
//time: 0 infinitamente, otro valor para tras esos segundos
void accionaMotores(int traction, int direction, unsigned int time=0) {
switch (direction){
 case 2: //Izquierda
  Serial.println("Izquierda");
  digitalWrite(M2_1,LOW);
  digitalWrite(M2_2,HIGH);
  break;
 case 1: //Derecha
  Serial.println("Derecha");
  digitalWrite(M2_1,HIGH);
  digitalWrite(M2_2,LOW);
  break;
 default: //Recto
  digitalWrite(M2_1,LOW);
  digitalWrite(M2_2,LOW);
}
switch (traction){
 case 2: //Atrás
  digitalWrite(M1_1,HIGH);
  digitalWrite(M1_2,LOW);
  break;
 case 1: //Adelante
  digitalWrite(M1_1,LOW);
  digitalWrite(M1_2,HIGH);
  break;
 default: //Parar
  digitalWrite(M1_1,LOW);
  digitalWrite(M1_2,LOW);
}
if(time>0){
 delay(time);
 digitalWrite(M1_1,LOW);
 digitalWrite(M1_2,LOW);
 digitalWrite(M2_1,LOW);
 digitalWrite(M2_2,LOW);
}
}
```

```
// Posiciona el servo contando conque de frente son 0° y teniendo en cuenta la variable beta
void posiciona_sensor(int pos){
 if(pos_actual<0){
  pos_actual=pos;
  servo.write(90+pos+beta);
 }else while(pos_actual!=pos){
  if(pos_actual<pos) pos_actual++;
  else if(pos_actual>pos) pos_actual--;
  servo.write(90+pos_actual+beta);
  delay(10);
 }
}
```

//Toma una medida de distancia

```
long getDistance(){
 long t; //tiempo que tarda en llegar el eco
 long d; //distancia en centimetros a la que se encuentra el objeto
 digitalWrite(Trigger, HIGH);
 delayMicroseconds(10);      //Enviamos un pulso de 10us
 digitalWrite(Trigger, LOW);
 t = pulseIn(Echo, HIGH); //obtenemos el ancho del pulso
 d = 0.017 * t;        //obtenemos la distancia en cm
 //Ahora es cuando aplicaríamos la corrección de distancia para que se ajuste a la realidad del montaje, pero
 realmente no es necesario ya que no nos interesa la distancia en sí, sino encontrar la menor distancia de
 todas
 return d;
}
```

//Realiza un barrido y nos indica a cuántos grados está el objeto más cercano

```
int findObject(){
 //Barro de -alfa a +alfa y devuelvo la posición (en grados) a la que se encuentra el objeto más cercano
 int pos=0;
 int res;
 long d_min, aux;
 pos=-alfa;
 posiciona_sensor(pos);
 delay(100);
 d_min=getDistance();
 res=pos;
 if(d_min<5){
  pos_found=pos;
  return 0; //Si el objeto está pegado al coche, lo asumiremos como dentro del rango beta
 }
 //Serial.print("Inicio la búsqueda con d_min=");Serial.println(d_min);
 while(pos<alfa){
  posiciona_sensor(pos);
  delay(100);
  aux=getDistance();
  Serial.print(aux);Serial.print("(");Serial.print(pos);Serial.print("),");
  if(aux<d_min){
   //Serial.print("Sustituyo dmin=");Serial.print(d_min);Serial.print(" por aux=");Serial.println(aux);
   d_min=aux;
   res=pos;
  }
  if(d_min<5){
   pos_found=pos;
```

```
  return 0; //Si el objeto está pegado al coche, lo asumiremos como dentro del rango beta
 }
 pos+=step;
}
Serial.println();
pos_found=res;
return res;
}
```

//Gira el coche hasta tener encarado (dentro del rango beta) el objetivo
```
void setTarget(){
 int dif = 200;
 while(dif>beta){
  //Busco objeto
  Serial.println("Buscando objeto...");
  dif=findObject();
  Serial.print("Objeto encontrado en: ");Serial.print(dif);Serial.println(" grados");
  if(abs(dif)>beta){
   //Me desplazo en consecuencia
   int traction = AVANZA;
   int direction;
   int time;
   if(dif>beta)
    direction = IZQUIERDA;
   else if(dif<-beta)
    direction = DERECHA;
   else
    direction = RECTO;
   //El tiempo lo calculo proporcionalmente a los grados que deba de girar
   if(direction != RECTO)
    time=gamma * abs(dif);
   Serial.print("Acciono motores con traction = ");Serial.print(traction);Serial.print(", direction=");Serial.print(direction);Serial.print(", time=");Serial.println(time);
   accionaMotores(traction,direction,time);
  }
  dif=abs(dif); //Por si es negativo, ya que la comparación del while es en valores absolutos
 }
 Serial.print("Objeto encarado con un error de ");Serial.println(dif);
}
```

//Avanza hasta chocarse con lo que tenga delante
```
void attack(){
 posiciona_sensor(pos_found); //Me quedo mirando a la posición donde está el objeto
 int d;
 do{
  Serial.print("Avanzando con d=");Serial.println(d);
  accionaMotores(AVANZA,RECTO,1000); //Avanzo durante 1s hasta que esté a menos de 10cm
  d=getDistance();
 }while(d>10);
}

void setup() {
 setup_servo();
 setup_sensor();
 setup_motor();
```

```
Serial.begin(9600);
}

void loop() {
setTarget();
attack();
while(true);
}
```

Expliquemos un poco su funcionamiento. Se han implementado las siguientes funciones:

- setup_servo(): Inicializa el servo especificando el pin alq ue está conectado.
- setup_sensor(): Inicializa el sensor de distancia especificando el pin Trigger como de salida y el pin Echo como de entrada. También establece los valores iniciales.
- setup_motor(): Inicializa los pines de control del motor, estableciéndolos como pines de salida y poniéndolos a LOW. Es de destacar que por herencia de los códigos antes realizados se establecen valores para las variables forward, backward y direction, pero realmente estas variables no llegan a utilizarse en este código.
- acciona_motores(): Función de manejo de los motores. Recibe tres parámetros, que son traction, direction y time, siendo esta última opcional. Según el valor recibido por traction el motor trasero hará que el coche esté parado, avance o retroceda. Según el valor recibido en direction hará que el coche gire hacia derecha o izquierda en su avance o retroceso o que siga recto, es decir, maneja las ruedas delanteras para fijar la dirección. El último parámetro especifica el tiempo durante el que estará en el estado marcado por los otros dos parámetros el vehículo, teniendo como valor por defecto 0, en cuyo caso se mantiene en ese estado indefinidamente.
- posiciona_sensor(): Hace girar al servo posicionando al sensor en la orientación indicada por el parámetro que recibe, siendo cero grados el mirar hacia el frente.
- getDistance(): Toma una medida de distancia del objeto al que esté apuntando en ese momento el sensor de distancia.
- findObject(): Realiza un barrido de -alfa a alfa y devuelve la dirección (en grados) en la que se encuentra el objeto más cercano.
- setTarget(): Busca al objeto más cercano y hace girar al coche hasta que tiene a dicho objeto al frente.
- attack(): Avanza hasta chocarse con el objeto que tenga al frente. Para ello va avanzando y midiendo la distancia a la que está el objeto, de modo que cuando se choque no siga avanzando.

Cada una de estas funciones utiliza de algún modo las descritas previamente. De este modo, setTarget() utilizará findObject() para encontrar la dirección en la que está el objeto más cercano para seguidamente utilizar accionaMotores() para girar hasta tener a dicho objeto enfrentado.

Con estas funciones, el programar las funciones *setup()* y *loop()* es trivial, ya que la primera se limitará a inicializar todos los sistemas y la segunda simplemente llamará a *setTarget()* para encarar el coche con el objeto más cercano y seguidamente a *attack()* para chocarse con él. Por último hay programado un bucle infinito ya que nuestra demostración termina una vez se ha chocado con el objeto.

Por último vamos a darle un poco de atrezo al asunto dibujando una calavera en la matriz LED cuando iniciemos nuestro kamikaze.

Para ello Arduino tiene a nuestra disposición un editor con el que es fácil realizar un dibujo y descargar los valores que hemos de pasar a la matriz.
En primer lugar entra en la web https://ledmatrix-editor.arduino.cc/

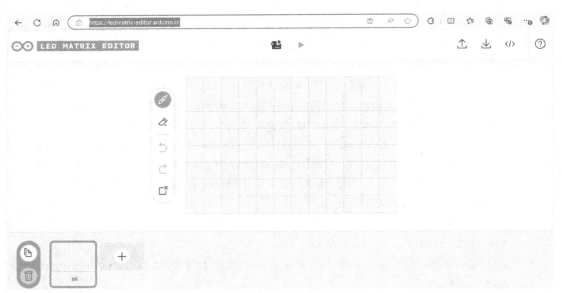

Una vez allí da rienda suelta a tu imaginación dibujando una calavera o lo que prefieras que haga temblar a cualquiera que esté observando a nuestro cochecito.

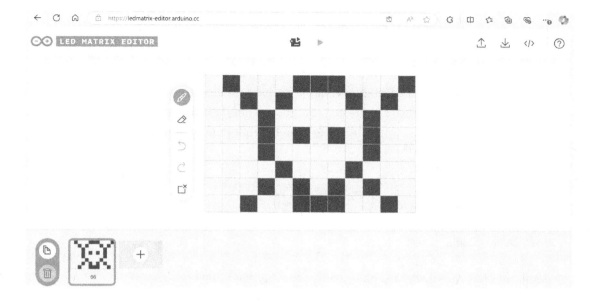

Una vez realizado, pulsa el botón de descargar.

Esto te devolverá un fichero *.h* que contendrá una variable. En el caso del ejemplo, el código que contiene es el siguiente:

```
const uint32_t calavera[][4] = {
  {
    0x47128a10,
    0x41541040,
    0x88154272,
    66
  }
};
```

Dado que no se trata de una animación, la modificaremos eliminando la segunda dimensión y quitando el número de diapositiva:

```
const uint32_t calavera[] = {
    0x47128a10,
    0x41541040,
    0x88154272
```

```
};
```

Esta variable contiene la codificación de la calavera que podemos poner fácilmente en el LED. Inserta esa variable *calavera* como una variable global más de tu sketch.

Para utilizarla hemos de incluir en nuestro código la carga de la librería de uso de la matriz de LEDs (según la documentación, has de ponerla en la primera línea del sketch):

```
#include "Arduino_LED_Matrix.h"
```

Y crear la variable de uso de la matriz:

```
ArduinoLEDMatrix matrix;
```

Seguidamente hay que declarar una función que cargue la calavera:

```
//Carga la imagen de la calavera
void setCalavera(){
  matrix.begin();
  matrix.loadFrame(calavera);
}
```

Y por último, llamar a esta función dentro de nuestro *setup()*.

Ya tenemos todo lo necesario. Solo nos falta unirlo a la funcionalidad que teníamos antes del coche manejado mediante la nube de modo que podamos activar esa función kamikaze directamente pidiéndoselo a Alexa.

Integración en Alexa

Para realizarlo mediante Alexa iniciamos nuevamente sesión en la consola de desarrollo de Arduino y abrimos el sketch que teníamos creado del coche.

Pegaremos en ese código todo el código que tenemos del sketch de Arduino que hemos creado en el paso anterior (el que tenemos en nuestro editor local), poniendo cada cosa en su sitio, es decir, las librerías en la zona de librerías del sketch online, las variables donde las variables, las funciones junto con las funciones, etc. Las funciones *setup()* y *loop()* del código offline te diré más adelante lo que hacer con ellas.

Eliminamos, de lo que acabamos de pegar, el bloque:

```
//Variables de control del motor
int direction;
bool backward;
bool forward;
```

Dado que este bloque nuestro código *coche* ya lo tenía y estaría duplicado.

También hay que tener precaución de mover la instrucción *matrix.begin()* de la función *setCalavera()* a la función *setup()*, pues solo ha de ejecutarse una vez.

A continuación, al final de la función *setup() del sketch en la nube,* pegamos el código de *setup()* que tenemos en nuestro sketch kamikaze local salvo el de activar la calavera:

```
setup_servo();
setup_sensor();
setup_motor();
```

Ahora nos falta poner la función que ejecuta las instrucciones de la funcionalidad kamikaze. Las instrucciones a colocar serían las siguientes (no las pegues aún en ningún sitio):

```
setCalavera();
setTarget();
attack();
```

Para ello hemos de crear una nueva variable, que llamaremos *"Encontrar_y_destruir"*, y que utilizaremos para ejecutar el código de la funcionalidad kamikaze. Vamos a la pestaña Setup y añadimos la variable. Mucho cuidado al elegir el tipo de variable, ya que si elegimos un tipo básico como el booleano luego no será accesible por Alexa. Para ello en el tipo de variable seleccionamos las que sean compatibles con Alexa (cuando abres el desplegable del tipo de variable estará marcado *Basic types*, y has de marcar también *Smart home*) y seleccionamos *switch*.

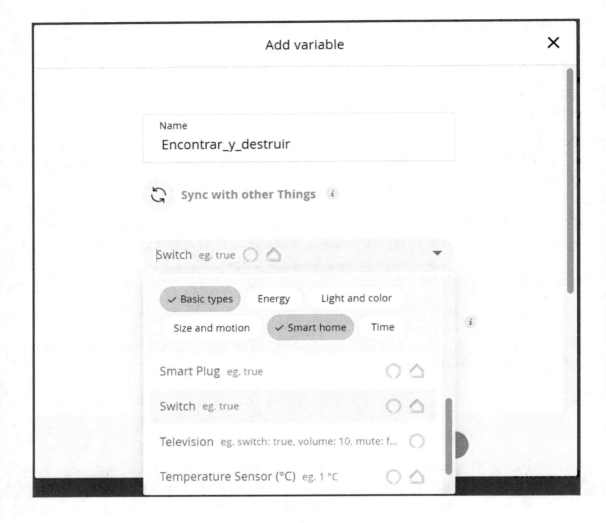

Si no lo tenías ya, en la derecha, selecciona integración con Alexa:

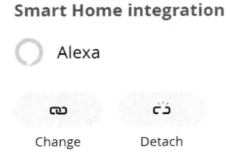

Volvemos a nuestro sketch. Al final de la función *setup()* ponemos la nueva variable a false:

encontrar_y_destruir=false;

A continuación actualizamos la función generada (*onEncontrarYDestruirChange()*) para llamar a las instrucciones encargadas de activar la funcionalidad kamikaze:

```
void onEncontrarYDestruirChange() {
  // Add your code here to act upon EncontrarYDestruir change
  if(encontrar_y_destruir){
    setCalavera();
    setTarget();
    attack();
    clearCalavera();
    encontrar_y_destruir=false;
  }
}
```

En las última líneas de lo que acabas de incluir verás que se llama a la función *clearCalavera()*, que lo que hace es desaparecer la calavera cuando ya ha finalizado el ataque a su objetivo y por tanto vuelve a funcionamiento normal. A continuación tienes su código. Inclúyelo en tu sketch como una función más por ejemplo justo antes de la función *setup()*.

```
//Borra la imagen de la calavera
void clearCalavera(){
  matrix.clear();
}
```

Con estas pequeñas modificaciones, la funcionalidad de kamikaze quedaría implementada. Veamos el código completo:

```
#include "Arduino_LED_Matrix.h"
#include <Servo.h>
#include "thingProperties.h"

#define M1_1 2  //Control 1 del motor 1
#define M1_2 3  //Control 2 del motor 1
#define M2_1 4  //Control 1 del motor 2
#define M2_2 5  //Control 2 del motor 2

#define alfa      45 // Servo: Grados que deseamos girar a cada lado
#define beta      15 // Servo: Grados en los que se considera que el objeto ya está enfrentado
#define step       5 // Servo: Grados a vanzar en cada paso (no aporta mucho medir grado a grado)
#define pin_servo  6 // Servo: Pin del ARDUINO al que está conectado
#define Trigger    7 // Sensor: Pin digital 7 conectado al puerto Trigger del sensor
#define Echo       8 // Sensor: Pin digital 8 conectado al puerto Echo del sensor
```

```
#define gamma    30 // Proporción del error en grados que hemos de accionar el motor
#define M1_1 2  //Control 1 del motor 1
#define M1_2 3  //Control 2 del motor 1
#define M2_1 4  //Control 1 del motor 2
#define M2_2 5  //Control 2 del motor 2
#define PARA      0
#define AVANZA    1
#define RETROCEDE 2
#define RECTO     0
#define DERECHA   1
#define IZQUIERDA 2

ArduinoLEDMatrix matrix;
const uint32_t calavera[] = {
  0x47128a10,
  0x41541040,
  0x88154272
};

Servo servo;  // Creamos el objeto asociado al servo
int pos_actual=-1; //Posición actual del servo
int pos_found;     //Posición donde se ha encontrado el objeto

//Carga la imagen de la calavera
void setCalavera(){
 matrix.loadFrame(calavera);
}

//Borra la imagen de la calavera
void clearCalavera(){
 matrix.clear();
}

//Inicializa el servo
void setup_servo(){
 servo.attach(6);  // Indicamos el pin del Arduino al que está conectado el pin PWM del servo
}

//Inicializa el sensor de ultrasonidos
void setup_sensor(){
 pinMode(Trigger, OUTPUT); //En el puerto conectado al Trigger enviaré la orden de emitir pulso, por lo que
de cara a Arduino es una salida.
 pinMode(Echo, INPUT);   //En el puerto conectado a Echo recibiré el eco del pulso, por lo que de cara a
Arduino es una entrada.
 digitalWrite(Trigger, LOW); //Inicializamos Trigger a LOW (0V)
}

//Inicializa el motor
void setup_motor(){
 //Inicializo tracción y dirección
 pinMode(M1_1,OUTPUT);
 pinMode(M1_2,OUTPUT);
 pinMode(M2_1,OUTPUT);
 pinMode(M2_2,OUTPUT);
 digitalWrite(M1_1,LOW);
 digitalWrite(M1_2,LOW);
```

```
digitalWrite(M2_1,LOW);
digitalWrite(M2_2,LOW);
forward=false;
backward=false;
direction=0;
}


//Acciona la tracción del motor
//traction: 0 parar, 1 adelante, 2 atrás
//direction: 0 frente, 1 derecha, 2 izquierda
//time: 0 infinitamente, otro valor para tras esos segundos
void accionaMotores(int traction, int direction, unsigned int time=0)  {
 switch (direction){
  case 2: //Izquierda
   Serial.println("Izquierda");
   digitalWrite(M2_1,LOW);
   digitalWrite(M2_2,HIGH);
   break;
  case 1: //Derecha
   Serial.println("Derecha");
   digitalWrite(M2_1,HIGH);
   digitalWrite(M2_2,LOW);
   break;
  default: //Recto
   digitalWrite(M2_1,LOW);
   digitalWrite(M2_2,LOW);
 }
 switch (traction){
  case 2: //Atrás
   digitalWrite(M1_1,HIGH);
   digitalWrite(M1_2,LOW);
   break;
  case 1: //Adelante
   digitalWrite(M1_1,LOW);
   digitalWrite(M1_2,HIGH);
   break;
  default: //Parar
   digitalWrite(M1_1,LOW);
   digitalWrite(M1_2,LOW);
 }
 if(time>0){
  delay(time);
  digitalWrite(M1_1,LOW);
  digitalWrite(M1_2,LOW);
  digitalWrite(M2_1,LOW);
  digitalWrite(M2_2,LOW);
 }
}


// Posiciona el servo contando conque de frente son 0° y teniendo en cuenta la variable beta
void posiciona_sensor(int pos){
 if(pos_actual<0){
  pos_actual=pos;
  servo.write(90+pos+beta);
 }else while(pos_actual!=pos){
```

```
  if(pos_actual<pos) pos_actual++;
  else if(pos_actual>pos) pos_actual--;
  servo.write(90+pos_actual+beta);
  delay(10);
 }
}
```

//Toma una medida de distancia
```
long getDistance(){
  long t; //tiempo que tarda en llegar el eco
  long d; //distancia en centimetros a la que se encuentra el objeto
  digitalWrite(Trigger, HIGH);
  delayMicroseconds(10);          //Enviamos un pulso de 10us
  digitalWrite(Trigger, LOW);
  t = pulseIn(Echo, HIGH); //obtenemos el ancho del pulso
  d = 0.017 * t;               //obtenemos la distancia en cm
  //Ahora es cuando aplicaríamos la corrección de distancia para que se ajuste a la realidad del montaje,
pero realmente no es necesario ya que no nos interesa la distancia en sí, sino encontrar la menor distancia
de todas
  return d;
}
```

//Realiza un barrido y nos indica a cuántos grados está el objeto más cercano
```
int findObject(){
  //Barro de -alfa a +alfa y devuelvo la posición (en grados) a la que se encuentra el objeto más cercano
  int pos=0;
  int res;
  long d_min, aux;
  pos=-alfa;
  posiciona_sensor(pos);
  delay(100);
  d_min=getDistance();
  res=pos;
  if(d_min<5){
   pos_found=pos;
   return 0; //Si el objeto está pegado al coche, lo asumiremos como dentro del rango beta
  }
  //Serial.print("Inicio la búsqueda con d_min=");Serial.println(d_min);
  while(pos<alfa){
   posiciona_sensor(pos);
   delay(100);
   aux=getDistance();
   Serial.print(aux);Serial.print("(");Serial.print(pos);Serial.print("),");
   if(aux<d_min){
    //Serial.print("Sustituyo dmin=");Serial.print(d_min);Serial.print(" por aux=");Serial.println(aux);
    d_min=aux;
    res=pos;
   }
   if(d_min<5){
    pos_found=pos;
    return 0; //Si el objeto está pegado al coche, lo asumiremos como dentro del rango beta
   }
   pos+=step;
  }
  Serial.println();
  pos_found=res;
```

```
 return res;
}
```

//Gira el coche hasta tener encarado (dentro del rango beta) el objetivo
```
void setTarget(){
 int dif = 200;
 while(dif>beta){
  //Busco objeto
  Serial.println("Buscando objeto...");
  dif=findObject();
  Serial.print("Objeto encontrado en: ");Serial.print(dif);Serial.println(" grados");
  if(abs(dif)>beta){
   //Me desplazo en consecuencia
   int traction = AVANZA;
   int direction;
   int time;
   if(dif>beta)
    direction = IZQUIERDA;
   else if(dif<-beta)
    direction = DERECHA;
   else
    direction = RECTO;
   //El tiempo lo calculo proporcionalmente a los grados que deba de girar
   if(direction != RECTO)
    time=gamma * abs(dif);
   Serial.print("Acciono motores con traction = ");Serial.print(traction);Serial.print(",
direction=");Serial.print(direction);Serial.print(", time=");Serial.println(time);
   accionaMotores(traction,direction,time);
  }
  dif=abs(dif); //Por si es negativo, ya que la comparación del while es en valores absolutos
 }
 Serial.print("Objeto encarado con un error de ");Serial.println(dif);
}
```

//Avanza durante 2 segundos para chocarse con lo que tenga delante
```
void attack(){
 posiciona_sensor(pos_found); //Me quedo mirando a la posición donde está el objeto
 int d;
 do{
  Serial.print("Avanzando con d=");Serial.println(d);
  accionaMotores(AVANZA,RECTO,1000); //Avanzo durante 1s hasta que esté a menos de 10cm
  d=getDistance();
 }while(d>10);
}
```

```
void setup() {
 // Initialize serial and wait for port to open:
 Serial.begin(9600);
 // This delay gives the chance to wait for a Serial Monitor without blocking if none is found
 delay(1500);

 // Defined in thingProperties.h
 initProperties();
```

```
// Connect to Arduino IoT Cloud
ArduinoCloud.begin(ArduinoIoTPreferredConnection);

/*
  The following function allows you to obtain more information
  related to the state of network and IoT Cloud connection and errors
  the higher number the more granular information you'll get.
  The default is 0 (only errors).
  Maximum is 4
*/
setDebugMessageLevel(2);
ArduinoCloud.printDebugInfo();

//Inicializo tracción y dirección
pinMode(M1_1,OUTPUT);
pinMode(M1_2,OUTPUT);
pinMode(M2_1,OUTPUT);
pinMode(M2_2,OUTPUT);
digitalWrite(M1_1,LOW);
digitalWrite(M1_2,LOW);
digitalWrite(M2_1,LOW);
digitalWrite(M2_2,LOW);
forward=false;
backward=false;
direction=0;

setup_servo();
setup_sensor();
setup_motor();
matrix.begin();
encontrar_y_destruir=false;

}

void loop() {
ArduinoCloud.update();
// Your code here

}


/*
  Since Forward is READ_WRITE variable, onForwardChange() is
  executed every time a new value is received from IoT Cloud.
*/
void onForwardChange() {
// Add your code here to act upon Forward change
if(forward){
  Serial.println("Adelante_ON");
  digitalWrite(M1_1,LOW);
  digitalWrite(M1_2,HIGH);
}else{
  Serial.println("Adelante_OFF");
  digitalWrite(M1_1,LOW);
  digitalWrite(M1_2,LOW);
```

```
  }
}

/*
  Since Backward is READ_WRITE variable, onBackwardChange() is
  executed every time a new value is received from IoT Cloud.
*/
void onBackwardChange() {
  // Add your code here to act upon Backward change
  if(backward){
   Serial.println("Atrás_ON");
   digitalWrite(M1_1,HIGH);
   digitalWrite(M1_2,LOW);
  }else{
   Serial.println("Atrás_OFF");
   digitalWrite(M1_1,LOW);
   digitalWrite(M1_2,LOW);
  }
}


/*
  Since Direction is READ_WRITE variable, onDirectionChange() is
  executed every time a new value is received from IoT Cloud.
*/
void onDirectionChange() {
  // Add your code here to act upon Direction change
  switch (direction){
   case 0: //Izquierda
    digitalWrite(M2_1,LOW);
    digitalWrite(M2_2,HIGH);
    break;
   case 2: //Derecha
    digitalWrite(M2_1,HIGH);
    digitalWrite(M2_2,LOW);
    break;
   default: //Recto
    digitalWrite(M2_1,LOW);
    digitalWrite(M2_2,LOW);
  }
}


/*
  Since EncontrarYDestruir is READ_WRITE variable, onEncontrarYDestruirChange() is
  executed every time a new value is received from IoT Cloud.
*/
void onEncontrarYDestruirChange() {
  // Add your code here to act upon EncontrarYDestruir change
  Serial.print("Encontrar y destruir con variable=");Serial.println(encontrar_y_destruir);
  if(encontrar_y_destruir){
   setCalavera();
   setTarget();
   attack();
   clearCalavera();
   encontrar_y_destruir=false;
  }
```

}

Por último hemos de buscar nuevos dispositivos en Alexa diciendo "Alexa, busca dispositivos" para que encuentre el dispositivo *"Encontrar y destruir"* y así poder darle la orden. Si esto no funcionase ya sabes que siempre puedes desactivar y volver a activar la skill de Arduino en tu app Alexa. Cuando lo encuentre, dentro de tu app Alexa te aparecerá el nuevo dispositivo:

Incluso si quieres puedes actualizar el panel con un nuevo interruptor enlazado a la variable de encontrar y destruir:

Muy importante a tener en cuenta es que si quieres depurar el programa, conecta el Arduino al PC y abre el SerialPlotter del IDE de Arduino para ver los mensajes que envíe. Ahora bien, recuerda cerrar el SerialPlotter si vas a cargar un nuevo sketch en el Arduino ya que te dará error por estar el puerto de comunicación abierto por el SerialPlotter y por tanto no poder abrirlo para subir el nuevo sketch.

Ahora solo queda cargarlo en nuestro Arduino y probarlo. Veremos que el manejo es adecuado y ahora prueba a decir "Alexa, activa encontrar y destruir" y ¡disfruta viendo como se lanza a aniquilar tu objeto favorito!

Epílogo

Arduino ha supuesto sin duda una auténtica revolución en el mundo de a los que nos gusta cacharrear. Te diría que la revolución es en el mundo de la IoT acercando al usuario final la posibilidad de programar e integrar dispositivos en diversos ecosistemas de una forma rápida y sencilla, pero si no estás ganando dinero con esto no te equivoques: lo que estás haciendo es cacharrear.

Es cierto que Arduino tiene toda una serie de variantes que pueden utilizarse para aplicaciones bastante complejas e incluso en entornos industriales, pero posiblemente no sea nuestro caso.

Nuestro caso es el de coger cualquier cosa que tengamos por casa y poder controlarlo, bien mediante unos pulsadores, bien desde dispositivos conectados a la nube o incluso darle una determinada autonomía. Nos encanta, y de eso precisamente es de lo que ha tratado este libro. Las posibilidades son muchas (qué bien quedaría aquí la palabra "infinitas", pero quizá sea venirnos muy arriba), y lo que he pretendido mostrar no es más que un abanico de posibilidades que te abran la mente para poder ir más allá y dejar de centrar los proyectos de Arduino en los típicos usos que vienen generalmente en manuales y tutoriales.

Afortunadamente a Arduino le han salido competidores, y con ello encontramos el ESP32, primo hermano de este pero con posibilidades distintas, que de nuevo abren el abanico. Con Arduino R4 incluso se fusionan en una sola placa. Lo mejor de todo esto es que al abrirse tanto el mercado aparecen también imitaciones que pueden ser adquiridas por mucho menos dinero. A todos nos gusta programar con nuestro Arduino original, que funciona a la primera y aguanta carros y carretas, pero cuando la idea es meterlo en un huevo Kinder para tenerlo detrás del mueble con las luces del belén, duele un poco que sea una placa en la que te hayas gastado la paga del mes.

Y hasta aquí hemos llegado. Enhorabuena por haber llegado hasta el final del libro, que espero te haya servido para lo que sea que buscases. Como te digo las posibilidades son muchas, y ahora es el momento de que empieces a descubrirlas. Ahora te toca a ti.

Anejo 1 – Preparación del entorno

Como en muchos libros, acabaremos el libro por el principio, que en este caso consiste en saber cómo instalar y configurar el el IDE de Arduino que nos permitirá llevar a cabo los distintos proyectos contemplados en el libro.

Un IDE significa Entorno Integrado de Desarrollo, es decir, se trata de la aplicación que te va a permitir editar el código, compilarlo y subirlo a tu placa. Gracias a él podremos crear los distintos proyectos de los que hablaremos a lo largo del libro además de comprobar su funcionamiento gracias a dos aplicaciones que lleva incluidas, que son el Serial Monitor y el Serial Plotter. Mientras que el primero nos permitirá mantener un interfaz de texto con nuestra placa, de modo que podamos tanto enviar cadenas de caracteres al circuito como recibirlas de él, el segundo mostrará gráficamente la información recibida.

El funcionamiento del IDE de Arduino contempla dos aspectos fundamentales que hemos de conocer: las placas (boards) y las librerías (libraries).

Con placas que tenga instaladas el IDE nos referiremos a los componentes básicos de cada placa para la que queramos programar, y que serán determinantes en qué podremos programar y qué no con nuestro IDE, es decir, si seleccionamos una placa que no tiene una determinada función, cuando vayamos a hacer uso de la misma en nuestro programa nos dará un error durante la compilación. Y no, no vale con seleccionar una placa que lo tenga todo y ya está, ya que deberemos de seleccionar la placa en el IDE correspondiente a la placa física que vayamos a conectar al ordenador y a la que vayamos a subir el programa, ya que de lo contrario dará error. Dicho de otro modo, da igual que intentes enganar al IDE seleccionando una placa que dispone de WiFi si después vas a cargar el programa en una placa física que no dispone de WiFi. No, no te funcionará. ¿En serio necesitas que te lo explique?

En resumen, que has de tener instaladas las placas para las que vayas a programar. En nuestro caso básicamente serán la de Arduino R4 WiFi y ESP32 Dev Module.

Por otra parte tenemos las librerías, que serán aquellas que cargarás en base a las necesidades específicas que tengas. Hay librerías para muchas cosas, muchas más de las que imaginas, desde protocolos a utilizar dentro de tu comunicación bluetooth hasta sensores que puedes añadir a tu circuito.

Pero basta de tanta explicación y vayamos a lo práctico. ¿Cómo me instalo el dichoso IDE? Más sencillo imposible.

Ve a la web del software de Arduino (https://www.arduino.cc/en/software), donde verás las distintas versiones del IDE.

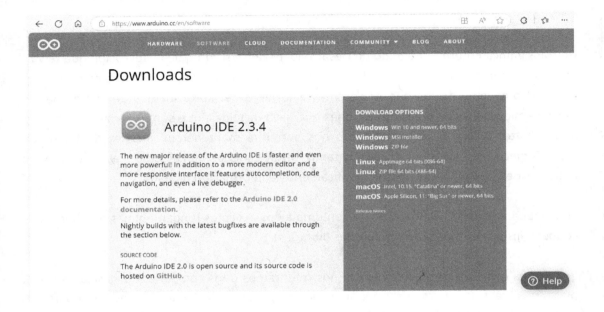

Una vez allí selecciona de la lista de la derecha la versión que te interese. En mi caso, dado que tengo Windows, seleccionaré la primera.

Accedes a una segunda página que te invita a donar para el soporte de la aplicación. Eso ya es cosa tuya. Como sucederá en la inmensa mayoría de los casos, serás un rata que no se mira más que su propio ombligo y no vas a soltar un duro por algo que podrías conseguir gratis, así que nada, no le demos más vueltas y pulsa sobre *JUST DOWNLOAD*.

A continuación te llevará a otra página donde te pregunta si quieres inscribirte a la newsletter de modo que recibas noticias sobre novedades del Arduino. Si quieres has de incluir tu email y pulsar sobre *SUBSCRIBE & DOWNLOAD*, o de lo contrario no es necesario que pongas tu emails y simplemente pulsa nuevamente sobre *JUST DOWNLOAD*.

Finalmente te aparecerá una página dándote las gracias y se te descargará el archivo de instalación. Ábrelo (o ejecútalo, como prefieras decirlo) y comenzará el programa de instalación mostrándote el acuerdo de licencia que has de leerte muy detenidamente como el del resto de aplicaciones que hayas instalado en tu ordenador.

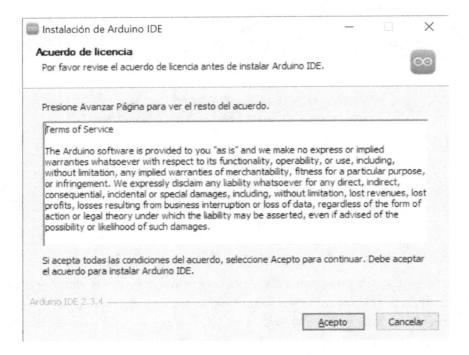

Si estás conforme pulsa *Acepto* para pasar a la siguiente pantalla. Te preguntará si lo quieres instalar para el usuario actual o para que esté disponible para todos los usuarios del ordenador. Selecciona la opción que prefieras y pulsa sobre *Siguiente*.

A continuación te preguntará acerca de la carpeta donde instalar el programa. Por norma general es adecuada la que te propone. Si prefieres otra puedes escribir directamente su ruta o seleccionarla a través del botón *Examinar*. Una vez elegida la carpeta pulsa sobre *Instalar*.

Te aparecerá la barra de progreso mostrándote que se está instalando el programa para finalmente terminar en la pantalla de confirmación.

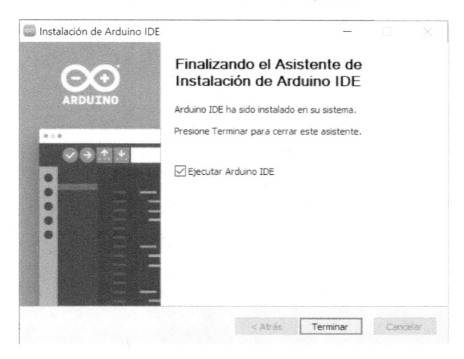

Una vez instalado pulsa *Terminar* y se ejecutará el programa.

Una vez ejecutado, el IDE tiene este aspecto:

En la lista desplegable de arriba ves que me indica *ESP32 Dev Module* ya que fue la última placa que utilicé, pero en tu caso puede poner cualquier otra.

Arriba a la izquierda puedes ver dos botones que serán los que más utilices. El primero de ellos tiene el símbolo del check y es el que compilará el código y te avisará si tiene errores. El siguiente botón, con un icono de una flecha apuntando hacia la derecha, es el de cargar el programa en la placa. Realmente en la mayoría de los casos será este el que utilices, ya que antes de cargarlo, compila el programa.

Si nos fijamos en los iconos de la izquierda, y pulsamos sobre el segundo, nos aparecerán las placas disponibles para realizar programas sobre ellas.

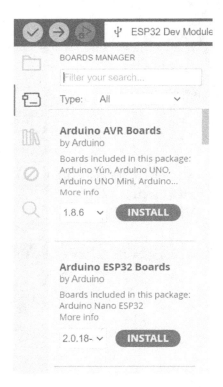

De esta lista hemos de seleccionar la placa sobre la que queramos programar e instalarla.

Dado que vamos a realizar programas utilizando la placa Arduino R4 WiFi, escribimos en la barra de búsqueda *R4*, con lo que vemos que la lista filtra los resultados y nos muestra el paquete de desarrollo para el Arduino R4 WiFi.

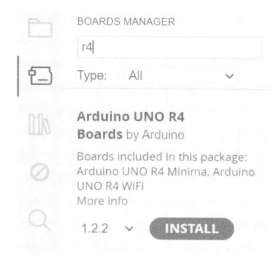

Pulsamos *INSTALL* y comienza la instalación del mismo. Es posible que durante la instalación te pregunte si das permisos al instalador para hacer cambios en el equipo. En este caso selecciona que sí y la instalación continuará.

Durante la instalación se abrirá la venta de salida donde te irá mostrando mensajes informándote del progreso de la instalación. Finalmente verás el mensaje de que la instalación ha sido completada.

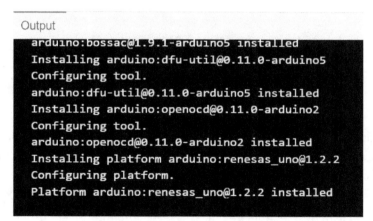

También en la lista de placas verás que ahora en lugar de *INSTALL* tienes el botón de *REMOVE*, por si quisieras desinstalar el paquete correspondiente a esta placa.

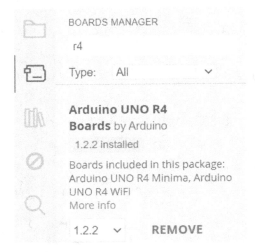

A continuación instalemos el paquete para el ESP32 Dev Module siguiendo el mismo proceso.

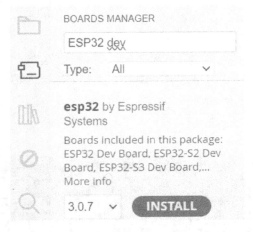

Una vez instaladas las placas ya podemos seleccionar aquella para la que queramos programar. Vamos a hacer un ejemplo creando un programa para Arduino UNO R4 WiFi que simplemente nos preguntará el nombre y nos saludará.

Para ello vamos a la lista desplegable de placas y seleccionamos *Select other board and port*.

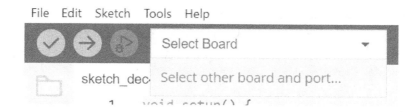

Ello nos abrirá la ventana de selección de placa y puerto. Verás que en la lista de placas aparecen algunas en negro y otras en gris. Las que están en gris significa que no tienes el paquete de desarrollo instalado (los paquetes de desarrollo son los que hemos instalado hace un momento para el Arduino y la ESP32).

Si además has conectado la placa, te aparecerá el puerto serie con el que tu ordenador se comunica con la placa, que será el que debas de seleccionar. En caso contrario te dirá que no hay puertos descubiertos. Para subir el programa a la placa es imprescindible que esté seleccionado el puerto correcto.

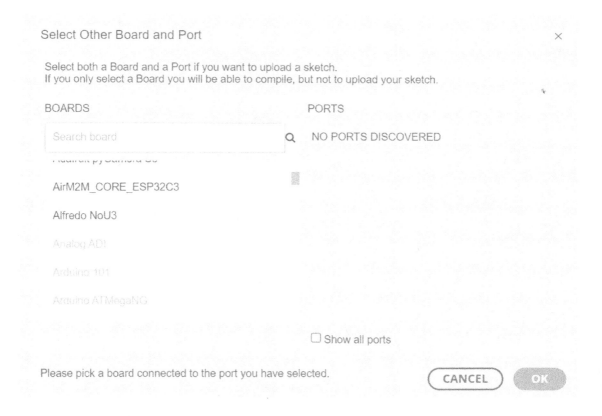

Vamos a conectar nuestro Arduino al PC para que nos salga el puerto asignado. También escribiremos *arduino r4* en el cuadro de búsqueda para que nos filtre la placa que queremos, seleccionaremos la placa *Arduino UNO R4 WiFi* y el puerto que nos ha asignado y pulsamos sobre *OK*.

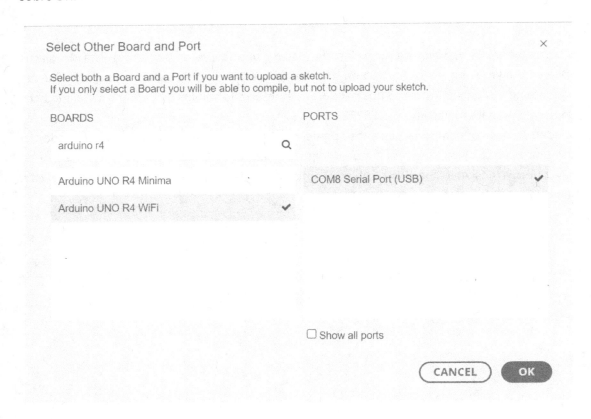

Ahora ya tenemos la placa correcta seleccionada.

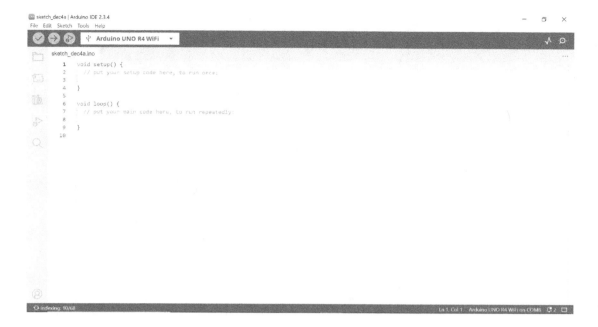

Si observas la barra de selección de placa verás que está marcado *Arduino UNO R4 WiFi*, y si observas la barra de estado (la de la parte de abajo de la pantalla, a la derecha verás que indica la placa seleccionada y el puerto al que está conectada.

Ya tenemos todo listo. Podemos empezar a programar.

Como hemos indicado, el programa lo que hará será preguntarnos nuestro nombre para posteriormente saludarnos. El código será el siguiente:

```
void setup() {
  // put your setup code here, to run once:
  Serial.begin(9600);
  Serial.println("¿Cómo te llamas? ");
}

void loop() {
  // put your main code here, to run repeatedly:
  if(Serial.available()>0){
    String nombre = Serial.readString();
    Serial.print("Hola ");
    Serial.println(nombre);
  }
}
```

Lo escribimos y pulsamos sobre el botón *Upload*.

```
File   Edit   Sketch   Tools   Help

   ⊘  →  ⊛      ψ  Arduino UNO R4 WiFi    ▾      Upload

   sketch_dec4a.ino
   1   void setup() {
   2     // put your setup code here, to run once:
   3     Serial.begin(9600);
   4     Serial.println("¿Cómo te llamas? ");
   5   }
   6
   7   void loop() {
   8     // put your main code here, to run repeatedly:
   9     if(Serial.available()>0){
   10      String nombre = Serial.readString();
   11      Serial.print("Hola ");
   12      Serial.println(nombre);
   13    }
   14  }
   15
```

En la parte inferior del IDE nos mostrará el proceso de compilación y finalmente la barra de progreso indicando que está cargando el programa en la placa.

Una vez termine, el programa comenzará a ejecutarse en nuestra placa. Dado que se trata de una interacción mediante texto, hemos de abrir el *Serial Monitor*, que no es más que un terminal para enviar y recibir cadenas de texto a la placa. Dado que podemos recibir texto enviado desde el Arduino nos será muy útil para enviarnos mensajes a nosotros mismos desde el programa y así poder depurarlo.

Para abrirlo, seleccionamos *Tools → Serial Monitor* o pulsamos la combinación de teclas Ctrl + Mayús + M.

Es importante tener en cuenta que la velocidad de transmisión seleccionada sea la misma que hemos programado. En nuestro caso hemos programado en *Serial.begin()* una velocidad de 9600 baudios, y si nos fijamos en el Serial Monitor, en el desplegable de más a la derecha, vemos que marca la misma. De ser distintas, habría que modificarlo en nuestro programa o, lo más lógico, seleccionar en la lista desplegable del Serial Monitor la velocidad correcta. En el caso de que las velocidades sean distintas no va a explotar nada, pero verás caracteres raros o directamente no te aparecerá nada.

Pulsamos el botón del reset de nuestra placa para reiniciar el programa y vemos que nos muestra la primera cadena de caracteres programada, preguntándonos nuestro nombre.

Output	Serial Monitor ×
Message (Enter to send message to 'Arduino UNO R4 WiFi' on 'COM8')	
¿Cómo te llamas?	

En el campo de texto donde se indica *Message*, escribimos nuestro nombre y pulsamos enter, con lo que el programa nos saludará.

Output   Serial Monitor ×

Message (Enter to send message to 'Arduino UNO R4 WiFi' on 'COM8')

```
¿Cómo te llamas?
Hola Eduardo
```

¡Enhorabuena! Acabas de terminar tu primer programa con el IDE de Arduino. Una vez aquí, con los conocimientos adquiridos, puedes continuar leyendo el libro y maravillándote del potencial de estas pequeñas placas.

¡Espero que lo disfrutes mucho!

Otros libros del autor

Todo mi mundo

La Inteligencia Artificial no es un un mundo oscuro e inabordable.

A través de la curiosidad de una mente infantil nos adentraremos en los principios a través de los cuáles se rigen los sistemas actuales de IA. Daremos sentido al test de Turing, veremos los modos de captar información y, una vez obtenida, utilizarla para aprender. Disertaremos acerca de consciencia, memoria e incluso sentido común de modo que, de una forma sencilla y amena, aprendamos los distintos conceptos y técnicas que se manejan a día de hoy.
Adicionalmente, para no quedarnos en la teoría así como para una mejor asimilación de los conceptos y con el claro objetivo de que nadie se duerma leyendo, implementaremos los modelos de aprendizaje expuestos sobre un microcontrolador tipo Arduino y lo pondremos a funcionar.

A lo largo del libro se desarrollan los siguientes capítulos:

- El test de Turing
- Sentidos
- Intuición
- Sentido común
- Consciencia y subconsciente
- Aprendizaje
- Aprendizaje – Sistemas expertos
- Aprendizaje – Sistemas probabilísticos
- Aprendizaje – Redes neuronales
- Aprendizaje – Sistemas evolutivos
- Memoria
- Conocimiento

Para poder entender y asimilar los conceptos expuestos no es necesario ningún conocimiento especial, salvo el capítulo de sistemas probabilísticos en el que se requiere un conocimiento básico en probabilidad y estadística. Los códigos aquí mostrados son funcionales por sí solos, por lo que no es necesario saber programar para probarlos, pero si se dispone de conocimientos básicos de programación se tendrá la posibilidad de entender el código, modificarlo para realizar pruebas adiciones y, en resumen, aprovechar al máximo todo el potencial del libro.

Proyectos avanzados con Raspberry Pi

Una Raspberry Pi es mucho más que un reproductor multimedia. También es mucho más que un ordenador barato con Linux.

Aprenda a sacar el máximo partido a su dispositivo a través de una serie de proyectos de forma práctica y amena. Conecte su Raspberry a luces ambiente, úsela como mando a distancia o dótela de inteligencia artificial. Y si teclear es un problema... dele las órdenes a través de Alexa.

A lo largo de este libro se abordarán los siguientes conceptos:

- Interacción con dispositivos Echo, permitiendo responder a peticiones de Alexa.
- Integración con elementos del hogar, comunicando con ellos mediante red wifi, infrarrojos o cableado directo.
- Implementación de sistemas básicos de inteligencia artificial.
- Implementación de redes neuronales y aprovechamiento de sus resultados en interfaces amigables.

Todo ello explicado de una forma totalmente guiada y sencilla de seguir, pero sin perder de vista la base teórica facilitando los conocimientos necesarios para poder personalizar cada proyecto a sus necesidades.

Índice alfabético

www.ingramcontent.com/pod-product-compliance
Lightning Source LLC
LaVergne TN
LVHW062302060326
832902LV00013B/2005